重庆市教育科学规划研究院"基于'诊改'理念的高职院校现代学徒制内部质量保障机制研究"（编号：2017-GX-159）的阶段成果

重庆市职教学会重点课题"现代学徒制人才培养模式的国际经验与重庆本土实践研究"（编号：2015-ZJXH-13204）的阶段成果

2017年重庆市高等学校优秀人才支持计划"中国特色现代学徒制人才培养模式研究"的阶段成果

重庆市高等教育学会2017—2018年课题"高职院校现代学徒制标准体系建设研究"（编号：CQGJ17043A）的阶段成果

2018年重庆市教委教育改革研究课题"高职院校现代学徒制人才培养研究与实践——以连锁经营管理专业为例"的阶段成果

受到重庆城市管理职业学院教学名师（后备）支持计划资助

受到重庆城市管理职业学院科研创新团队（编号：KYTD201702）资助

受到重庆城市管理职业学院2015年教学改革与发展政策法规研究团队资助

基于国际经验的中国特色现代学徒制人才培养模式研究

Research on the Cultivation Mode of Modern Apprenticeship with Chinese Characteristics Based on International Experience

黄蘋　著

西南财经大学出版社
Southwestern University of Finance & Economics Press

中国·成都

图书在版编目(CIP)数据

基于国际经验的中国特色现代学徒制人才培养模式研究/黄蘋著.—成都:西南财经大学出版社,2018.7
ISBN 978 - 7 - 5504 - 3077 - 8

Ⅰ.①基… Ⅱ.①黄… Ⅲ.①职业教育—学徒—教育制度—研究—中国 Ⅳ.①G719.2

中国版本图书馆 CIP 数据核字(2017)第 152615 号

基于国际经验的中国特色现代学徒制人才培养模式研究
JIYU GUOJI JINGYAN DE ZHONGGUO TESE XIANDAI XUETUZHI RENCAI PEIYANG MOSHI YANJIU
黄蘋 著

责任编辑:植苗
助理编辑:金欣蕾
责任校对:冯雪
封面设计:杨红鹰　张姗姗
责任印制:朱曼丽

出版发行	西南财经大学出版社(四川省成都市光华村街55号)
网　　址	http://www.bookcj.com
电子邮件	bookcj@foxmail.com
邮政编码	610074
电　　话	028 - 87353785　87352368
照　　排	四川胜翔数码印务设计有限公司
印　　刷	四川五洲彩印有限责任公司
成品尺寸	170mm×240mm
印　　张	14.75
字　　数	271 千字
版　　次	2018 年 7 月第 1 版
印　　次	2018 年 7 月第 1 次印刷
书　　号	ISBN 978 - 7 - 5504 - 3077 - 8
定　　价	88.00 元

前　言

　　"现代学徒制"是我国当前职业教育改革中的一个热门词语。综合国内外众多学者的观点，可以将现代学徒制理解为以学校本位教育和工作本位培训紧密结合为典型特征的新型学徒制度。这一新型人才培养模式需要校企之间的紧密合作，包括校企资源的投入和师傅、教师的深入指导，明确学徒的主体地位，并据此编制出适配的课程，为学徒提供标准化的校内教育和企业培训，最终训练出高水平的新型人才。2012 年，教育部首次将现代学徒制纳入年度工作重点，并在随后的三年间，长期致力于推进这一工作。2014 年 6 月，国务院印发了《关于加快发展现代职业教育的决定》（国发〔2014〕19 号），一致通过了现代学徒制试点工作的提案。该文件为现代学徒制试点工作提供了保障，并对我国的人才培养模式创新起到积极作用。2015 年 8 月 5 日，教育部办公厅公布了 165 家首批现代学徒制试点单位（教职成厅函〔2015〕29 号），标志着我国现代学徒制的探索进入新的阶段。2015 年，继现代学徒制政策文件出台后，人力资源和社会保障部联合财政部共同出台了《关于开展企业新型学徒制试点工作的通知》（人社厅发〔2015〕127 号）。2017 年，教育部结合近几年我国现代学徒制的发展情况，发布了《关于做好 2017 年度现代学徒制试点工作的通知》（教职成厅函〔2017〕17 号），并确立了第二批 203 个现代学徒制试点。2018 年，教育部继续大力推进现代学徒制试点工作，发布了《关于做好 2018 年度现代学徒制试点工作的通知》（教职成厅函〔2018〕10 号），拟遴选新增现代学徒制试点 140 个左右。从学者的理论研究到政府相关部门的大力推广，现代学徒制的实践已活跃在职业教育领域的改革中。

　　学徒制由来已久，被认为是职业教育的经典模式，在人类社会中出现学校职业教育以前，学徒制就对延续生产、传承技术起到了巨大作用，并为现代职业教育制度的形成提供了模板和参考。自 20 世纪以来，科技水平不断提高，社会不断进步，全球化潮流席卷了整个世界，使各经济体的教育模式、产业结构发生实质性变化，同时对劳动者的综合能力提出了更高的要求。面对新的经济和社会形势，西方发达国家率先推行了现代学徒制人才培养模式。第二次世界大战后的德国，经济凋零，但德国政府积极推行双元制职业教育人才培养模式，快速培养了一大批高素质、专业化的学徒，为战后重建和经济腾飞提供了人力资源，最终取得经济奇迹，受到世界瞩目，也向全世界揭示出现代学徒制的现实价值。20 世纪末，越来越多的国家在变革发展本国现代职业教育体系时，引入了现代学徒制，形成了新型人才培养模式，并将其上升为本国职业教育的重要发展战略。如今，经过几十年的发展与积累，美国、英国、澳大利亚、德国、瑞士等国家，均已建立起适应本国需要的现代学徒制人才培养模式。在新的时代背景下，学徒制得以复苏，并良性融入现代职业教育体系，为职业教育的改革与发展提供了契机。

本书以问题为导向，采用"理论研究→比较研究→现状研究→对策研究"的研究路径。首先，本书对现代学徒制的基本理论进行梳理和辨析；其次，本书对西方国家，如德国、英国、美国、澳大利亚、瑞士、意大利的学徒制的发展历史以及现代学徒制人才培养模式的概况、核心要素及特点进行分析与研究，找出可以借鉴的国际经验；最后，本书调查分析了我国现代学徒制的现状和存在的问题，进而有针对性地提出深化发展我国特色现代学徒制人才培养模式的对策与建议，拟为我国教育职能部门制定现代学徒制的相关政策提供理论支撑、决策依据和政策建议。

近几年来，本人一直围绕现代学徒制开展研究，申报了一系列课题，撰写了一些论文。本书可以说是对我近几年研究成果的梳理、总结和提炼。本书是重庆市教育科学规划研究院"基于'诊改'理念的高职院校现代学徒制内部质量保障机制研究"（编号：2017-GX-159）的阶段成果、重庆市职教学会重点课题"现代学徒制人才培养模式的国际经验与重庆本土实践研究"（编号：2015-ZJXH-13204）的阶段成果、2017 年重庆市高等学校优秀人才支持计划"中国特色现代学徒制人才培养模式研究"的阶段成果、重庆市高等教育学会 2017—2018 年课题"高职院校现代学徒制标准体系建设研究"（编号：CQGJ17043A）的阶段成果、2018 年重庆市教委教育改革研究课题"高职院校现代学徒制人才培养研究与实践——以连锁经营管理专业为例"的阶段成果。本书的出版受到重庆城市管理职业学院教学名师（后备）支持计划、重庆城市管理职业学院科研创新团队（编号：KYTD201702）、重庆城市管理职业学院2015年教学改革与发展政策法规研究团队资助。本书在撰写过程中参考了国内外职业教育及现代学徒制的有关资料，引用了著名学者石伟平、徐国庆、关晶、陈俊兰、黄日强、赵鹏飞等学徒制研究的相关数据，也借鉴了我国职业教育工作者对职业教育及现代学徒制研究的相关成果，采用了重庆城市管理职业学院连锁经营与管理专业的第一手资料，得到了邱云老师的大力支持，在此一并表示衷心的感谢。

由于本人水平有限，不足之处在所难免，敬请各位专家和广大读者批评指正。

重庆城市管理职业学院　黄蘋

2017年5月

目　录

第一章　总论 / 1

第一节　理论基础 / 1

第二节　核心概念 / 3

第三节　文献综述 / 5

第四节　研究设计 / 10

第二章　西方学徒制的历史进程 / 13

第一节　古代学徒制的发端 / 13

第二节　中世纪学徒制的繁荣 / 15

第三节　近代学徒制的起伏 / 16

第四节　现代学徒制人才培养模式的复兴 / 18

第三章　德国现代学徒制人才培养模式 / 22

第一节　德国现代学徒制人才培养模式的概况 / 22

第二节　德国现代学徒制人才培养模式的核心要素 / 29

第三节　德国现代学徒制人才培养模式的特点 / 32

第四章　英国现代学徒制人才培养模式 / 35

第一节　英国现代学徒制人才培养模式的概况 / 35

第二节　英国现代学徒制人才培养模式的核心要素 / 45

第三节　英国现代学徒制人才培养模式的特点 / 50

第五章　美国现代学徒制人才培养模式 / 54

第一节　美国现代学徒制人才培养模式的概况 / 54

第二节　美国现代学徒制人才培养模式的核心要素 / 57

第三节　美国现代学徒制人才培养模式的特点 / 59

第六章　澳大利亚现代学徒制人才培养模式 / 62

第一节　澳大利亚现代学徒制人才培养模式的概况 / 62

第二节　澳大利亚现代学徒制人才培养模式的核心要素 / 65

第三节　澳大利亚现代学徒制人才培养模式的特点 / 67

第七章　瑞士现代学徒制人才培养模式 / 70

第一节　瑞士现代学徒制人才培养模式的概况 / 70

第二节　瑞士现代学徒制人才培养模式的核心要素 / 73

第三节　瑞士现代学徒制人才培养模式的特点 / 76

第八章　意大利现代学徒制人才培养模式 / 81

第一节　意大利现代学徒制人才培养模式的概况 / 81

第二节　意大利现代学徒制人才培养模式的核心要素 / 83

第三节　意大利现代学徒制人才培养模式的特点 / 83

第九章　西方现代学徒制人才培养模式的经验总结 / 86

第一节　西方现代学徒制人才培养模式的特征 / 86

第二节　西方现代学徒制人才培养模式的经验 / 88

第三节　西方现代学徒制人才培养模式对我国的启示 / 91

第十章　中国特色现代学徒制人才培养模式研究 / 97

　　第一节　我国现代学徒制人才培养模式的发展历史 / 97

　　第二节　我国现代学徒制人才培养模式的现状与问题 / 100

　　第三节　我国现代学徒制人才培养模式的个案研究 / 111

　　第四节　中国特色现代学徒制人才培养模式的框架体系 / 118

　　第五节　深化发展中国特色现代学徒制人才培养模式的对策与建议 / 122

第十一章　结语 / 127

参考文献 / 128

附　录 / 134

第一章 总论

"现代学徒制"是我国当前职业教育改革中的一个热门词语。综合国内外众多学者的观点，可以将现代学徒制理解为以学校本位教育和工作本位培训紧密结合为典型特征的新型学徒制度。这一新型人才培养模式需要校企之间的紧密合作，包括校企资源的共同投入、师傅和学校教师的深入指导，明确学徒的主体地位，并编制出适配的课程，为学徒提供标准化的校内教育和企业培训。2012 年，教育部首次将现代学徒制纳入年度工作重点，并在随后的三年间，长期致力于推进这一工作。2014 年 6 月，国务院印发了《关于加快发展现代职业教育的决定》（国发〔2014〕19 号）。该文件通过了现代学徒制试点工作的提案，为现代学徒制试点工作提供了保障，并对我国的人才培养模式创新起到积极作用。2015 年 8 月 5 日，教育部办公厅公布了 165 家首批现代学徒制试点单位（教职成厅函〔2015〕29 号），标志着我国现代学徒制的探索进入新的阶段。2015 年，继现代学徒制政策文件出台后，人力资源和社会保障部联合财政部共同出台了《关于开展企业新型学徒制试点工作的通知》（人社厅发〔2015〕127 号），为实践单位提供了新的指导方向。2017 年，教育部结合近几年我国现代学徒制的发展情况，发布了《关于做好 2017 年度现代学徒制试点工作的通知》（教职成厅函〔2017〕17 号），并确定了第二批 203 个现代学徒制试点。2018 年，教育部继续大力推进现代学徒制试点工作，发布了《关于做好 2018 年度现代学徒制试点工作的通知》（教职成厅函〔2018〕10 号），拟遴选新增现代学徒制试点 140 个左右。从学者的理论研究到政府相关部门的大力推广，现代学徒制的实践已活跃在职业教育领域的改革中。

第一节 理论基础

现代学徒制是一个跨学科的研究领域，理论基础较多，本书仅列举了与本研究密切相关的几种理论①。

第一，工作场所学习理论为现代学徒制的教学过程提供了理论支撑。工作场所学习是指学习者在工作场所的学习过程。学习者在开展工作的同时，与同事、师傅及专家等进行交流和学习，不仅创造出了有价值的结果，完成了工作任务，还在此过程中吸收了相关知识，提升了自身的工作技能。工作场所学习将理论与实践结合。学习者在实际工作中，能获得理论知识，将理论知识快速付诸实践，以深化对理论知识的理解，并通过实践来检验理论。这一理论为现代学徒制提供了重要的学习方法。

第二，人力资本理论为各国推行现代学徒制提供了理论支撑。人力资本理论的主要内容包括：人力资本是存在于经济活动之中的资本形式，具有自身增值、增加收益的特点；"人为投资"有助于获取人力资本，如教育、市场流动控制、培训、实习等；大量的人力资本会促进国家经济增长速度的提高。

第三，教育经济学的成本收益理论为企业参与现代学徒制提供了理论支撑。成本收益理论是指通过分析成本收益情况，对社会投资意愿做出评估。该理论在 20 世纪 60 年代开始应用于教育培训的投资评估。由于现代学徒制采用工作本位学习，是一种具有市场产出的教育项目，且其"合理性"的内涵即韦伯的"工具/目的合理性"（人们为了达到目的，会考虑各种可供选择的手段或方案，以计算和预测后果为条件，选择最有效的手段或方案行动），因此对解决校企合作难题的"合理性"检验适合采用成本收益分析方法。

第四，人类学的情境学习理论为现代学徒制中学校教育和企业培训的结合提供了理论支撑。人类学的情境学习理论认为，"学习是对实践共同体的合法的边缘性参与"。在"参与"的过程中，学习者深入理解周边事物，通过社会协商的方式界定自身的身份、定位及意义。这是一种自我界定，也是一种与他人协商的结果。该理论在现代学徒制中的表现是"工作（实践）的过程即学习，学习的过程即工作（实践）"。具体来说，学习者的学习过程是与工作过程同步的，具有一致性。学习者在工作中获取知识、训练技能，随着时间的积累，学习者对工作场所的理解不断深化，同时培养出了特定的身份、价值、地位及归属感等，成为这个职业共同体中的一员，并参与职业共同体的发展。在人类学的情境学习理论中，学习不再只是"个体的学习"，而是"社会世界参与者的学习"；学习也不再只是一种认知过程，而是一种参与社会实践的过程。这为现代学徒制在职业教育、校企合作中发挥作用提供了理论依据。

---

① 陈俊兰. 职业教育现代学徒制研究 [M]. 长沙：湖南大学出版社，2014：30-32.

第二节　核心概念

一、学徒制①

（一）学徒

目前，对"学徒"的理解一般从以下几个方面进行：一是身份，即既包含了学习者身份，又包含了工作者身份，并被社会认可；二是目的，即通过学习来掌握一门技艺，并据此获得一份工作；三是规范方式，即雇主与学徒达成协议，雇主有责任为学徒提供学习、工作机会；四是学习方式，即在岗学习，学徒通过观察、参与、师傅指导等途径进行学习；五是成本与收益，即雇主需要向学徒提供工作岗位和支付薪资，而学徒除了要在岗学习，还要付出劳动，完成相应的工作任务，为雇主创造价值。

关于"学徒"的理解基本上是对上述不同要素的组合。《朗文当代英语辞典》（第八版）把学徒界定为"在预定时间内为雇主工作，并在工作过程中学习一门技艺，获得一份工作的人"。这凸显了"学徒"的目的属性。《教育大百科全书》（第一卷）是以身份属性来界定学徒的，其中提到"学徒是一种学习传统技艺（被正式认可）的特殊类型的学习者，他不是通过观察并自己尝试学习一门工作的松散的长期的助理，也不是非正式的帮助者"。《技术职业教育辞典》认为"雇主与学习者（或监护人）签订劳动协议，雇主为学习者提供工作机会、学习机会，学习者要在协议时间内在岗工作。这些学习者就是学徒"。这一界定方式凸显了"学徒"的规范方式。《韦氏第三版新国际英语大辞典》对"学徒"做出了更全面的表述：一是学徒必须在协议下，完成雇主安排的工作任务，而在工作过程中，可以接受师傅的指导，继而掌握某一项被社会认可的技能；二是在高技能员工的指导下，学徒逐渐掌握一项技能或者获得一份工作，并获得预定的工资。通过上述分析可知，有关"学徒"的各种理解，在学徒目的方面大致相同，即"学习一门技艺或者获得一份工作"，而其他要素只是作为补充内容出现在定义中。本书认为，"以学习一门技艺或获得一份工作为目的"是认识和区分学徒的关键。

（二）学徒制

一般说来，学界对学徒制有以下几种观点：首先，学徒制是一种社会制

---

① 陈俊兰. 职业教育现代学徒制研究 ［M］. 长沙：湖南大学出版社，2014：3-4.

度；其次，学徒制是学徒的身份、价值、工作等的集合；再次，学徒制是一种职业教育学习模式；最后，学徒制是一种传统教育模式。

高农（Philipp Gonon）对"学徒制"的表述是："学徒制提供了一类新的学习模式。合法组织或者工作场所为年轻人提供学习机会和工作机会，让年轻人获得生活、工作所必备的资格与技能，以培育出新型人才。年轻人在完成学徒阶段的学习后，能够获得职业共同体的认可，并随之获得身份、价值、地位等属性。在过去，学徒制是一种非正式的教学安排，现在已变成职业教育的一种类型，为行业发展、企业壮大提供了大量技术型人才。"《新哥伦比亚百科全书》（第四版）中"学徒制"的概念是"学习一项技艺的制度，学员为其学习付出一定年限的劳动"。《朗文当代英语辞典》（第八版）和《韦氏第三版新国际英语大辞典》则认为"学徒制"确定了"学习者的身份、时间、工作等内容"。《技术职业教育辞典》把学徒制教育界定为"工厂制未发展之前的旧式学徒教育"，且其基本特征包括：①师傅有义务对学徒传授生产技艺；②师傅对学徒进行管理和安排；③师傅为学徒提供膳宿。

基于以上的观点，我们可以看到，学徒制具有明显的制度特征。

第一，学徒制规定了学徒的身份、工作、价值等内容。学徒制从制度转变为具有现实价值的教育模式，不仅要发挥出教育功能，还要获得政府、社会的合法性认可。就我国情况来说，学徒制历来有之，并对中国社会的进步起到了重要的作用。但我国政府对学徒教育"合法性"的忽视限制了现代学徒制的发展。而在德国，政府倡导的"双元制"，实际上就是一种"现代学徒制"。德国政府肯定了学徒制的教育"合法性"地位，并积极推进其发展，使其成为职业教育的重要内容。

第二，学徒制转变为现实可行的职业教育学习模式，需要具备以下五个条件：①具有特定的职业学习目标；②反映一定的职业学习规律及理论；③提供特定的职业学习活动程序；④具备达成学习目标的各种条件；⑤形成了特定的学习质量控制及评价标准、方法。国际学徒制创新研究网络（The International Network on Innovative Apprenticesip，INAP）整合分析全球各地区不同形式的学徒制，例如德国的双元制、非洲的非正式学徒制等，并得出各地区的学徒制基本都满足上述五个条件。应该说明的是，强调学徒制的制度属性，并不意味着对其他属性的否定，学徒制依然可以在特定条件和标准下，发展成一种职业教育学习模式或者教育途径。就目前国际形势及其未来变革发展来看，各国政府应为现代学徒制的发展创造良好环境，使其融入现代职业教育体系之中。

二、现代学徒制

"现代"与"传统"的概念是相对存在的,"现代"的事物必将取代"传统"的事物。就学徒制来说,传统学徒制与现代学徒制的差别反映在组织形式、时代背景、有无教育机构的参与及技能传播的范围等方面。具体来说,小农自给经济与家庭作坊生产的组织形式在农业社会逐步发展起来,为传统学徒制的形成与发展提供了土壤。随着时代的推移,科技水平不断提高,社会经济不断发展,知识经济、信息社会和"产品导向"生产组织形式逐步形成,同时,教育理念也发生了深刻变革,创新思维、独立精神、终身学习及自我价值的实现等成为现代教育的核心思想,再加上市场竞争加剧、生产周期变短等因素的影响,基于校企合作的现代学徒制职业教育模式逐渐形成和发展起来。现代学徒制存在于职业共同体之中,师傅与学徒是一种平等合作关系,师傅有责任指导学徒,学徒也需要付出劳动,二者在工作中相互合作,共同促进工作任务的完成。劳耐尔(Felix Rauner)认为,现代学徒制的核心是"本着对经济、社会及环境负责任的态度设计工作世界的能力",设计能力的高低反映了年轻人能否选用最"恰当"的方法来解决问题。目前,常用经济性、创新性、功能性、社会责任感、直观性、工作过程导向、使用价值导向及环保性八个指标来评估学徒的综合职业能力。可见,相较于传统学徒制,现代学徒制对学徒能力提出了更高的要求,尤其注重学徒的综合能力、创新能力及设计能力,且现代学徒制的实施离不开"复杂的工作岗位、简单的组织结构"。

第三节 文献综述

上一节对核心概念的界定揭示了本研究对学徒制、现代学徒制等概念的理解,也初步确定了本研究在哪个层面、何种范围内使用这些概念。为了了解本研究在我国学徒制研究中所处的位置以及可能做出的探索性工作,须全面把握国内外学徒制研究的现状,尤其是国内学徒制的研究情况。

一、国外学徒制研究

现代学徒制在国外发展已经取得了丰富的经验。加拿大生活水平研究中心(Center for the Study of Living Standards,CSLS)对近十个西方国家的现代学徒制的实施情况进行了研究,将其归为两类:以北欧系统为代表的需求引导型模式和以盎格鲁-撒克逊系统为代表的供给引导型模式。本书从以下五个方面来分析国外学徒制的研究现状。

（一）对英国、德国现代学徒制的相关研究

通过对数据库的检索，笔者发现对英国现代学徒制的研究主要集中在2005年前后。英国现代学徒制由中级学徒制、高级学徒制以及高等学徒制三个级别构成。Steedman，Gospel 和 Ryan（1998）详细论述了英国现代学徒制的新发展及发展中出现的问题。王悦（2011）对英国现代学徒制的管理模式进行了详细剖析，为我国现代学徒制研究提供了新的视角。李艳（2007）解析了英国现代学徒制的课程体系，并面向我国职业教育的课程体系，提出了一些课程改革的建议。夏小文（2004）详细对英国学徒制进行了经济成本分摊分析。德国能够在第二次世界大战后迅速崛起，很大程度上取决于其发达的职业教育。德国为人所熟知的"双元制"教育模式是现代学徒制的一种。通过对比德国和英国的现代学徒制，我们可以发现，德国的双元制是一种国家职业教育的人才培养模式，而英国的现代学徒制是面向社会青年的另一种教育形式。前者有深厚的工业基础，以高度结构化的校企合作为支撑，后者则不具备该条件。

（二）对澳大利亚及其他国家现代学徒制的相关研究

澳大利亚的现代学徒制模式包括学徒制和受训生制。孙晓燕（2008）介绍了澳大利亚学徒制的两大实践创新，即组合学徒培训公司和技能商店，这有利于提高中小企业的参与积极性。此外，法国、奥地利、意大利等国家的先进经验也十分值得学习。如关晶（2013）对法国现代学徒制的产生、开展情况、组织管理、教学实施进行了系统阐述。周姝琼（2012）系统梳理了奥地利的现代学徒制的发展情况。

（三）国际组织对现代学徒制的研究

国际组织在现代学徒制研究领域十分活跃。欧盟成立了专门的学徒制网站，并在其研究中对学徒制和受训生制做出区分。联合国教科文组织国际职业技术教育与培训中心在《重新发现学徒制》一书中总结了多个国家的学徒制理论和实践材料，大大丰富了现代学徒制的研究。

（四）现代学徒制的国际比较研究

关晶（2010）梳理了西方学徒制的历史演变过程，重点对两大系统的代表国家——德国和英国开展现代学徒制的过程进行比较研究，从而为我国开展工学结合提供依据。熊苹（2004）对英国、澳大利亚两国的现代学徒制分别进行了深入分析和比较研究，从而总结两国的成功经验。

（五）对西方整体学徒制的研究

关晶（2010）将西方学徒制分为五个历史阶段，并总结了其历史演变特征和发展驱动因素。王川（2008）对欧洲中世纪学徒制的产生及发展进行了梳理。

对国外现代学徒制的研究有以下四个特点：第一，关于西方国家的研究主要集中在有代表性的英国、德国等国家，且针对代表性国家的研究视角日益多元化，不仅仅局限于对学徒制历史的梳理；第二，将盎格鲁-撒克逊系统的国家和北欧系统的国家进行比较研究的较多；第三，一些非代表性国家也逐渐进入人们视野，但资料较少；第四，现代学徒制也成为国际组织关注的热点之一。

二、国内学徒制研究

（一）关于学徒制的研究数量与学徒制的名称

笔者借助于中国知网来进行文献检索。中国知网覆盖的数据库包括中国期刊全文数据库、中国重要报纸全文数据库、中国博士学位论文全文数据库、中国重要国内会议论文全文数据库、国际会议论文全文数据库和中国优秀硕士学位论文全文数据库。截至2017年12月底，可检索文献共计7 696篇。由此可知，学位制已成为当前职业教育的研究热点。

通过文献分析获知，学徒制又叫名师带徒、师带徒、师徒制、师傅带徒弟和学徒培训。统计结果表明，在全部相关文献中，"学徒制""师傅带徒弟"和"师带徒"等出现的次数最多；在学术类文献中，"学徒制""师徒制"和"师带徒"等出现的次数最多。由此可知，"学徒制"和"师带徒"是两种最常见的名称。此外，"师带徒"的用法最早出现在1957年，"学徒培训"和"学徒制"的用法则分别于1959年、1964年出现，其他名称均是在20世纪90年代以后出现的。可见，"学徒制"是较早出现的名称且其使用频率最高。中华人民共和国成立后，政府对传统学徒制进行了改造，并用"学徒培训"来代替"学徒制"。从此以后，正式文件中均以"学徒培训"来称呼"师傅带徒弟"的现象，例如，《国家劳动总局关于加强和改进学徒培训工作的意见》（1981）、《中华人民共和国职业教育法》（1996）均采用"学徒培训"。自2014年以来，我国颁发的文件均以"现代学徒制"来指称职业院校和企业共同培养学徒/学生这一人才培养模式，因此本书也采用"现代学徒制"这一名称。

（二）学徒制各发展阶段的研究内容

中华人民共和国成立以后，学徒制经历了三个发展阶段：生产现场的学徒制、向学校职业教育过渡的阶段、现代学徒制的发展阶段。

1. 生产现场的学徒制[①]

中华人民共和国成立初期，为适应国民经济的发展，各企事业单位通过采取短期的生产现场的学徒制，培养了大批新技术工人，有利于解决当时技术工人短缺的问题。但由于片面追求学徒的数量和培养速度，学徒培养的质量问题很快凸显出来。为解决这些问题，各企事业单位开展了相关的经验交流，如广州市劳动局培训科的《怎样才能使"以师带徒"收到效果》[②]、天津化工厂的《实际操作和理论学习并重，全面培训学徒》[③] 等，都立足于现实条件，提出了学徒培训的方案，培养出满足工作需要的技术人员。可以说，学徒制对于当时中国经济社会的发展发挥着重要作用。

2. 向学校职业教育过渡的阶段

陈秀兰、张树国（1982）归纳了学徒培训的主要特点：①具有明显的生产性；②带有显著的目的性及专业性；③投入少、收益大、成效快；④培训条件更加优越。这一时期，全国学徒数量庞大，使得学徒制对经济社会的发展有重要影响。该时期，我国学徒数量长期处于四百万左右，相当于技工学校在校生规模的5~6倍。此外，学徒制适应了我国当时的社会背景，发展为该时期重要的人才培训途径。

顾文荣（1988）归纳了当时学徒制的主要缺陷：①多数企业没有力量组织专业培训，向学徒工教授专业知识、操作技能，导致学徒工的理论基础和操作能力不高。学徒制培养出来的新工人存在技术局限性。②许多学徒认为，参加了学徒培训就能够获得一个铁饭碗。这种思想束缚了他们的主观能动性。③新提出的劳动合同制度与学徒制存在冲突，政府提出了"先培训、后就业"的规定，进一步限制了学徒制的发展。④传统学徒培训更多地体现在技艺传承方面，而在创新方面存在不足，导致其无法满足信息社会与科技发展的需要。1985年，中国人力资源市场倡导"先培训、后就业"，就业人员必须通过培训才能入职。这一规则进一步限制了学徒制的发展，职业教育与培训逐渐成为该时期人才培养的重要途径。

---

① 雷成良. 职业教育现代学徒制人才培养模式研究 [D]. 重庆：西南大学，2016：15-17.

② 广州市劳动局培训科. 怎样才能使"以师带徒"收到效果 [J]. 劳动，1957（6）：24-25.

③ 天津化工厂103车间. 实际操作和理论学习并重，全面培训学徒 [J]. 劳动，1960（1）：23-24.

3. 现代学徒制的发展阶段①

1993 年以后，西方国家的学徒制开始传入我国，许多学者进行了对比研究，但是针对中国学徒制的研究较少。同时，现代学徒制在德国和英国等国家获得极大成功，引起国内学者的关注，教育界对学徒制又恢复了信心，相关研究也随之增多。《国务院关于大力发展职业教育的决定》（国发〔2005〕35号）明确提出推行"工学结合、校企合作"的培养模式。受此指引，我国许多学者加大了对学徒制的研究力度。国内关于学徒制的研究不断增加。这一方面反映出学徒制受到越来越多的关注，另一方面也反映出学徒制研究有多领域交叉融合的特征，需要综合分析各种因素。

这一时期关于学徒制的研究，大致可以归纳为以下五个方面：

第一，学徒制的发展历史研究。关于学徒制的发展历史的研究，不仅考证了古代学徒制，还为现代职业教育办学提供了参考。例如，殷俊玲（2005）就考证了明清时期晋商选拔学徒时的流程及规制。《论传统学徒制对我国高等工程教育的启示》《古代学徒制——对中职学校办学思路的启示及思考》等，在分析了古代学徒制的优势的基础上，对现代学徒制进行了研究。

第二，认知学徒制的相关研究。在 20 世纪中后期，布朗、柯林斯等认为，对传统学徒制进行改革，同时融入现代教育理念和信息技术，能够发挥学徒制的优势，为学徒工提供一套基于计算机的学习环境。学徒工能够在这一环境中阅读、写作、练习、接收指导、反馈信息等，从而获得类似学徒制的认知体验。1989 年，认知学徒制理论正式建立。该理论是认知科学的实践成果，保留了传统学徒制的有益部分，并发展为新型教育模式。笔者对文献进行分析，发现 1998 年高文的《现代认知学徒制——一种基于情境的有效学习模式》是最早可查的国内学者关于认知学徒制的研究。关于认知学徒制的研究，主要研究认知学徒制和传统学徒制的差异，认知学徒制的界定、思想核心、构成要素、主要特征等内容。

第三，学徒制的国际比较研究。这一时期，研究人员进行了较多的国际比较研究，主要围绕学徒制的发展现状、实施办法、制度建设、有益经验等进行对比分析。相关研究涉及的国家包括德国、瑞士、英国、澳大利亚、美国、法国等。学徒制的国际比较研究的思路是通过对比分析不同国家的经验，吸收有益经验，为本国学徒制的发展提供参考。在这一时期，国际比较研究是重点，

---

① 关晶.西方学徒制研究——兼论对我国职业教育的借鉴［D］.上海：华东师范大学，2010：9-12.

而且与前一阶段相比，更加全面、深入。

第四，学徒制人才培养模式的相关研究。《高职教育中"现代学徒制"人才培养模式研究》《"现代学徒制"人才培养模式研究》等文探究了在国家、地区和政府层面上如何重建现代学徒制人才培养模式。《以工作过程为导向构建"学员制+学徒制"人才培养模式》探究了在校、院、系层面上如何重建现代学徒制人才培养模式，提出了以就业为导向、走产学研相结合的道路。《高职建筑工程技术专业现代学徒制人才培养模式探索》探究了不同专业应如何重建现代学徒制人才培养模式。

第五，对学徒制课程及教学的研究。相关研究提出吸收学徒制的有益部分，调整课程及教学安排；分析学徒制的学习机制，重新认识和界定教与学的过程，推动职业教育课程与教学改革。例如，张丽香（2008）通过实证研究，深入剖析了学徒制的学习机制，并提出学徒的学习动机是自我实现的需要，学习方式是实践学习和观察模仿学习，学徒对戏班共同体表现出明显的依赖性。

通过对文献的阅读和梳理，笔者发现，我国对现代学徒制的研究主要有以下特点：对国外学徒制现状的研究多，本土学徒制实践的研究少；理论研究多、实证研究少；期刊研究多、专著研究少；对传统学徒制研究多、现代学徒制研究少。在众多研究中，从组织系统论的角度对现代学徒制的办学条件、运行体系进行阐述的尚不全面，这为本书的研究提供了一个视角。

第四节　研究设计

一、研究意义

（一）理论意义

现代学徒制的实施需要校企之间的紧密合作，包括校企资源的投入和师傅、教师的深入指导，明确学徒的主体地位，并据此编制适配的课程，为学徒提供标准化的校内教育和企业培训，以训练出高水平的新型人才。这是传统职业教育的一场重大变革，已成为世界未来职业教育的发展方向。因此，随着我国职业教育内涵式发展进程的推进，进行中国特色现代学徒制的理论和实践探索，将进一步丰富我国职业教育理论研究的内容。

（二）实践意义

一是笔者通过调研获得现代学徒制的相关资料并对其进行分析。这是在我国学徒制实践阶段迫切需要推进的研究工作，尤其是当前我国的学徒制正处于推进阶段，需要对已有的实践经验和实践成果进行梳理总结。二是笔者从理论层面对现代学徒制在实践中遇到的困难进行分析，并尝试提供发展路径和方向。

二、研究目标及内容

（一）研究目标

本书拟在对现代学徒制基本理论进行梳理和辨析的基础上，以重庆市现代学选制为切入点，分析我国现代学徒制的现状，剖析现代学徒制存在的现实困境，通过比较研究，找出可借鉴的国际经验，进而有针对地提出我国现代学徒制的实施策略。

（二）研究内容

本研究的主要内容有：

①关于现代学徒制的理论研究。本书通过经济学、社会学、教育学等多视角的理论分析，从理论上探讨构建中国特色现代学徒制人才培养模式的必要性和价值。

②关于现代学徒制的现状研究。本书通过调查研究，分析现代学徒制的推行现状，剖析其现实情境。

③关于现代学徒制的比较研究。本书通过分析发达国家的现代学徒制的成功典型案例并借鉴其成功经验，为本书的对策研究提供国际经验。

④推行现代学徒制的对策研究。本书立足我国经济社会发展的需求，结合区域经济发展的需要，提出进一步发展中国特色现代学徒制人才培养模式的若干政策建议。

三、研究对象

本课题调查研究的对象为重庆市实施现代学徒制的 11 所高职院校。这些高职院校包括重庆工业职业技术学院、重庆电子工程职业学院、重庆航天职业技术学院、重庆科创职业学院、重庆城市职业学院、重庆公共运输职业学院、重庆城市研究职业学院、重庆化工职业学院、重庆工贸职业学院、重庆财经职业学院和重庆医药高等专科学校。其中，重庆工业职业技术学院、重庆电子工程职业学院、重庆航天职业技术学院是 2015 年教育部公布的第一批现代学徒制试点院校，重庆科创职业学院、重庆城市职业学院、重庆公共运输职业学院是 2015 年立项的重庆市新型学徒制培养试点职业院校，其他 5 所职业院校是实施了现代学徒制改革的高职院校。

四、研究思路及方法

（一）研究思路

本书以问题为导向，以重庆市推行现代学徒制的高职院校为实证研究对象，通过"目标设定→理论研究→现状研究→比较研究→对策研究"的研究路径，先对现代学徒制的基本理论进行梳理和辨析，然后通过比较研究，找出可以借鉴的国际经验，在此基础上分析我国现代学徒制的现状和存在的问题，归纳出限制现代学徒制在我国实践与发展的内外部因素，进而提出可行的解决方案和实现路径，以为我国教育职能部门制定现代学徒制的相关政策提供理论支撑、决策依据和政策建议。

（二）研究方法

1. 文献研究法

该方法贯穿于本书的整个研究过程。笔者通过检索数据库、查阅和整理相关书籍，为本研究提供理论和数据支撑。

2. 调查研究法

本书通过问卷和访谈，把握当前重庆市现代学徒制的基本情况、存在的现实困境及其成因。

3. 比较研究法

本书通过国际比较研究，借鉴发达国家现代学徒制的先进经验，以供我国现代学徒制试点院校借鉴和学习。

第二章　西方学徒制的历史进程

第一节　古代学徒制的发端

一、古代学徒制的起源①

在原始社会中，并没有严格的职业化分，且社会生产力水平低下，绝大多数劳动力都从事农业生产。在该时期，几乎所有的职业都带有世袭的特征，阻碍了职业多样化、普及化的道路。因此，这一时期的职业教育局限在家庭之中，父母通过口耳相传、操作演示的方式，把技艺传授给自己的子女，从而延续了这个社会的全部生产技艺。

青铜器时代之后，社会生产力水平明显提高，并衍生出手工业。青铜器冶炼与制造仅凭一家一户难以完成，需要一定的社会分工与合作。同时，技艺传承需要更大规模的职业教育，而早期的以家庭为单位的职业教育模式无力支撑，学徒制开始以一种非正式形式出现在社会生产中。在当时的社会环境下，手艺人一般会通过养育别人的孩子来传承自己的手艺。这些孩子会作为手艺人的养子来学习他的技艺。当时生产力水平低下，父母养育孩子很艰难，且家中孩子越多，家庭的负担也就越重，所以父母会让孩子去当学徒，既能勉强果腹、减轻家中的负担，还可以让孩子掌握一门技艺，将来以此谋生。关于学徒制的最早记载，青铜器时代末期的《汉谟拉比法典》中有这样一段文字："若手艺人需要招收养子并传授他手艺的话，孩子的亲生父母不能反对。若手艺人不向养子传授技艺的话，应当将养子归还给亲生父母。"可见，在青铜器时代，社会上就已经出现了"学徒制"，且"学徒制"在该时期被人们普遍接受，甚至被列入法典之中。当然，也有一些学者提出了反对意见，他们认为不

① 关晶. 职业教育现代学徒制的比较与借鉴 [M]. 长沙：湖南师范大学出版社，2016：2.

应把法典中的这一条款视为学徒制的法律规定，因为这一条款更多的是服务于当时的宗教信仰。

二、古代学徒制的发展

通过原始形态的学徒制进行职业教育，是当时培养手艺人、匠人的主要方式。中国战国时期和古埃及、古希腊、古罗马时期的文献对此都有记载。例如，中医传承倚重于学徒制，古罗马的法律家以及古希腊的雄辩家是通过学徒制培养的。此外，各国的鞋匠、木匠等匠人技艺的传承更是离不开学徒制。随着时代的推移、生产力的进一步提高和等级制度的发展，贵族阶层不愿意从事体力劳动，也不愿意在学校学工艺技能。受到这种社会需求的影响，学校成为一个专门传授文化知识的地方，主要接收高等公民和贵族，他们毕业后可从事社会管理工作。工匠技艺则主要由二等公民来传承。他们通过学徒制来学习一门技艺，并以此谋生。

在公元前18年到3世纪之间，西方社会中有九种不同的学徒制合同，这些资料表明在当时的社会中没有一个固定的词语来形容这种教育形式。在这一时期，13岁左右的孩子以学徒的身份被送到师傅身边，师傅除了要供给膳食之外，还要向他们传授自身的技艺；学徒则要在一定时间内从事体力劳动。例如，有关学习纺织的合同规定学徒学习期限是1~5年，学徒通常在学习了1~2年之后，才能独立从事生产劳动，获得一定的薪酬。此外，师傅与学徒是上下级关系，师傅需要对学徒负责。

概括来讲，古代学徒制虽然经历了较长时间的发展，但是并未形成统一的规制，在资质评定、学徒时间、教习方法等方面未形成统一规定，也缺乏必要的社会监督。古代学徒制是一种非正式的社会惯例，带有强烈的"私人"色彩。古代学徒制的另外一个特征为师徒关系是以家庭关系为基础建立起来的。师傅招收的学徒通常是自己的亲子、养子，彼此之间存在亲情，师傅愿意把自己的技艺全部传授给学徒。这一方面保证了技艺的有效传承，另一方面也使得技艺传播受到阻碍。在基于学徒制的职业教育过程中，学习过程和生产过程同步进行，学徒能够在从事生产的过程中进行学习，这是完全的工作本位职业教育模式。在这种教育模式下，师傅不会安排具体教学任务，而是通过指导、演示的方式来传授技艺；学徒则在生产中通过模仿学习、观察学习的方式学习师傅的技艺。此外，学徒在年幼时就被送到师傅身边，师傅不仅要向他传授技艺，还对他进行道德教育，保证学徒发展成有能力、有道德的社会公民①。

第二节　中世纪学徒制的繁荣

在中世纪，西欧国家的城市中出现了大量的行会，这为学徒制的兴盛提供了现实基础。随着社会生产力的提高，在 10 世纪左右，一些西欧国家形成了许多新兴城市，且城市规模和人口不断扩大。在新兴城市中，贵族和统治阶级会想方设法对手工业者进行掠夺。为了反对贵族的掠夺，手工业者组成联盟，以行会的形式进行自卫保护。在此背景下，手工业获得快速发展，对城市的发展起到重要影响。与此同时，行会的力量也在持续扩大，并作为一种独立的具有决策能力的经济组织，参与城市的管理与运营，对城市工艺水平的提高起到积极作用。客观来讲，中世纪的商人、手工业者具有相似的社会属性，构成城市中的市民阶层。这一阶层在逐渐演化为城市资产阶级，而行会领袖则成为一个城市的真正的统治者。市民阶层具有相同的社会身份和利益诉求。为了保证本阶级的利益，他们通过教育的形式来培养更多的政治力量和社会力量。基于此，城市的行会推动了学徒制的发展，学徒制的普及又带动了城市的蓬勃发展。这一时期的技艺水平、生产水平都得到了显著提高。行会的发展与壮大，实现了学徒制的制度形态转变。"中世纪手工业行会率先建立了学徒制。学徒制随着行会的发展而处于变革之中。在未出现行会时，学徒制被界定为社会惯例，而在出现行会之后，学徒制附加了明显的社会属性，并在行会的推动下，成为一项基本的社会制度。总的来说，在 13 世纪到 15 世纪之间，学徒制发生了深刻的变革，从早期的私人性质的惯例演化为公共性质的社会制度。"②

目前，学界普遍认为制度化的学徒制在中世纪末正式建立。早在 13 世纪，一些法律条款中就出现了"学徒制"。随着中世纪行会的发展壮大，学徒制的制度化进程也不断加快，并逐渐发展成具有广泛影响的社会制度。

中世纪学徒制的本质是师傅向学徒传授技艺的教育过程。相较于古代学徒制的"无约束"特征，中世纪的学徒教育是建立在契约之上的。也就是说，师傅在招收学徒时必须与学徒本人或者学徒监护人签订契约，从而对双方的合作进行约束。学徒契约对以下内容进行约束：①学徒应绝对服从师傅的管理，

---

① 关晶. 职业教育现代学徒制的比较与借鉴 [M]. 长沙：湖南师范大学出版社，2016：4.
② 关晶. 职业教育现代学徒制的比较与借鉴 [M]. 长沙：湖南师范大学出版社，2016：5.

认真做好师傅委派的工作，不得损害师傅的利益，最大限度保护师傅的权益，注意技术保密，不得擅自泄露师傅的秘密，遵守基本的社会道德，不得做违规违法的事情，如有违背，甘愿接受师傅的惩罚，并承担必要的社会责任。②师傅应当为学徒提供基本的生活保障，包括食宿、衣物等，还应认真、无保留地向学徒传授技艺；在学徒可以独立从事生产工作时，师傅应当给予一定的薪酬；在学徒期满之后，师傅应尽力给学徒提供工作机会，让他成为自己的帮工。③帮工可以自行选择不同的师傅，但不能擅自开业；只有当帮工的技艺达到一定水平，得到师傅的认可，具有了成为"师傅"的资质后，才可以独立开业。

制度化的学徒教育随着行会的壮大而发展，并随着行会的消亡而衰落。这一时期发展起来的学徒教育是近现代职业教育的前身。它不仅向学徒传授技艺，还注重学徒的道德教育。行会是为了保护自身利益才推行学徒制教育的，这导致这种职业教育模式不可避免地存在局限性。例如，它要求学徒严格保守师傅的技术秘密，不得擅自传播，就极大阻碍了优秀技艺的推广与发展，而学徒只能充当某一个师傅的营利工具；它强调师傅的权威性，师傅会残酷压榨学徒的利益。随着时代的推移，在 14 世纪之后，行会制度成为阻碍社会生产与进步的社会制度。它通过压榨和剥削学徒、帮工的利益来聚拢社会财富，并通过制度规范阻碍生产技术的传播与发展。在行会控制下，只有具有社会地位的人才有资格成为师傅，而普通的帮工、学徒只能成为被剥削的对象。一些帮工、学徒为了保障自身利益，自行建立了"兄弟会"，以结成联盟、合力对抗行会的剥削行为。在 15 世纪和 16 世纪，行会控制下的学徒教育走向没落。从 18 世纪中后期开始，西欧各国先后完成了工业革命，机器大生产代替传统的手工业生产成为社会生产的主要形式。而在产业革命的冲击下，学徒制教育失去了社会基础，几近消亡，一种新型职业教育形式——学校职业教育模式应运而生。中世纪，西欧的学徒制教育经历了一个由盛到衰的历史过程。在该时期，学徒制随着行会的壮大而走向兴盛，又随着行会的没落和社会的变革而走向衰落，但学徒教育依然是职业教育的典范，在相当长的历史进程中发挥着积极作用，并为学校职业教育的形成奠定了基础。

第三节　近代学徒制的起伏

随着社会的发展，在 16—18 世纪，社会生产力水平提高，资本原始积累已经完成，传统的家庭作坊的生产组织形式不再适应时代发展的需要，而手工工场的生产组织形式实现了分工协作，其生产效率远远高于家庭作坊，适应了新时代的发展要求。随着手工工场的壮大，社会生产力进一步提高，社会分工明确，剩余产品总量增加，为资本主义的形成提供了现实基础。这一时期出现了两种类型的手工工场——分散的手工工场和集中的手工工场。分散的手工工场指的是由商人将原材料分发给多个分散的小手工业者，然后各手工业者凭借自身拥有的生产资料，独立完成生产任务，具有经济独立性。集中的手工工场指的是商人将分散的劳动者集中到一个大型作坊中，众多劳动者严格分工、各司其职，共同完成生产任务，不具有绝对的经济独立性。社会生产模式的转变也给学徒制的发展带来了深刻影响，具体来说：第一，传统的师徒关系不复存在，师傅不再依据亲缘关系来招收学徒，而是本着利益最大化的目的来招收学徒，师徒关系附加了明显的雇佣关系，学徒成为师傅扩大生产的廉价劳动力。第二，学徒制的教学功能变弱，学徒背离了学习技艺的初衷。由于师傅把大部分时间用于管理，不愿意参与生产或者对学徒进行技术指导，因此学徒没有机会进行观察学习或者模仿学习。这使得学徒制的教育功能不断弱化。

在这样的背景下，行会的势力逐渐衰弱。15 世纪末，西欧探险家发现了美洲新大陆，并开辟了从欧洲通往印度的新航线。这两大海外市场的出现，刺激了西欧的对外贸易，尤其是毛织业和羊毛出口业。在此背景下，以英国为代表的西欧国家开启了长达百余年的"圈地运动"。越来越多的农民土地被地主贵族圈占，而破产的农民只能到偏远地区重新垦荒，或者涌入城市谋求生机。这为城市手工业带来了庞大的廉价劳动力，同时也增加了城市的商品需求量。破产的农民在商人控制下进行社会生产，或者在城市郊区耕种、独立生产，而这一切都不受行会的控制，进而衍生出新的城市手工业生产秩序。这一时期的学徒制发生了质的变化，师傅不再参与生产，也无暇对学徒进行技术指导，师徒关系演化为雇佣关系，学徒工成为师傅的廉价劳动力。这极大地打击了学徒对行会的信赖。此外，"圈地运动"进一步加大了社会的贫富差距。贫困问题是引发社会矛盾的根源，甚至会变成农民起义的导火索。在封建社会，封建王朝通过行政手段控制"圈地运动"的规模，从而间接消除社会贫富差距，而在资产阶级获得政权后，放松了对"圈地运动"的管制，导致大量农民破产而被迫成为城市的廉价劳动力，加剧了社会矛盾。无论在封建社会还是在资本主义社会中，贫困问题始终是重要的社会问题，因为它直接影响社会稳定。人们希望通过学徒教育来提高低收入人群的薪酬，从而减小社会的贫富差距，维持社会稳定。

随着城镇化进程的推进，师傅为了扩大生产，招收更多的学徒，而师傅和学徒之间纷争不断。行会为了控制师傅和学徒，采取了很多苛刻的措施，大大挫伤了师傅和学徒的积极性，阻碍了整个手工业的发展。因此，从16世纪中叶开始，政府制定了一系列的有关学徒教育的规章制度，并逐渐引入职业学校教育。由此，行会学徒制逐渐衰落。

第四节　现代学徒制人才培养模式的复兴

一、西方现代学徒制人才培养模式的产生

欧洲工业革命对职业教育的模式产生了巨大影响，学校职业教育成为社会职业教育的主要模式，每年向工厂输入大量的初级技能劳动者。可是，学校职业教育带有"学文化"的特征，学校输出的毕业生并不能快速投入现实生产中，而必须接受在职培训。这使教育界、企业界和学生对学校职业教育产生怀疑。

工业革命使传统学徒制走向消亡，"学徒制只适应于家庭作坊"的想法深入人心，学徒制在相当长的时间内不被人提及。可是，第二次世界大后德国积极推进学徒制人才培养模式，快速培养出一大批技术型人才，实现了经济复苏和经济腾飞，在20世纪60年代成为世界第二大经济强国。这也使得学徒制再次进入世界各国的眼帘，以学徒制为基础的现代职业教育体系受到世界各国的关注，相关研究也不断增多。尤其在20世纪80年代以后，西欧各国大多建立了适应本国需求的现代学徒制度，并建立了配套制度。

欧洲的许多国家完成了立法工作。法国于1987年初步制定了关于学徒制的相关法律，希腊和丹麦在1989年建立了完整的学徒制法规，卢森堡于1990年颁布了学徒制章程，葡萄牙于1991年制定了现代学徒制的相关规章制度，荷兰和澳大利亚在1996年开始全面推行现代学徒制。此外，加拿大、美国也于20世纪90年代开始学徒制改革，建立起现代学徒制人才教育模式。至此，学徒制再次复苏，并成为现代职业教育体系的内核，推动了新一轮职业教育变革。

"现代学徒制人才培养模式"是适应了经济与社会的现代化发展要求，纳入国家人力资源开发战略，以校企合作为基础的学徒制形态。在此需要说明的是，英国政府在1993年首次提出了"现代学徒制人才培养模式"一词，并在之后的十年间一直使用该词。但英国政府在2004年启动的新一轮学徒制项目

中，不再使用"现代学徒制人才培养模式"一词。本书为了能够更加清晰地凸显出这一时期的学徒制特征，同时为了有效区分传统学徒制与现代学徒制的差异，还是使用"现代学徒制人才培养模式"这一词语。

二、西方现代学徒制人才培养模式的现状

(一) 西方现代学徒制人才培养模式的概况

相关调查结果显示，大多数欧洲国家已经建立起现代学徒制人才培养模式，其他国家如美国、加拿大、澳大利亚等国也在积极推进现代学徒制人才培养模式，以期为新形势下的社会经济发展提供人力支撑。德国和澳大利亚注重现代学徒制的实践应用，并较早把它引入国家职业教育与培训体系中，使其成为主要的社会职业教育形式。此外，英国、法国、加拿大、美国等国也立足于本国国情，本着服务自身发展的目标，提出了许多具体的方案，对世界范围内学校职业教育体系发展起到补充作用。

(二) 西方现代学徒制人才培养模式的多元性①

传统学徒制表现出高度的统一性，即使在不同国家，传统学徒制也存在较多的共同点。然而，现代学徒制人才培养模式表现出多元化的特点，不同国家提出了差异化的实施方案。有研究认为，欧洲国家的现代学徒制包括供给引导型和需求引导型两类。供给引导型的现代学徒制属于高学校整合和低企业合作型，雇主责任感淡薄，不愿意为职工提供培训。该类学徒制融入或者部分融入全日制教育体系中。这类国家包括法国、荷兰、奥地利、丹麦、英国等。需求引导型的现代学徒制属于低学校整合和高企业合作型，雇主责任感强烈，每年投入大量成本对职工进行技能培训。该类学徒制并未融入全日制教育体系中。这类国家包括瑞士、德国等。

有研究将西方发达国家的现代学徒制划分为盎格鲁-撒克逊系统和北欧系统两大类。

盎格鲁-撒克逊系统包含英国、加拿大、爱尔兰等国。这些国家鼓励"自愿自助"型的企业培训模式。在该模式下，企业投入职业培训的意愿较低。此外，这些国家重视国民的普通教育，而对职业教育的重视不足。这也导致学徒教育的社会影响力较小，国民对学徒制信心不足。就整体发展而言，这些国家的学徒制实践依然取得进步，参加学徒教育的人数不断增多。北欧系统包含德国、瑞士、奥地利和丹麦等国。这些国家历来重视社会职业教育工作，并较

---

① 关晶. 职业教育现代学徒制的比较与借鉴 [M]. 长沙: 湖南师范大学出版社, 2016: 25.

早建立了配套的法律体系，为职业教育实践提供了保障。同时，这些国家的国民对职业教育信心满满，愿意通过接受职业教育与培训来提高自己的价值。这些国家以德国的双元制为范例，建立起校企合作模式，以培训技术型人才。

三、西方现代学徒制人才培养模式的发展趋势

现代学徒制在西方社会复苏，但也面临着困境与挑战，如市场经济的快速变化、高等教育大众化的冲击、人才流动等。面对这些挑战，西方国家积极推进现代学徒制人才培养模式的变革，力求打造出适应新的市场环境的现代学徒制。在努力与变革中，西方现代学徒制人才培养模式表现出一些共同的发展趋势。

（一）学徒制度不断完善

德国于 1969 年制定了《职业教育法》，对学徒制的具体实施做出了明确的规定。2008 年 7 月，英国发布《学徒制草案》，以立法的形式为现代学徒制奠定了法律基础，保障了现代学徒制的地位。之后，《学徒制、技能、儿童与学习法案》于 2009 年 11 月由英国议会正式颁布。2015 年 9 月，英国商业创新和技能部发布了《企业法案》，将学徒制纳入保护条款，不允许提供质量低下的学徒制培训，旨在改善英国政府与企业的关系，创造更多就业机会。总的来说，西方发达国家在学徒制方面形成了比较完备的法律法规体系，为现代学徒制的持续健康发展奠定了坚实基础。

（二）学徒规模不断扩大

为满足社会对学徒的需求，西方各国政府不断拓展学徒覆盖范围，将现代学徒制的培训领域从普通职业教育培训延伸到继续教育培训，学徒的招募不再仅面向中学毕业后常规参与培训的年轻人，也正式面向社会上的再就业人员。各国放宽了学徒的年龄限制，实质上是扩大了学徒的招生对象。如澳大利亚取消了学徒的年龄限制，鼓励成年人参与学徒培训。另外，传统学徒制面向的是男性学徒，而现代学徒制则不对此做严格要求，女性同样可以自行选择培训项目，而且女学徒所占比重越来越高。

（三）学徒领域不断拓展

传统学徒制依赖于传统行业，如制造业、手工业等。随着时代的推移，社会产业结构发生明显变化，传统行业被打压，而新兴行业兴旺起来，这对劳动力提出了更高的要求。基于此，西方国家在改革学徒制的过程中，注重现代学徒制的多领域发展，强化其适应性和多元化特征。例如，英国政府于 1994 年推行的"现代学徒制人才培养模式计划"涉及的行业包括化工、商务管理、

农业、建筑、零售业、教育、冶金等 14 个大类，在 1995、1997 年的计划所涉及的行业为 72 个，几乎覆盖了英国社会的所有主流行业。澳大利亚也在积极扩大学徒教育的职业领域，吸引了各职业领域的从业者。

（四）学徒制与普通教育不断融合

为了增强学徒制的吸引力，打通与普通教育之间的衔接通道也是西方发达国家的共识。它们强调把现代学徒制良性融入普通教育体系中，为学徒接受普通教育提供路径支持，使学徒获得多元化的个体发展方向，从而提高现代学徒制的吸引力，减轻现代学徒制的发展压力。例如，英国现代学徒制由低到高细分为中级学徒制、高级学徒制和高等学徒制。这三级学徒制与国家职业资格体系有着紧密联系。一方面，获得资格认证的学徒可得到全国雇主的认可，学徒的就业机会大大增加；另一方面，学徒取得的各项资格证书与普通教育证书可以互通，这就保证了学徒能够继续选择高等教育，提高了其参加学徒制的积极性。又如法国现代学徒制要求，学徒只有取得职业资格证书才能结业，且国家认可的职业资格证书与普通教育证书具有相同的效力。

（五）学徒培训内容不断改革

为适应社会经济快速变革，保证学徒具有社会适应能力，西方各国推行的现代学徒制人才培养模式注重培养学徒的职业能力，为学徒的个体发展提供支撑。西方各国对现代学徒制的培训内容进行重组，重组的手段就是"阶梯化"和"模块化"，有利于提高学徒制的吸引力和专业程度。例如，英国将现代学徒制与国家职业资格体系挂钩。德国政府于 2005 年颁布的《联邦职业教育法》正式提出学徒制项目要进行模块化改革。2006 年，德国双元制职业培训体系引入了模块培训时间。2007 年，德国双元制内部的模块化改革取得实质性进展。

（六）新型学徒培训机构不断出现

在学徒制的发展过程中，也出现了这样一个问题：面对激烈的市场竞争，一些企业不愿意提供学徒岗位，因为这会在一定程度上降低企业的生产效率，导致学徒岗位稀缺困境的出现。为了解决这一困境，澳大利亚、瑞士和英国等国建立了一定数量的第三方培训或中介机构。这些机构中，部分机构有能力直接提供学徒岗位，而部分机构只起到中介作用，即把接受过基础教育和技能培训的学徒介绍到对应的企业岗位上。如英国大部分的学徒岗位是由非营利培训机构或者培训公司来安排的。瑞士政府建立了第三方跨企业培训中心，专职负责学徒岗位的安置工作。跨企业培训中心先对学徒进行集中培训，再依据培训效果把学徒安排到不同的学徒岗位上。因此，瑞士的学徒制又称"三元制"。

第三章　德国现代学徒制
人才培养模式

第一节　德国现代学徒制人才培养模式的概况

一、德国现代学徒制的历史演进

（一）萌芽阶段

德国学徒制的萌芽可以追溯到中世纪。在中世纪，学徒制是手工业行会培养手工艺人的唯一方式。学徒在师傅的家中和工作作坊里生活和学习，学徒期包含学徒、工匠、师傅三个时期，学习方式为观察、模仿、自主完成。该时期学徒教育的目的是培养符合手工业行会要求的手工艺人。

（二）奠基阶段

19世纪末和20世纪初，随着工业技术和自由经济的发展，手工业行会面临全面解体，传统学徒制走向衰败。1869年，德国颁布的《北德意志联邦工商条例》全面确立自由主义经济原则，同时引入了为学徒提供继续教育的"进修学校"。1897年，《手工业者保护法》的颁布确立了德国职业教育的"经济界的责任"的重要原则，标志着德国手工业学徒制在工业时代的重生。与此同时，经济和社会的发展使得通用知识变得越来越重要，学校教育愈发重要。1900年，德国教育家凯兴斯泰纳（George Kerschensteiner）建议成立专门的进修学校，以将低层次青年融入国家教育中。同时，《北德意志联邦工商条例》规定培训学徒的师傅必须拥有能力资格证书。从此，具有职业教育倾向的进修学校的数量大大增加。1920年，德意志帝国学校会议（the Reich School Conference）将进修学校改称为"职业学校"。至此，德国现代学徒制基本形成。

（三）巩固阶段

1920—1970 年，德国现代工业发展迅猛，急需大量掌握新技术的产业工人。1938 年，德国政府颁布了《德意志义务教育法》，规定全国青年必须进入职业学校接受三年的职业教育。1953 年，德国《手工业条例》的颁布，以法律的形式规定了企业对学徒制的职责。1964 年，德国教育委员会首次使用"双元制"这一术语，并以书面的形式将其确立下来。1969 年，德国颁布《联邦职业教育法》，规定了职业教育中联邦政府、各州政府、雇主代表、行会、职业学校的职责。这标志着德国现代学徒制的正式确立。

（四）发展阶段

20 世纪 70 年代至今，德国现代学徒制面临新的挑战，进入发展变革的新阶段。在 20 世纪 70 年代，德国确立了职业教育年度报告制度，每年定期报告学徒市场的发展状况。1972 年，跨企业培训中心成立，以满足无法独立承担学徒培训任务的中小企业的需要。2005 年，德国政府颁布的《联邦职业教育法》规定学徒在完成学校职业教育之后才有资格参加行会考试，考试合格者可以直接入职工作。2009 年，德国 16 个州的教育部长一致同意，获得高级资格（包括师傅资格和技师资格）的学徒毕业生可以不参加额外的能力测试，直接进入大学学习。从此，双元制不再是"教育死胡同"，拓宽了学徒的上升渠道。据统计，2011 年，德国 4.5 万个企业培训了 146 万名学徒。其中，42.1%的学徒获得中级证书，31.9%的学徒获得初级证书，23.1%的学徒获得高级证书或取得了高等教育入学资格。

步入 21 世纪以后，社会经济形势发生深刻变化。面对新的挑战，德国联邦政府协同各级地方政府、企事业单位、学校等各届力量，积极变革现代学徒制，力求打造出适应性更强、实践效果更佳的职业教育体系。

1. 增加专项资金，保证充足的学徒岗位，维持学徒市场的供需稳定

德国联邦政府注重现代学徒制的实践与发展，每年投入巨额资金，以补助企业开展学徒教育的费用，且这一专项资金总额逐年提高。德国政府在 2007 年为学徒教育投入 238 亿欧元。从 20 世纪 90 年代起，德国学徒市场存在着学徒岗位稀缺的困境，对此，德国联邦政府提出了一系列应对措施：①建立更多的全日制职业培训学校，并在学校中引入学徒培训，从而增加学徒岗位；②放宽了对企业的限制，鼓励企业向社会提供更多的学徒岗位。德国联邦政府废除了对企业内部培训师的教学资格的考核制度，企业可以接收未取得官方认可但有真才实学的培训师。从德国政府近年发布的相关规划来看，德国联邦政府将继续增加专项资金，保证充足的学徒岗位，以维持学徒市场的供需稳定。

2. 逐步把学徒教育融入普通教育体系中

随着普通教育的盛行，学徒教育的吸引力降低，有效的方法是把学徒教育融入普通教育之中，以实现二者的协同发展。对此，德国联邦政府提出了一系列应当举措：①加大宣传力度，普及学徒教育理念。相较于普通教育，学徒教育不仅能向学生传授基础理论知识，还能向学生传授通用职业技能，从而提高学生的综合能力，使其更好地适应现代劳动力市场的需求。它具有与普通教育同等的地位，甚至发挥出更好的作用。②开辟出普通教育与学徒教育的衔接通道，实现二者的良性融通。首先，在德国，具有高级资格的学徒有权利申请高等教育而无须参加普通教育考试，这就增加了学徒的发展选择。其次，全日制职业学校保留一定比重的学术课程，以向学生传授基础理论知识。学徒完成校内课程以后，同样有资格申请高等教育。最后，成立一定数量的能够提供"双学历"的教育机构，如普通大学、职业学校、应用型大学等。在这些教育机构中，有的全部是职业课程，有的是在学术课程中增加了职业课程，有的是在常规教学课程中提供了岗位培训机会，等等。在这些机构中接受教育的学生，最终可以获得"双学历"。统计结果显示，能够提供"双学历"的教育机构每年接收大量的学徒，2010 年共计 50 764 名，2011 年共计 61 195 名，近年来保持增长态势。在普通教育与学徒教育融通方面，德国已经取得一定进展，并积累了许多经验。在之后的发展中，德国政府注重制度建设，着力解决制度层面的问题，以完全消除普通教育与学徒教育的价值差异，实现二者的融通，更好发挥学徒教育的效果。

3. 帮助学徒提高工作技能，保证学徒制的完成率

培养学徒的工作技能是学徒教育的特色与价值体现。为此，德国联邦政府提出了以下应对举措：①在普通高中增设职业咨询与指导部门。高中应届毕业生可以在这里进行职业咨询与职业规划，还能够选择出更适合自身条件的学徒岗位。职业咨询与指导部门通过与企业合作，给学生提供一次企业体验的机会，让学生亲身体验企业生活，从而可以更好地了解自己对学徒岗位的偏好。②安排职业导师，每个职业导师负责一个批次的学徒。学徒在遭遇生活问题、学习问题时，可以向导师寻求指导。此外，还有高年级的学徒对低年级的学徒开展的"帮帮带"活动，以保证低年级学徒能够顺利结业，从而提高了学徒制的完成率。③职业技能低下的学徒可以获得专门的学徒准备训练，从而提高职业技能。

4. 基于欧洲资格框架，建立德国国家资格框架

在欧洲资格框架（European Qualifications Framework，EQF）下，无论是接

受了学术教育还是接受了职业教育的人，都能据此获得一个价值评分，用以评定其从业资格。在宏观上，EQF 促进了学术教育与职业教育的融合与交互。2012 年，德国政府向欧盟呈报了以 EQF 为基础而设计出的德国国家资格框架（National Qualifications Framework，NQF）。2013 年，德国的 NQF 开始全面部署实施，并遵守结果导向与实践导向相结合的原则。依据 EQF 的规定，德国的 NQF 包含了德国学徒教育中的全部资格，并遵循实践导向原则。每一资格都有职业资格证书，增强了学徒教育的透明度与兼容性。学徒在完成一个层次的学习后，能够自主选择发展方向，或者接受更高层次的职业教育，或者开始普通教育。

5. 依据劳动力市场需求的变化，动态调整学徒教育的教学方式与课程设计

在经济全球化和开放型经济的影响下，劳动力迁移率高，且市场对劳动力又提出了新的要求。为了适应这一局面，学徒教育应同步做出调整，保证学徒能够适应劳动力市场的要求。对此，德国政府主要做了两方面的工作：①积极进行学徒教育的教学方式改革。可以预见，工作与学习的边界将不断弱化，工作本位和学习本位将不复存在。学校在提供学习机会的同时也会增加工作机会。工作场所不仅是工作场地也是一个学习场地。企业和学校应当统筹好学习与实践的关系，通过教学方式改革，提高学习者的学习能力与实践技能。具体来说，教学方式改革的重点是向学生下达具体真实的任务，可以通过引入角色扮演、案例分析、案情讨论等方式，为学生营造真实的工作环境，引导他们利用理论知识来解决实际问题，提高他们处理复杂问题的能力，从而实现学校教育与实际工作的无缝衔接，使他们更好地适应市场变化。②加大了学徒教育课程设计的改革力度，其中的一个显著成果是模块化教学。在设计模块化课程时，需要依据学徒与企业的实际需要，同时吸收传统教学模式的有益部分。模块化教学能够优化学徒培训结构，延续传统学徒制的优势，提高现代学徒制人才培养模式的灵活性，以发挥出积极效果。1998 年，德国学徒教育的课程中有必修职业培训课程模块和选修课程模块两部分。在随后的发展中，模块化课程得以延续，并不断拓展到更多的职业方向。学徒必须先完成必修职业培训课程，之后可以灵活选择选修课程模块。

二、德国现代学徒制人才培养模式的基本内容

我们可以从宏观、中观和微观三个层次上来解读德国的现代学徒制人才培养模式。德国现代学徒制人才培养模式的宏观政策的制定者大多是联邦政府和

各州政府。例如，由德国联邦政府制定的《联邦职业教育法》（1969）就对学徒制下的企业培训做出了政策性规定，其中包含了多项内容：一般条款、职业培训委员会、犯罪行为的条款、初级入门培训的关系、特定经济行业和职业的特殊条款、职业培训研究、修订与废除过渡性和终结性条款、职业培训的组织。《联邦职业教育法》的颁布实施，为学徒制在德国的发展提供了条件。

此外，在德国现代学徒制人才培养模式中，对企业内培训和职业学校教育的管理制度和机构也各有不同。这些机构和条例对学徒制在职业学校和企业中的推行起到了直接的保障作用。联邦政府在颁布《学徒制条例》时，就明确规定了学徒制中企业培训一定要覆盖和培养的内容与技能，确定了行会企业培训主管机构的地位，支持它们对企业培训的全过程进行管理，具体包括对企业培训过程的管理、组织及监督等。职业学校的"监督委员会"负责对学校培训过程的管理与监督。职业学校所依据的准则是由德国各州教育与文化事务部长联席会（KMK）共同制定的课程框架。各州可依据实际情况对这一课程框架进行修订，继而制订出本州职业学校的具体教学计划。在后续发展中，职业学校教师和企业师傅成为现代学徒制人才培养模式的共同责任主体，但是他们是通过不同的途径来获得从教资格的。其中，多数企业师傅是行业精英，具有高超的实际工作技能，但是在教学方面存在不足，因此，依据联邦政府制定的《企业师傅能力条例》，企业从业者只有接受2个月的教学培训，并且考核合格后才能获得企业师傅的资格。而对于职业学校教师来说，德国文化部下达的《职教师资培训统一规范》（1973）对职业学校教师获取从教资格做出了"硬规定"，让他们必须接受为期4年的高等教育，同时还要进行1~2年的实习，以保证他们的工作实践能力达标。

三、德国现代学徒制人才培养模式的优势①

现代学徒制在德国获得巨大成功，解决了第二次世界大战后德国的经济问题，为德国培育了大批高素质人才。回顾德国现代学徒制人才培养模式的发展演化过程，本书认为其核心优势是"国家主导、市场驱动"，即德国政府主导推行学徒制，并在宏观上予以指导和约束，而市场负责平衡现代学徒制各参与方的利益诉求，最终形成共赢局面。

首先，德国政府依据本国发展需要，主导推行了现代学徒制人才培养模式，促使经济快速发展。德国联邦政府制定了《联邦职业教育法》，为政府引

---

① 黄蘋. 德国现代学徒制的制度分析及启示 [J]. 湖南师范大学学报，2016（3）：121-125.

导职业教育的行为提供法律基础，还对不同层级的管理机构在实施学徒制过程中所享有的权利和义务进行了规定。具体来说，德国联邦政府负责宏观统筹，颁布全国层面的规制，筹集资金，设计学徒培训计划，对各州学徒制工作进行指导和监管；颁布了《学徒制条例》，通过立法的手段对全国范围内的企业培训行为进行约束，还授予行会一定的管理权；制定了《企业师傅能力条例》《职教师资培训统一规范》等规章，对企业师傅和职业学校教师的从业资格进行了规定，从而保证执教人员的能力与素养。联邦政府的职能部门具体负责学徒制的实施。各州议会有权颁布适用于本州职业学校的法规条例，州政府负责这些法规条例的落实。可见，在长期的发展中，德国已经形成了层级分明的现代学徒制管理体系，德国联邦政府负责统筹全局，把控好现代学徒制的发展方向，并有效参与具体的管理过程，而职能部门负责具体事务，协同为现代学徒制的平稳发展提供组织保障。

其次，市场对德国现代学徒制人才培养模式的发展起到了调节和驱动的作用。从宏观上看，德国现代学徒制遵循"就业导向"原则，它所覆盖的职业范围及各职业所需的职业能力是基于广泛的人力资源需求调研、由学徒制的各参与方共同确定的，并明确载入《联邦职业教育法》之中。同时，联邦政府每年会根据人力资源市场的变化对学徒制的职业范围进行调整，以保证学徒制培养出劳动力市场需求的人才。从中观层面来看，"一致原则"和"法团主义"确保了学徒制的利益各方共同参与学徒制的设计和决策过程。"一致原则"保证利益各方能达成一致意见。"法团主义"体现了学徒制管理过程中各方利益的平衡，保证了《学徒制条例》的顺利实施，有利于学徒制整体目标的实现。从微观层面来看，"行动导向"是贯穿德国双元制职业教育教学过程始终的原则。"行动导向"原则要求在教学过程中营造出真实的工作情境，让学生在"做中学"，有利于保证双元制的教学效果。根据"以学生为中心"的教学原则，职业院校要依据学徒的职业生涯发展需要和个性，选择适合学徒的教学计划及课程。这不仅满足了企业对员工的要求，也保证了学徒个性发展的实现。

四、德国现代学徒制人才培养模式面临的挑战[①]

德国于 1969 年正式确立了现代学徒制，并在全国范围内进行推广。在长

---

① 黄蘋，辜川毅. 德国现代学徒制的改革经验及对我国的启示 [J]. 云南行政学院学报，2016（3）：161-165.

期的发展中，德国现代学徒制的各项内容趋于完善。但当今人才市场需求快速变化，对劳动者的要求也更高，面对新的形势，德国的现代学徒制仍然面临多种挑战，具体表现在以下几点：

（一）学徒教育的不平等地位

学徒教育推动了德国经济的腾飞，得到政府、教育界和多数德国民众的认可。但就目前状况来看，相较于接受普通教育的毕业生，接受学徒教育的毕业生在薪酬、职业发展、工作属性等方面都处于劣势，这也表明了德国学徒教育处于不平等地位。德国在20世纪中期就确立了双元制，在后续发展中逐步完善了这一制度，并提供了多元化的个体发展路径。具体来说，只有完成了十年义务教育的学生才有资格成为学徒。结合近年来德国劳动力市场的反馈信息，用人单位更加偏好普通教育，而认为学徒教育不如普通教育，因此，学徒毕业生的就业压力较大。

（二）缺乏高质量的学徒

首先，德国人口不断衰减，企业未来招收适龄学徒的压力增加。其次，受劳动力市场的影响，许多德国家庭对学徒教育存在偏见，更加倾向于把孩子送到普通学校就读。学徒教育是其第二选择。这导致学徒教育的招生压力增加。最后，在国家的引导下，德国学徒总量小幅增加，但多数普通学校毕业生的职业技能低下，无法按时完成学徒教育的课程要求，因此学徒过渡系统中积压了大量学徒。这些学徒无法获得学徒培训岗位，导致个体的学徒期变长，不利于现代学徒制的发展。此外，工薪阶层和低学历的年轻人，申请学徒教育资格的机会较少。

（三）学徒培训岗位供需不平衡

从区域来看，德国西部城市的劳动力市场较为平稳，岗位供需处于动态平衡状态；但德国东部地区的经济低迷，就业岗位稀缺，当地企业无法提供充足的学徒岗位，且现有学徒岗位对年轻人的吸引力不大，导致学徒培训岗位供需失衡。从行业来看，保险业、金融业每年都可以吸收大量的学徒，但是选择服务业、科技行业的学徒数量明显不足。从性别来看，制造业、科技行业等也更加倾向于男性学徒，男性占比要明显高于女性。从企业规模来看，现代化的大型企业建立了较为完善的学徒培训体系，可提供较多的学徒岗位，学徒结业后有机会在企业内任职，故大企业的吸引力更强，而中小企业的学徒培训岗位稀缺，对学徒的吸引力较小。

（四）学徒制对劳动力市场反应滞后

信息技术在各行各业的渗入衍生出许多新的职业和生产组织形式，它们带有虚拟化、灵活化、自动化的特点，这就要求德国现代学徒制必须进行动态调整。德国现代学徒制人才培养模式确立了严格的职业制度，人才培养结构较为稳定。面对复杂多变、快速更新的劳动力市场，德国现代学徒制的反应速度较慢，其新建或者更新职业培训的时间过长，适应能力不尽人意，在未来发展中可能遭遇危机。目前，德国现代学徒制规定的职业培训周期是 3~5 年，而在如此长的培训期内，劳动力市场也在快速发生变化，这就容易引发供需不匹配的问题。

（五）欧洲教育和培训框架的新要求

目前，欧盟国家已经全面推行欧洲资格框架。欧洲资格框架是各国高等教育、普通教育、培训领域及职业教育的不同资格体系和层级间的转换工具，有利于建立一个欧盟范围内的人才流动市场。欧盟各国在欧洲资格框架的基础上，立足本国实际，积极构建本国的国家资格框架。对德国来说，在构建国家资格框架时，主要遭遇两方面的阻力：第一，作为一个联邦制国家，各州享有本州的教育决策权，这对联邦政府推行国家资格框架产生阻力；第二，行会作为一个基层力量，仍然对学徒教育具有较大影响，不同行会对同一职业资格证书的要求存在较大差别，阻碍了统一的国家资格框架的推行。

第二节　德国现代学徒制人才培养模式的核心要素

德国现代学徒制人才培养模式是以校企合作为基础的。在该模式下，职业学校和企业各自承担一定的权责，但企业培训占据了主体地位，职业学校教育起辅助作用。本小节将从宏观、中观、微观等三个层面来解析德国现代学徒制人才培养模式的核心要素①。

一、宏观层次：职业和职业能力

现代学徒制受到德国《联邦职业教育法》的制约。《联邦职业教育法》确定了学徒制的组织原则，划分出了具体的职业范围，规定了不同职业所需的职业能力。德国现代学徒制人才培养模式的核心要素是职业和职业能力。目前，德国现代学徒制人才培养模式覆盖了约 340 个职业，且职业范围持续扩大。应该说明的是，"职业划分"其实是有些模糊的。一般情况下，"职业"在德国

---

① 黄蘋. 德国现代学徒制的制度分析及启示 [J]. 湖南师范大学学报，2016（3）：121-125.

现代学徒制人才培养模式中有两种功能，分别是劳动力市场方向和个人发展方向。具体来说，劳动力市场中的职业、职业教育、职业生涯是存在确定的内在关系的，也就是说职业教育和职业生涯主要是依靠职业来构建的。而对于个人发展来说，学徒在被企业认可的培训岗位上，接受了被社会认可的培训过程。毕业的学徒掌握了一定的理论基础和职业技能，满足了劳动力市场的需求，且具有直接从培训岗位到就业岗位的便利。深究"职业"的内涵，学徒们不仅要满足当前所处的企业的相关的具体技能要求，同时还要掌握一个职业领域内的通用技能，最好还能掌握一项特殊技能。因为不同的职业对人才能力的要求不同，所以大多需要通过对"职业"的界定来实现人才配置和选择的功能，这也是德国现代学徒制人才培养模式的优势所在。一般来说，"职业"对个人发展的过程的影响是不容忽视的，而职业教育的总体目标就是培养出在指定好的职业环境中具有足够的能力来开展工作的个体。

关于职业教育的概念，德国的《联邦职业教育法》的第一款第三条对职业教育的定义是："在一个不断变化的工作世界中培养个人必要的技能、知识并提供足够的职业经验，也是为其个人职业生涯做好准备。"可见，职业教育绝非压制个体发展，也不只是面向某一个体。它带有明显的社会化功能，依赖于工作世界的变化而处于动态变革之中。

通常意义上的职业能力包含了工作方式、专业技能及人际交往能力等。具有高超职业能力的个体，能够依据现实工作环境，采取最合理的行动来解决现实问题。从这个角度来看，职业能力反映的是个体在特定职业领域内的个性及能力。我们可通过德国的《联邦职业教育法》和职业学校的课程框架来解析双元制下"职业能力"的内涵。简单来讲，完成学徒教育的个体，有能力按照自己的意愿在特定的职业领域内开展工作，就可以认为初步达成了职业教育的目的。近年来，德国人力市场快速变化，德国现代学徒制的职业范围也在不断扩大，以实现与市场需求的匹配。

二、中观层次：一致原则和社团主义原则

从中观层次来看，德国现代学徒制人才培养模式的核心要素是一致原则和社团主义原则。具体来说，一致原则指的是教育决策谈判的具体形式，它是工会、雇主协会等众多社会团体间的合作基础。根据一致原则，相关社会团体可就考试要求、课程框架、教学目标、职业范围等达成一致的意见。《学徒制条例》的制定便是一致原则的成功实践。它为企业标准化培训提供了指导和基本要求，受到绝大多数社会团体的欢迎。此外，在德国现代学徒制人才培养模

式中引入和坚持一致原则，还能够有效遏制政府失灵风险，为《学徒制条例》的落实扫清障碍。同时，一致原则还影响着职业学校课程框架的设计，确保不同职业学校的课程框架符合联邦政府职业培训计划的统一要求。

社团主义原则对德国现代学徒制人才培养模式的运行起到规范和约束的作用。企业培训的管理和监督机构以具有法律地位的"主管机关"的名义，对企业培训过程进行管理。对企业培训进行管理和监督的机构是行会。职业学校的监管机构是学校监督委员会，主要负责管理和监督职业学校的培训过程。在社团主义原则的保障下，多个社会团体通过协商达成的规制，能够在合理监督的前提下被顺利执行，不仅强化了现代学徒制的稳定性，还协调了国家与市场在职业教育方面的利益关系。

三、微观层次：行动导向原则和以学生为中心原则

从微观层次来看，德国现代学徒制人才培养模式重点关注的是真实的教学过程，通过学徒教育，向学徒传授通用的职业技能，并实现学徒的个性发展。目前，德国现代学徒制人才培养模式中最显著的教学原则是行动导向原则和以学生为中心原则。

行动导向原则是指依据职业行动过程来选择适配的教学方法，以完善学徒制的教学过程。学习和工作其实是一种共生的状态，个体可以在有意识的目标导向的行为活动中学习。因此，德国现代学徒制人才培养模式坚持行动导向原则，在学徒制的教学过程中将行动过程和学习过程结合。学徒能够在执行工作中习得技能，而习得的技能又能反过来影响工作执行效果。

目前，工作场所是德国现代学徒制人才培养模式的主要教学场所。依据行动导向原则，企业师傅要参考《学徒制条例》中的导向培训计划，向学徒传授通用职业技能和基础理论。在实务操作中，企业师傅依据学徒的技能水平，提出学习目标和学习内容，可灵活选择不同的教学方法来指导学徒"做中学"，鼓励学徒对工作任务统筹、评估、实施，独立自主地学习和掌握职业技能，实现个性发展，强化学徒对不同职位的适应能力。

以学生为中心原则是德国现代学徒制人才培养模式的另一重要教学原则。职业学校的课程框架中包括了通用课程和专业理论课程。学校依据职业差别，设计出与之配套的课程组合。课程规划策略是以学生为中心教学原则的实践成果。德国于1998年提出了"模块化课程"的理念，其中包括专业模块、选修模块两部分。学生可依据个人规划，自己设计课程组合，既有利于实现教学目标，又支持了学徒的个体发展。

在企业职业培训过程中，以学生为中心原则是指企业师傅依据学徒的个性、认知水平及职业规划，设计出具体的教学计划，在保证学徒的个体发展的同时，还要满足企业的个性化需求。此外，企业师傅在对学徒进行职业培训的过程中，还负责解答学徒关于职业发展方面的问题，为学徒的职业发展提供建议。

第三节　德国现代学徒制人才培养模式的特点

一、以职业为导向

"Beruf"这一概念是德国现代学徒制的基础与核心。通常来讲，"Beruf"的具体含义和指代与英语中的"Occupation"、汉语中的"职业"相同，但从现实应用的角度来看，德语的"Beruf"又与"Occupation"或"职业"存在差异，并不能完全等价。

"Beruf"一词最初出现时，带有宗教色彩和伦理内涵。它是指这项承担某种位置和生活与社会角色的天职是神委派给人类的。但随着时间的流逝以及社会环境的改变，现在的"Beruf"的含义已失去这种宗教色彩，但是在伦理内涵方面还存在着不能规避的意义。同时需注意的是，"Beruf"既包含了谋生手段的内容，也包含了专业技能的内容，因此，它与常规观念中的"职业"是有差别的。"Beruf"强调自我规范，德国培训市场和劳动力市场不是一种绝对的"自由"市场。综合分析学徒制在德国的发展，无论在任何时期，德国现代学徒制的特征之一就是以职业为导向。

首先，德国现代学徒制重视培养通用职业技能。在德国学徒制的发展历程中，广泛的基础职业知识和专业职业技能始终是职业教育的目标，对教学过程起导向作用。这一特征在德国双元制中表现得尤其明显。德国联邦政府协同行会、工会、州政府等主导力量，协商制定职业培训条例，以对企业职业培训进行约束。近年来，随着初级职业培训的盛行，德国政府意识到"初级职业资格基础有利于提高劳动者对多种组织形式、职业的适应能力，并起到强化个性发展的作用"，开始引入"基础职业培训年"。学徒在获得职业培训的同时，还能够规划自己的个人职业生涯，从而更好地参与市场竞争。概括来讲，德国双元制将"职业"置于"工作"之上，没有随意将"职业"与"工作"的概念同化。

其次，德国现代学徒制培养的是满足职业需求的具有全面的、系统的、整体的职业技能的"职业人"。为了达成这一目标,从教人员不应关注于零碎的、片面的技能,而应该把符合职业需求的全面的、系统的、整体的职业技能传授给学徒,这样才能培育出合格的"职业人"。就职业初级训练来说,由于要对青年进行"整个职业"的培训,而学徒制在原则上是非模块化的,因此德国双元制引入"模块化"教学的做法饱受争议。"模块化"教学的优势是可以灵活安排培训场所,为不同技能水平的学徒制订个性化培训方案;劣势在于可能损害双元制的职业导向原则,学徒无法获得完整的职业技能,而只是对某几个模块的技能较为熟悉。

再次,学徒必须取得一定的职业资格。德语中的"Beruf"既包含了谋生手段的内容,也包含了专业技能、社会地位的内容。学徒必须经过技能培训并取得从业资格,才能真正获得一份"Beruf"。从宏观上看,德国任何时期的学徒制都包含技能培训和职业资格认证两部分。在行会学徒制时期,只有接受学徒培训的学徒才有资格申请从业资格;在双元制时期,继续保留了这一规则,即学徒完成学徒培训之后,要参加考试,考试通过才能获得被行业认可的从业资格。这一规则受到德国企业界的认可。多数企业认为双元制职业培训能够最有效地向学徒传授企业所需要的职业技能。

最后,企业是培养学徒的重要力量。在德国传统观念中,学校职业教育难免存在一定程度的脱离实际,这是学术教育的固有弊端,因此,以学习职业技能为目标的学徒,必须深入企业内部,在工作中进行锻炼,才能真正掌握一门技艺,成为一个合格的"职业人"。如果有才华且有毅力的年轻人想要学习和掌握一门职业技能,就必须勇敢地参与企业实践。此外,还应全面认识"企业实践"的内涵。它不仅包括了学徒的学习过程,还包含了学徒社会化的过程。在企业实践的过程中,学徒的适应能力、职业素养、奉献精神和合作精神等都有所提高。

二、社会团体的合作

"新社团主义"是德国双元制的组织规范,协调了不同社会团体的力量,包括工会、雇主联盟、行会、职业学校等。同时,政府把这些社会团体界定为合法的社会自治团体,负责双元制的管理与监督。这些社会团体还起到连接政府与市场的作用。在现实场景下,行会、职业学校及工会等都代表了一种利益诉求,如学校需要维护学校运营,行会维护雇主的利益,工会保护学徒的权益。在双元制中,不同社会团体充当不同的角色,拥有不同的权责。各种社会团体以协商的方式进行决策,并把协商结果制度化,以指导和约束双元制的实施。正是在这种多方参与和利益平衡中，较为稳健的双元制组织结构和管理规范才得以建立，或者说，双元制就是各种利益均衡的结果。举例来讲，工会和行会每年都会召开会议，商议决定学徒津贴，工会为学徒争取更多的利益，而行会尽力维护雇主的利益。分析学徒制在德国的发展历程，学徒制发生实质性变化时，必然伴随着社会力量的再次平衡。

三、企业深度参与

在德国学徒制的发展历程中，德国企业界对参与学徒教育长期保持着热情。德国的双元制是建立在校企合作基础上的。企业培训在双元制中占主体地位，对双元制的顺利实施起关键作用，而学校职业教育起到补充和辅助的作用。德国企业界积极参与学徒教育，具体体现在以下三个方面：

（一）企业主导学徒教育

企业主导学徒教育表现在其对相关条例制定的影响。《职业培训条例》对德国职业培训具有直接影响。此外，各州的职业培训学校需要依据本州的教学计划来完成职业教学工作。这些条例具体规定了培训内容、考试要求、培训目标等。在这些条例中，《职业培训条例》居于核心地位，对各州的职业教学计划产生影响。德国企业界非常重视《职业培训条例》的制定，并在制定过程中积极发表和传达企业界的诉求，甚至抢占主导地位，以保证双元制最终有利于企业的运营。

（二）企业提供学徒培训场所

德国双元制包含企业培训和职业学校培训两部分，但是企业培训长期居于主体地位，每年提供大量的学徒岗位，同时，企业的培训时间要长于职业学校的培训时间。粗略统计显示，一个学徒的70%的学徒时间是花费在企业培训中，而学校职业培训时间只占30%。另外，职业学校的培训更多是以学术教育方式向学生传授理论知识和通用技能，而企业的培训则更加注重向学徒传授通用职业技能和专业技能。

（三）企业自主承担学徒培训成本

相较于其他国家，德国企业本着自愿原则，独立承担企业培训的成本，包括师傅薪酬、学徒津贴、材料费用等。这也是德国企业界深度参与双元制的表现。近年来，虽然德国政府为提供学徒岗位的企业提供一定的政府补贴，可是，补贴资金在企业培训成本中的占比较小，企业仍然要承担大部分的培训成本。

第四章　英国现代学徒制
人才培养模式

第一节　英国现代学徒制人才培养模式的概况

一、英国现代学徒制人才培养模式产生的背景

英国是由大不列颠岛上的英格兰、威尔士、苏格兰以及爱尔兰岛东北部的北爱尔兰以及一系列附属岛屿组成。2015年，英国GDP排名世界第五，是国际上重要的经济体。在政治领域，英国是议会制的君主立宪制国家。英国国内有三大政党，分别是保守党、工党及自由民主党。在经济领域，英国建立了较为完善的自由市场经济体制，强调自由市场竞争。在工业革命以后，英国社会普遍形成了财产私有化、经济中心化等观念，这些观念影响着英国经济的现代化进程。在产业结构方面，英国政府通过宏观调控的手段，逐步降低了基础工业的占比，并着力扶持服务业，建立了先进的服务业体系。该体系覆盖了金融业、银行业、商业服务业等。服务业为英国带来丰厚的收益，在英国GDP中占比较大。此外，英国在电脑、军火、手机制造等领域仍然有较大的国际话语权，但是它们在英国国内GDP中的比重却在不断减小。

英国的文化传统强调"自由"。自由主义是英国思想体系的核心要素，具体反映在个性自由、心灵自由、发展自由和经济自由等方面。此外，古典人文主义思想对英国文化影响巨大。其直接结果是把科学体系划分成"高雅的"和"技艺的"两部分，前者是带有欣赏价值的，后者是带有现实价值的。古典人文主义思想对教育的影响是衍生出了等级化的教育模式。"文雅教育"被认为是培育绅士和有能力的人的通道，而培养劳动者的"职业教育"却受到社会大众的鄙夷，也因为他们的这种认知，"职业教育"被当作"下等教育"的代名词。另外，英国人推崇成功经验，也因如此，比起形而上学的理论思

辨，他们更倾向于实际的效果。在英国工业革命中就可以看出这点，如珍妮纺纱机等发明，与其说是科学发现，不如说是实践经验的积累成果。在英国的职业教育中，他们认为理论教学的效果是赶不上学徒制培训的，因为学徒制培训代表了经验式学习法。

二、英国学徒制体系的基本结构

英国教育体系包含公立和私立两个部分，分为初等教育、中等教育和高等教育（或继续教育）三个层级。由于英国私立教育的目的是培育传统观念下的"社会精英"，因此私立教育不包含职业教育。英国的职业教育主要是指公立的中等教育和继续教育。完成初等教育的学生可参加全国统考。教育部门根据他们的考试结果将他们分配至不同的中等教育学校。中等教育学校大致包括综合中学、技术中学、文法中学、城市技术学院及现代中学等。只有文法中学的培育目标是让学生成功进入高等学府，接受学术教育；而其他中等教育学校通常提供一定占比的职业教育课程，在传授理论知识的过程中，同步培养学生的职业能力。从规模上看，综合中学在英国的数量最多，是承担中等教育和中等职业教育的主要机构。学生完成中等教育之后，如果选择就读继续教育学院，之后会沿着高等教育的方向发展，或者可以选择就读第三级学院、第六级学院等。关于教育的行政管理，英国的中央政府和地方政府都享有一定的行政管理权，推行分权合作的模式，逐渐建立起相互制约的权力运行机制。中央教育部门负责制定和实施全国性的教育法令、教育政策，并负责对地方进行监管；而地方教育当局负责管理学校、教师选聘等，对本地教育工作具有直接影响。

需要强调的是，英国职业教育是企业本位的，学徒制是英国职业教育的重要内容，为推动英国职业教育的发展做出了巨大贡献。目前，英国现代学徒制体系包含了多种学校教育模式，但工作本位的职业教育仍占主体地位，学徒制便是一个典型模式，是政府扶持的重点。此外，英国已经建成较为完善的职业资格制度及资格框架。该制度框架注重结果，用资格证书来显示综合技能水平的高低，适应了工作本位的英国职业教育体系。

英国的国家职业资格（NVQ）制度对该国的职业教育有较大影响，其中，学徒制体系便是以此为基础建立的。1988 年，英国政府主导开发了国家职业资格制度，用以对职业技能、通用理论及职员理解力等进行规范，同时为国民的终身学习提供引导，并为职业能力本位考核提供制度支撑。NVQ 包括五级，并可细分为数量不等的专业或职业方向。雇主可据此评定职员的职业能力。目前，英国学徒制体系可大致分为 5 个层级，并且与 NVQ 体系保持着对应关系①。

第一层级是青年学徒制。青年学徒制是面向 14~16 岁的学生，并要求学生在每周抽取两天的时间，在工作场所接受自己感兴趣的职业培训的制度。学生在此过程中可接受理论指导和技能培训，获得高质量的学习机会。

第二层级是前学徒制。"就业入口（Entry to Employment，E2E）"项目是前学徒制的核心。该制度适用于 NVQ1 级别的年轻人。该级别的年轻人通常掌握很少的职业技能，直接接受学徒培训存在困难。

第三层级是学徒制。学徒制适用于年龄大于 16 岁，且无须接受全日制教育的人。他们通常处于 NVQ2 级别，获得了技能证书，掌握了一定的职业技能。

第四层级是高级学徒制。完成了学徒制培训或者取得了普通中等教育证书（GCSE）C 等的人可以申报高级学徒制。高级学徒制适用于 NVQ3 级别的人，能为学徒提供技能证书。

第五层级是高等学徒制。高等学徒制适用于完成高级学徒制并取得高级水平证书（A-levels）的人。高等学徒制是一项把高等教育和学徒制联系起来的试点项目。高等学徒制适用于 NVQ4 级别的人，能够为完成高等学徒制的学徒提供基础学位。目前，英国只在信息技术、工程设计等少数领域开展了高等学徒制试点项目。

从整体来看，由于青年学徒制、前学徒制是为正式的学徒制做准备的，因此并不纳入正式的学徒制体系之中。英国正式的学徒制体系主要是指学徒制、高级学徒制和高等学徒制三个层级的学徒制。

三、英国现代学徒制人才培养模式涵盖的职业领域

英国现代学徒制人才培养模式涵盖十大职业领域，每个领域又可细分为多个子领域（共计 108 个），各子领域又包含若干职业岗位。具体来说，这十大职业领域分别是：建筑、规划与环境，农业、园艺及动物养护，教育与培训，保健、公共服务与护理，商业、行政管理与法案，艺术、媒体与出版，零售与商业，信息与通信技术，工程与制造技术，休闲、旅游与观光。学徒制类型是依据子领域来划分的，而学徒制的层次是依据不同子领域中的职业及其对应的

---

① 熊苹. 走进现代学徒制——英国、澳大利亚现代学徒制研究 [D]. 上海：华东师范大学，2004.

国家职业资格层次来划分的。在完成以上类别划分和层次划分之后，学徒制最终转变为特定子领域内的特定层次的项目。以"工程与制造技术"大领域中的"工程"子领域为例。该子领域涵盖了69个职业岗位，如钟表匠等14个职业岗位要求取得NVQ3级水平的证书，那么这14个职业岗位共同组成了一个三级项目，或者说是一个高级学徒制项目；而如CAD操作工等55个职业岗位，则共同组成了一个二级项目。以"教育与培训"大领域中的"学习与发展"子领域为例。该子领域只包含HR专员、培训师等4个职业岗位，这些职业岗位的能力要求都是NVQ3级，所以这一子领域只提供高级学徒制级的项目。目前，英国提供的项目总量为190个，且这一数字还在持续增加。

四、英国现代学徒制人才培养模式的发展成效

经过二十余年的发展，英国现代学徒制人才培养模式在许多方面取得积极进展。如今，英国学徒教育水平居于世界前列，英国现代学徒制人才培养模式成为国际上的典范，并为本国的经济社会发展提供了保障和支撑。

第一，英国学徒制规模不断扩大，参与人数持续增加。英国现代学徒制人才培养模式培育出了一大批高素质、高技能人才，为英国经济社会的全面发展提供了人力支撑。英国现代学徒制人才培养模式用少量的资金去培养人才，再从人才身上获取更大的利益和价值，有力地推动了英国经济的发展。英国商业创新和技能部（Department for Business Innovation and Skills，BIS）的统计结果显示，政府把1英镑投资到二级学徒身上，就能获得26英镑的回报；把1英镑投资到三级学徒身上，就能获得28英镑的回报。[1]正是因为学徒制的巨大收益潜力，英国政府积极推动学徒制的发展，希望获取更大比例的利益。在此背景下，学徒的数量不断增加，其中包含了尚未就业的年轻人和已经就业的成年人。2010—2011年，英国每年新增学徒人数均为40多万；2014—2015年，英国新增学徒人数突破50万。2016年，英国政府对现代学徒制提出了发展规划，预计在2020年之前，新增300万个学徒岗位，并且还保证会重视培训质量，从而确保英国年轻一代不仅能够入职就业，还能切实掌握一门技艺。

第二，建立了健全的配套法律法规制度。英国现代学徒制人才培养模式的成果之一是建立了健全的配套法律法规制度。完善的法律体系使得现代学徒制得以在英国社会立足和发展。2008年，英国政府公布了《世界一流学徒制：

---

① 王建梁，赵鹤. 英国现代学徒制的发展历程、成效与挑战 [J]. 比较教育研究，2016（8）：12-14.

解放天赋，发展所有人的技能》，并在报告中提到"通过立法来明确学徒制的法律地位，来帮助其消除模糊性"。同年，英国儿童、学校和家庭部（Department for Children，Scools and Families，DCSF）和创新、大学和技能部（Department for Innovation，Universities and Skills，DIUS）两个部门联合向议会提交了《提高期望：促进教育系统运作》，规划了现代职业教育的蓝图，要求地方政府建立学徒制的扶持机制，企业界提供更多的学徒岗位，并保证所有16~19岁的年轻人都能获取培训机会。以此为契机，英国政府于2008年颁布了《学徒制草案》，以立法的形式为现代学徒制人才培养模式奠定了法律基础。2009年年底，英国议会正式颁布了《学徒制、技能、儿童与学习法案》。至此，英国现代学徒制人才培养模式被纳入法律轨道。在随后的几年中，英国职能部门对学徒制相关法律法规做出适应性调整。例如，商业创新和技能部于2015年颁发的《企业法案》提出了将学徒制纳入保护条款，不允许提供质量低下的学徒培训。

第三，制定了现代学徒制人才培养模式的框架和培训标准。英国政府于2011年颁布了《英格兰学徒制培训规格标准》（Specification of Apprenticeship Standards for England，SASE），规定了各级学徒制培训的最低标准、学徒权益责任等，还提出了对学徒思维能力等方面的要求。这一法规对所有职业领域内的培训工作都具有约束力。之后，《英格兰学徒制培训规格标准》在英国全面推广。英国政府在2013年对功能性技能、高等学徒制等内容进行了修订，在2015年对中等教育普通证书考试（General Certificate of Secondary Education，GCSE）等内容进行了修订。2015年，英国技能资助局发布了一套新学徒的标准清单，该清单覆盖了管理、食品、金融等54类职业，具体规定了不同职业岗位上学徒的技能要求和角色，对职业培训机构和企业雇主选聘学徒具有指导意义。

第四，构建起与国家职业资格框架相衔接的学徒制度①。英国现代学徒制人才培养模式面向16岁以上的年轻人，包含了多个层次的学徒制，除了准备阶段的青年学徒制和前学徒制外，还有正式的学徒制。正式的学徒制包括学徒制、高级学徒制及高等学徒制三类，且不同层次的学徒制对应于国家职业资格的不同级别。国家职业资格建立了不同职业领域内的行业标准，几乎覆盖了所有职位。学徒获得的资格认证是被企业所认可的，因而学徒的就业机会大大增加。此外，英国政府规定，普通教育认可合法资格证书，完成理论知识学习的

---

① 夏小文. 英国现代学徒制培训的成本探析 [J]. 职教论坛，2004（33）：62-64.

学徒有权利申请高等教育。这就增加了学徒发展的路径，激发了学徒制的活力。

五、英国现代学徒制人才培养模式的优势①

英国现代学徒制人才培养模式在实践中表现出优越性，每年向英国社会输送大批的高素质人才，改变了英国职业教育属于"下等教育"的传统观念。英国现代学徒制人才培养模式具有两大优势：

第一，凸显"现代性"。传统学徒制的主要培训方式是口传身授。这种培训方式是适应当时手工业生产条件的结果。传统学徒制作为早期职业教育的雏形，是以技能教育为导向的，并通过行业中熟练掌握职业技能的师傅把技艺传授给学徒，实现产教结合以及对技艺的传承。相较于传统学徒制，英国现代学徒制人才培养模式的"现代性"主要体现在三个方面。一是现代学徒制人才培养模式主要是以高效培养技能型人才为目的。在该模式下，学徒不再被视为雇主或企业的私有物，而是国家的公共人力资源。英国政府通过发展现代学徒制人才培养模式为其经济发展源源不断输送人才。二是政府在现代学徒制中发挥重要作用。在传统学徒制中，行会对学徒制有着绝对的控制权，包括师徒关系协调、教学指导、监督管理等，而政府对其的影响力较小。在现代学徒制人才培养模式中，政府参与成为常态，主要负责全国学徒制的管理工作和统一的标准、规范的制定等。如今的英国现代学徒制人才培养模式的重要性和无限的潜力被发现后，英国政府注重这一事业的发展，并通过行政手段、立法手段等来推动这一人才培养模式的变革。其具体做法是增设了专职机构，制定了较为健全的配套法律法规，以确保国家监管的力度和效力。三是采用现代化的教学方式。在现代学徒制人才培养模式中，学徒在一个阶段是职业学校或培训机构的学生，在另一个阶段是企业学徒。不同于传统学徒制散漫且无计划的教学方式，现代学徒制规定了具体的培训流程、培训内容及培训标准等，以保证学徒培训的质量。

第二，具有"系统性"的特点②。首先，在人才培养方面，英国现代学徒制人才培养模式不再局限于传统的单一的学术、技能要求，而是实现了对学生实践技能、理论基础、价值观、情感态度等多方面的培养。该培养模式坚持以

---

① 王喜雪. 英国现代学徒制与我国工学结合的比较研究——基于政策分析的视角 [J]. 外国教育研究，2012，39（9）：89-96.

② 王喜雪. 英国现代学徒制与我国工学结合的比较研究——基于政策分析的视角 [J]. 外国教育研究，2012，39（9）：89-96.

"职业为导向"，不仅让学生掌握必要的理论知识和通用技能，还引导学生形成积极向上的就业态度和职业观念。众所周知，学校职业教育重视理论部分，而轻视实践环节，导致理论与时间脱节；而企业职业教育重视实践技能，轻视理论学习，导致职业发展后劲不足。英国现代学徒制人才培养模式则通过制度建设，有效规避了学校职业教育和企业职业教育的缺陷，集合了二者的优势，有利于培育出高质量技能型人才。英国现代学徒制人才培养模式的参与方类型更广泛，覆盖了企业、学徒、政府、培训机构、雇主及家长等。在长期的发展中，各参与方逐渐建立起协调的关系，搭建起稳健的利益系统。其中，雇主和培训机构负责学徒的培养工作，但这是以企业与学徒（或监护人）签订的协议为前提的；政府对学徒培训进行监管，检查岗位设置、培训内容、培训标准等是否符合法律规定和协议要求。其次，英国现代学徒制人才培养模式的运作模式可以概括为"合作培养、工学一体"①。具体来说，"合作培养"是指学院、培训机构、企业雇主等合作开展学徒培训。其中，学院、培训机构向学徒传授理论知识，雇主和培训机构向学徒传授实践技能。应该说明的是，在这一培训体系中，企业技能培训居于主体地位，也占据了更多的时间，是培育对口的、专业的、高水准人才的关键。"工学一体"是指理论教学、技能传授一体化，学习、工作一体化，学徒、学生身份一体化，培养过程、从业过程一体化。学生可依据个人规划和能力水平，自主设计课程组合，在完成理论学习之后，即可进入对应的岗位上进行实践工作，并获得一定的薪酬，在结束学徒培训后，可以获得职业资格等级证书。

六、英国现代学徒制人才培养模式的改革

借助于前文所述的"现代性"优势和"系统性"优势，英国现代学徒制人才培养模式实现了跨越式发展，可是，无论在当前的发展过程中还是未来的发展中，英国现代学徒制人才培养模式也面临各种挑战。对此，英国政府和教育界提出了许多改革方案，为现代学徒制人才培养模式的顺利实施提供指引和保障。

（一）英国现代学徒制人才培养模式的改革背景

1. 学徒培训规模和质量的矛盾

随着英国现代学徒制人才培养模式影响力的扩大，越来越多的学生和已就

---

① 王建梁，赵鹤. 英国现代学徒制的发展历程、成效与挑战［J］. 比较教育研究，2016（8）：12-14.

业人员参与学徒培训，但培训质量并未同步提高，反而出现质量下滑的趋势，这与现实的需要形成了矛盾。2015 年，英国教育标准办公室发布的《学徒制：为未来的成功发展技能》（2015）指出了英国现代学徒制人才培养模式出现了培训质量下滑的问题。这些问题具体表现在以下几个方面：一些职业领域的学徒数量较大，但这些职业领域内的学徒制培养不能满足企业需求，即培训课程组合和培育的技能无法满足岗位需求，导致学徒求职困难，且学徒入职之后还要进行在职培训；对于一些新兴行业来说，亟须引进学徒制来培育高素质人才，但当前的英国现代学徒制人才培养模式并未渗入这些职业领域，导致年轻人无法通过职业培训获得新兴行业所需的职业技能。其主要原因包括以下几点：第一，英国现代学徒制人才培养模式过分看重学徒规模，盲目扩大招生，而忽视了培训质量建设。第二，政府过分重视规模化目标，而轻视了培训质量考核工作，并把大量资金投入学徒扩招，对培训机构产生引导和暗示的作用。第三，政府在下发培训补助金时缺少前瞻性眼光，只是依据行业规模来分配补助金，使得不同职业领域的培训工作被区别对待，限制了不同职业领域的均衡发展。第四，在英国现代学徒制人才培养模式中，企业雇主主导培训模式的开展。雇主希望增强培训的灵活性，但会忽视学徒的个性发展，损害学徒的利益。在现实中，学徒与雇主容易产生矛盾，最终会降低培训效率，影响培训效果。第五，雇主和培训机构负责学徒的培养工作，并以企业与学徒（或监护人）签订的协议为前提。政府对学徒培训进行监管，检查岗位设置、培训内容、培训标准等是否符合法律规定和协议要求。培训机构是雇主与学徒的中介。它作为一个利益相关者，参与利益平衡系统的建设，为雇主和学徒搭建桥梁，但这降低了政府资金分配的透明度。

2. 中小企业参与热情有所下降

目前，企业开展学徒培训工作，虽然能够获得一定的政府培训补助金，但补助金较少，企业仍需自掏腰包，这就对中小企业造成财务压力，导致中小企业的参与热情较低。英国政府采取了很多激励措施去尽量平衡企业参与现代学徒制人才培养模式的成本与收益，如制定了定量配给制度，严格依据企业培训结果来划拨补助费用，但造成企业规模越大、培育的学徒数量越多，就能申请获得越多的补助费用。这一资金分配方案显然是不利于中小企业的。中小企业每年都要投入大量的培训费用，却只能从政府获得小额的补助资金，因此，中小型企业雇主对这一制度多有抱怨，参与热情大幅降低。

3. 现代学徒制的参与状况堪忧

虽然英国现代学徒制取得了长足的进步，但其目前的参与状况仍不尽人意，具体反映在参与人员数量、参与企业规模和完成率三方面。首先，1995年，参加学徒制的人数是 2.6 万人；2007 年，参加学徒制的人数达到 20 万人。可是，无论在过去还是现在，参加学徒制的人员多是已经就业的人，而直接参与学徒制的中学毕业生所占比重较小。依据学习与技能委员会（Learning Skills Council，LSC）的统计结果，2006 年，已就业者占学徒总量的 77%，而中学毕业生所占比重只有 6.3%，二者存在显著的差距。其次，近年来，英国只有 10% 的企业参与学徒制项目，且多为私有企业，整体参与状况不佳，造成学徒岗位稀缺。最后，经过较长时期的发展，英国学徒制完成率不断提高，从 2001 年的 23% 提高到 2006 年的 63%，但相较于德国等学徒制发达的国家，英国目前的学徒制完成率不容乐观。

（二）英国现代学徒制人才培养模式的改革措施

英国政府已经认识到，以培训质量为代价来换取学徒规模的扩大，或许可以作为一个短期发展策略，但从长远来看，必须择机扭转这一态势，不能盲目地牺牲培训质量，也不能盲目地扩大学徒规模，只有协调好二者的关系，在平衡中谋求发展，才能实现现代学徒制人才培养模式的健康发展。

1. 采用多种方式提高培训质量

目前，英国每年新增约 50 万名学徒，可是培训质量却参差不齐。对此，英国政府于 2013 年启动了新一轮改革，重点围绕提升学徒制培训质量展开。此外，英国也逐批启动"开拓者项目"（Trailblazers Project），对一些关键职业和领先的企业部门开发新的学徒制标准，也就是说，学徒必须在雇主严格独立的评估下去展示他们的能力。近年来，市场上涌现了许多新兴行业，这些行业对技术要求较高。对此，英国也着力培养高技能学徒，以满足新兴行业的人才需求。英国的国家学徒制服务中心做出规定，六级学徒相当于获得学士学位，七级学徒相当于获得硕士学位。为了达成预期发展目标，英国政府加大了对现代学徒制人才培养模式的投入，例如，英国政府在 2014 年向参与学徒制培训的企业投入 4 000 万英镑。此外，政府加大了监管力度，重点监督那些表现不佳的学校和培训机构，并制定了全国性的业绩考核标准，用以实施淘汰机制，或者通过政府干预行动消除市场中的违规行为。

2. 引导学徒参与学徒制培训

在英国现代学徒制人才培养模式中，企业雇主起主导作用。由于学徒与雇主易产生矛盾，因此，政府应鼓励双方充分交流，不要过分强调自身利益，而应兼顾对方需求与利益。学徒应当借助直接交流来了解雇主需求，同时还能在交流中表达自己的意见、表现自己的能力。巡回招聘活动就是对政府倡议的响应。在巡回招聘活动中，学徒与雇主可以面对面交流。其实质是为学徒提供了一个信息平台，学徒可以据此了解雇主需求和企业提供的培训内容等。此外，英国政府加大宣传力度，把现代学徒制人才培养模式的优势传达给雇主群体，从而增强这一人才培养模式的影响力。英国政府还倡导将现代学徒制人才培养模式的基础数据公开化，解决学徒、监护人、社区组织等参与方的信息不对称问题，以更好地维持学徒制各参与方的利益平衡，吸引更多地年轻人参与现代学徒制培训。

3. 加大宣传推广力度

2008 年，英国政府提议举行"国家学徒制周"（National Apprenticeship Week）活动，这一活动一直延续到现在。2017 年 3 月，英国举办了最新一次的"国家学徒制周"活动，在活动周内集中开展年会、讲座、研讨会等活动，鼓励学生群体、行会代表、家长等参与其中，以进一步了解现代学徒制人才培养模式。2009 年，英国政府主导建立了与学徒制相关的网站，以集中展现英国现代学徒制人才培养模式的相关信息，并将其打造成供需双方互动合作的枢纽。此外，英国政府还建立了一大批教育技能培训机构，为所有学徒和家长提供就业指导，以确保学徒获得雇主所需的就业技能。

4. 加大对中小企业的扶持力度

资金问题始终是限制现代学徒制发展的重要因素。对此，英国政府设立了教育培训基金，同时配合税收抵免、国家保险等手段，保证现代学徒制人才培养模式的资金链稳定，并对弱势企业提供更大比例的扶持资金。在具体操作上：第一，改变粗放型资助理念，筛选出那些达标的企业和学徒，并对他们针对性地提供补助，如此既节省了大量资金，又提高了资金利用率；第二，由于中小企业在参与学徒制的过程中将遭受更大的风险，因此政府应有意识地加大对它们的扶持力度，投入更多的补助资金来帮助它们建立标准化的培训体系，同时，还应建立一套面向中小企业的快捷资金资助系统，减少那些不必要的资助环节；第三，实现面向学徒的一对一资助，把培训补助直接打入他们的账户中，尤其应注重对 16~17 岁学徒的资助，因为他们没有稳定的经济来源、生活压力大。

第二节　英国现代学徒制人才培养模式的核心要素

一、完善的管理体系

目前，英国现代学徒制人才培养模式的管理体系包含了多类组织机构：学习与技能委员会、行业技能开发署（Skills Sector Development Agency，SSDA）、行业技能委员会（Sector Skills Councils，SSC）、资格与课程署（Qualification and Curriculum Authority，QCA）、颁证机构、培训机构和雇主等。不同组织机构各司其职、相互配合，共同对现代学徒制人才培养模式的运营进行管理。①

（1）学习与技能委员会。

学习与技能委员会作为非部委公共机构，是一个执行机构，下辖国家合同服务机构、47 个学习与技能地方委员会、国家办公室等部门，负责制定政策和执行方针、学徒制的推广宣传工作以及补助资金的管理、分配、监管等工作。

（2）行业技能开发署及行业技能委员会。

英国共建立了 25 个行业技能委员会。它受雇主的主导，但受行业技能开发署的监管，覆盖英国的各个行业，具体负责审核学徒制框架、制定国家职业标准以及刊印资格证书等工作。

（3）资格与课程署。

资格与课程署是隶属于儿童、学校与家庭部的非部委公共机构，具体负责确定关键技能的内容，对颁发关键技能证书、NVQ 证书及技术证书的颁证机构进行审批，资助职业标准的开发等。

（4）颁证机构。

英国的不同行业有不同的颁证机构。此外，还存在一些综合性颁证机构，如伦敦城市行业协会、爱德思国家职业学历与学术考试委员会等。这些机构必须得到资格与课程署的授权和认证，才具有对资格证书的认证资格。

（5）培训机构。

培训机构必须在学习与技能委员会进行注册并得到认可后才具有合法性。它是包括继续教育学院在内的可以提供学徒培训的公立或私立组织，具体负责

---

① 王建梁，赵鹤. 英国现代学徒制的发展历程、成效与挑战 [J]. 比较教育研究，2016（8）：12-14.

学徒培训工作，并为学徒提供咨询和指导。

（6）雇主。

雇主需要提供充足的学徒岗位，并负责招募学徒，还要对学徒培训进行督导。

二、运作成熟的经费机制①

英国现代学徒制人才培养模式的成本主要是由培训费用和学徒工资构成。培训费用的划拨是学习与技能委员会依据一定的支付标准来进行的。该支付标准是与学徒年龄挂钩的。随着学徒年龄的提高，其获得的培训费用就越少。具体来说，政府完全承担16～18岁学徒的培训费用，18～24岁学徒的培训费用则由政府和雇主对半分摊，政府不对25岁以上的学徒提供专项培训费用，但他们可以申请特殊项目补助。在整个培训期间，学徒不支付任何费用，而是雇主在一定时期后，向学徒发放津贴或薪资。依据相关规定，学徒周薪应不低于95英镑。相关调研结果显示，英国学徒工的平均周薪是170镑，其中，电子技术行业的学徒工每周可以拿到210英镑左右的薪资。

学习与技能委员会建立了一套复杂的经费拨款机制。具体来说，学习与技能委员会先把经费发放至多个学习与技能地方委员会；它们再通过竞标的方式，将经费发放给辖区内的培训机构；培训机构得到经费后，还需依据与雇主签订的合约，再次分配所得经费。所以，雇主无法参与拨款流程，只有与培训机构确立了合作关系，才能从培训机构那里分得相应的培训经费。此外，有些大型企业每年提供大量的培训岗位，且有能力承担起职业培训，在这种情况下，学习与技能委员会还可以和他们直接达成协议。因此，这些大企业能够直接从学习与技能委员会获得培训经费。在实际操作中，学习与技能委员会为了控制风险，确保自己的管控效果，通常是先划拨总额的3/4，剩余的1/4会在学徒完成学徒制时二次划拨到位。

此外，依据《产业培训法》的规定，行业可自行决定是否执行本行业的征税拨款机制，即以行业名义向本行业的企业征收企业培训税，并把税收所得作为补助金转发给实际提供了学徒培训的企业，用以扶持本行业学徒制的发展。《产业培训法》提出的征税拨款机制并非强制性的，行业可依据本行业发展状况及学徒制发展需要进行决策。从实践结果来看，多数行业并未执行征税拨款机制。

---

① 夏小文. 英国现代学徒制培训的成本探析 [J]. 职教论坛，2004（33）：62-64.

三、较为规范的现代学徒制框架①

在英国，行业技术委员会与企业根据国家职业标准联合开发确定每个学徒制项目的学徒制框架。从功能效果来看，学徒制框架规定了培训内容和培训标准，培训机构和企业雇主应当提供学徒制框架中要求的全部要素，才能得到政府划拨的资助资金。通过分析不同职业领域的不同学徒制项目的学徒制框架可知，虽然它们在形式和内容上存在差异，但依然存在一些相同的组成要素，即能力本位要素、可迁移的关键技能和知识本位要素。其中，能力本位要素的主要形式是国家职业资格体系。行业技能委员会、雇主群体及行业机构共同决定了能力本位要素的内容。可迁移的关键技能的主要形式为关键技能资格，其基本内容包括合作能力、问题解决能力、数字应用能力、学习与业绩的自我提高、信息通信技术掌握情况等。知识本位要素的主要形式为技术证书，对学徒的基本要求是其理论基础知识达到标准。通常是由行业机构、行业技能委员会对学徒理论基础知识的掌握情况进行评估。在这三种组成要素中，能力本位要素居于核心地位，而另外两个要素起到补充和辅助作用。

四、企业与培训机构的深度合作

在英国，政府划拨的培训补助金只派发给与培训机构合作的企业。企业与培训机构建立合作关系后，培训机构会向企业委派学徒导师。学徒导师不仅是培训机构的业务代表，还会辅助企业建立学徒制培训体系。学徒导师的具体工作内容包括：招聘学徒；辅助企业决定选用何种学徒制项目；审核学徒培训计划；指导企业中的学徒培训工作，保证顺利获得政府补助金；确保培训符合国家质量标准；管理培训和评估。

具体来说，企业预留出一定数量的学徒岗位，由培训机构和企业联合发出学徒招聘信息。申请者可以随时联系培训机构或者企业，通过面试、笔试等环节后，便可参加学徒培训。在技能培训阶段，雇主负责督导学徒培训，并委派企业里的师傅指导学徒，向他们传授职业技能、理论知识等；雇主还可委派一名经理，专职负责企业内部的学徒培训管理工作。学徒在接受技能培训的过程中，还要进行基本理论和普通文化知识的学习。为了保证企业的正常生产，学徒工每周要带薪工作 16 小时以上。来自培训机构的学徒导师专职负责学徒的培训进度，帮助学徒解决生活和工作中的问题。值得注意的是，英国现代学徒

---

① 王悦. 英国现代学徒制管理模式的研究 [D]. 大连：东北财经大学，2011.

制人才培养模式并未对企业师傅和学徒导师的资质问题做出规定。

五、严格的考试与资格认定制度

应当说明的是，英国学徒制本身并不提供学徒制资格或证书，但学徒完成学徒培训后，能力达标者即可获得学徒制框架中所规定的相关认证，如关键技能资格、技术证书和国家职业资格。在这些证书中，有的是学徒通过书面考试的形式获得的，有的则是学徒通过能力本位的考试形式获得的。能力本位的考试形式是通过测定学徒在工作中的工作效果和技能掌握情况，结合熟练度测试、能力测试、指定作业测试及技能测试的结果，从而得到最终的能力本位的测试结果，并给予相应的资格认证。除了证书认证形式外，还可通过对先前学习的认可（Accreditation of Prior Learning，APL）来完成资格认定。这一认证方式较为简易、快捷。学徒只有达到了学徒制框架中的学徒标准，才能顺利取得资格认证。学徒制框架并未明确规定学徒的学习期限，也就是说，学徒制框架遵循的是能力标准而非时间标准。学徒得到了学徒制框架中的全部资格认证后，就代表该学徒通过了对应的学徒制项目。由此可知，雇主要求和学徒实际能力状况共同决定了学徒的学习期限。统计结果显示，多数学徒可以在四年内完成学徒制项目，取得资格证书。

六、科学的评估方法[①]

英国现代学徒制人才培养模式包含了5个基本模块，它们分别是英国国家职业资格、个人学习与思考技能（Personal Learning and Thinking Skills，PLTS）、威尔士关键技能（Essential Skills Wales，ESW），英国商业与技术教育委员会课程（Business & Technology Education Council，BTEC）和雇员权利与义务（Employee Rights and Responsibilities，ERR）等。其中，NVQ 模块居于核心地位，可据此考核和训练特定职业领域所要求的职业能力。

英国现代学徒制人才培养模式包含了8个梯度化层级，分别为等级1至等级8，可表示为 Level 1、Level 2……Level 8。[②] 对每一层级的 NVQ 模块进行细分，每个单元中包含的职业标准可能是知识性的，也可能是技能性的。在本次试点项目中，本书选用三级物流运作管理（Logistics Operations Management，

---

① 李艳. 英国现代学徒制及对我国职业教育课程改革的启示 [D]. 河北：河北师范大学，2008.

② 王建勇. 英国现代学徒制模式中的评估及证据使用 [J]. 职业教育研究，2017（2）：33-34.

Level 3）的职业标准。该标准还可细分为 16 个单元。本书结合中英国家职业标准的差异，最终选定了 8 个单元。这 8 个单元包含了 3 个必修单元，即 Unit 1（Make an Effective Contribution to a Business in the Logistics Sector）、Unit 2（Health，Safety & Security at Work）、Unit 3（Optimize the Use of Logistics Resources）；针对 3 个职业发展方向（Ware house Keeper，Dispatch，Customer Servisce）的 5 个选修单元；Unit 8（Supervise Receipt，Storage or Dispatch of Goods）、Unit 9（Minimize the Environmental Impact of Logistics Operations）、Unit 13（Contribute to the Provision of Customer Service in Logistics Operations）、Unit 15（Respond to Problems in Logistics Operations）、Unit 16（Apply Technology in Logistics Operations）。

（一）评估流程

首先，评估师需采集能反映学徒工作表现的证明材料，并核查这些材料是否满足评估标准，之后，据此对学徒的工作表现进行评估；培训机构委派内审人员核查评估师提交的证明材料是否充足并符合标准，还要核查评估师采用的评估方式是否合理；颁证机构委派外审人员进一步核查内审质量的真实性和培训评估的规范性。评估师主要负责以下工作内容：保管并整理评估材料、计划和管理评估过程、收集学徒的各类工作证明材料、开展评估活动、引导学徒积极参与学徒培训、对学徒的能力进行评估等。

其次，依据学徒岗位的特点，评估师选定适配的评估方法。评估师依据评估计划指导学徒了解课程内容、时间安排等，并告知他们评估时间、评估内容和需要保留的证明材料。在开始评估后，评估师应当采集足够多的证明材料，从而为之后的评估工作提供基础信息。评估师还需要整理证明材料并审核材料是否满足评估标准的要求。评估师应当有目的地布置培训任务，并优先采集包含多条评估标准的证明材料。在结束评估工作后，评估师应依据国家职业标准来判定学徒是否达标。若评估师判定该学徒未达到国家职业标准的要求，就应指出该学徒的未达标项目，并进行针对性培训，允许学徒参与第二次现场评估。

此外，在英国现代学徒制人才培养模式的框架体系中，项目的不同模块的进行是有先后顺序的。不同模块的先后顺序是 ESW 模块、NVQ 模块、ERR 模块及其他模块。由于学徒通常是在项目启动后的第三个月进行一次择业，而且 NVQ 模块和 ESW 模块中的客户服务单元和职业健康与安全单元属于通用内容，因此在对 NVQ 的不同单元进行评估取证时，要先对 Unit 2 进行评估，然后对 Unit 13 进行评估。另外，在对 NVQ 模块的各个单元进行评估取证前，评估师有责任向学徒介绍各个单元对应的职业标准。

（二）评估方法

评估方法对评估结果的可靠性具有直接影响，因此，评估师应当依据学徒岗位的特性与差异，选定适配的评估方法。依据不同的标准，评估方法可以有多种分类：独立性的和整体性的、客观性的和主观性的、外部的和内部的、正式的和非正式的、学徒主导的和评估师主导的、直接的和间接的、能力性的和知识性的、数量性的和质量性的、关注结果的和关注过程的、总结性的和形成性的。

不同学徒的能力水平和岗位特点存在差异，与之适配的评估方法也不尽相同。评估师应根据学徒的水平及特征来选定适配的评估方法，且评估方法的具体使用需考虑到学徒的个进化需求。在项目进行过程中，评估师可通过测试法来掌握学徒个性，并初步设计出特定的评估方法。此外，评估师还应依据待评估的职业标准的特征选择适配的评估方法。需要强调的是，评估师首先要了解不同评估方法的优缺点和适用范围，这样才能准确采集需要的证明材料，并善于运用不同评估方法对学徒进行评估。

第三节　英国现代学徒制人才培养模式的特点

一、建立了现代学徒制的"准市场"机制

英国职业教育一直都有"自愿、自助"的传统，形成了"市场模式"的职业教育体系。其中，政府奉行"自由市场主义"原则，企业界采取"自愿培训"的策略，企业界与政府的交际较少，整体上表现出以市场需求为导向的特点。众所周知，自由市场主义是存在固有缺陷的，因为市场符合公众利益，但并不等同于公众利益，英国的职业教育领域中存在市场失灵，极大地损害了企业的参与热情。对此，英国政府加大了干预力度，建立起一套"准市场"机制。该机制被认为是处于政府控制与市场自由运作之间的"中间道路"。在该机制中，英国政府不仅要宏观调控，还要直接参与市场供需方的活动。可从以下三个方面来解析"准市场"机制：

第一，企业为了维护自身利益，可能制定出不规范的培训标准和培训内容，用以解决企业的短期人才问题，或者缓解岗位短缺压力，但可能会损害学徒的利益，不利于学徒制的实施。因此，政府应协同企业，共同参与学徒制标准的制定过程，从而依据国家发展需要和学徒个人职业发展需要，提出相应的

学徒制标准。分析英国现代学徒制人才培养模式可知，其国家职业标准中不仅包含关键技能、技术理论，还包含了国家职业资格。

第二，政府通过购买由培训机构和企业共同提供的学徒制服务，为学徒培训提供经费支持。其具体包括两类：学徒工资和培训费用。而对于企业来说，当学徒技能水平达到一定程度后，就能够为企业增产，从而带来收益。虽然企业要向学徒支付一定的薪资，但学徒的薪资水平明显低于一般职员的薪资，而学徒带来的收益却与一般职员带来的收益差距不大，因此，学徒的生产劳动可以抵销企业的工资成本。

第三，在英国现代学徒制人才培养模式中，只有由雇主和培训机构联合提供的职业培训才是合法的，而雇主一方是无法独立提供学徒制培训的。此外，政府会向培训机构划拨培训补助资金，而不会向雇主划拨资金，雇主只能依据合同与培训机构分摊经费，因此，培训机构起到了中介作用，并对英国现代学徒制人才培养模式的市场化运作产生重要影响。

二、企业发挥了核心作用

前文已述，英国现代学徒制人才培养模式的参与方众多，尤其在建立"准市场"机制后，参与方涵盖了培训机构、政府、雇主、学徒等，但并不包括工会等社会团体。在英国现代学徒制人才培养模式中，企业长期占据着主导地位，具体表现在以下三个方面：第一，企业参与现代学徒制的标准制定过程。行业技能委员会负责制定和审批学徒制框架，而企业代表在其所在行业的行业技能委员会中占极大比例。在标准制定过程中，企业代表遵循国家职业标准，结合本行业的特点和需求，设计出本行业的学徒制框架。可见，企业主导了学徒制框架的制定。第二，企业深度参与现代学徒制的组织与管理过程。英国现代学徒制人才培养模式的组织和管理机构是由行业技能委员会、学习与技能委员会以及行业技能开发署等构成的。由于企业代表在经济、政治、社会等领域中的影响力，他们更加容易进入这些管理机构中，或者在这些管理机构的拥有较大的话语权，对学徒制的决策与管理有重要影响。第三，企业深度参与现代学徒制的教学过程。学徒制框架中确立了学徒培训的基本能力要素，即能力本位要素、关键技能要素及知识本位要素，同时明确了这些要素的资格要求，但并未对这些能力要素的内容和培训方法做出规定，所以只要保证学徒最终能取得资格认证，雇主其实是可以灵活地选择培训内容、培训方式。

三、阶梯化的现代学徒制

英国现代学徒制包含多个层级，表现出明显的阶梯化特征，具体包括准备学徒制（青年学徒制、前学徒制）和正式学徒制（学徒制、高级学徒制及高等学徒制）。学徒可以在完成一个层级的学徒培训后，申请进入更高层级的学徒制。此外，完成高等学徒制的人员，还能申请获得高等教育的基础学位。

不同职业领域的技能要求是存在差异的，学徒培训不能只培育中级水平的学徒工，还应着力培育高技能的专业人员，从而适应不同产业的技能需求。因此，英国学徒制的阶梯化特征可以满足不同层次技能培训的需要，有利于扩大学徒制的覆盖范围，增强学徒制的适用性。

英国现代学徒制采用阶梯化的制度设计，为学徒增加了发展选择。相关调查结果显示，每年有超过20%的学徒成功升为高级学徒，还有一部分学徒成功升入高等教育。同时，选择继续深造的学徒数量不断增加，他们把这种发展路径视为实现个性发展的快捷通道。

在过去，传统学徒制被英国社会界定为"下等教育"，那些被正规学校教育淘汰的学生被迫接受传统学徒制教育，他们通过培训掌握了一定的技能，成为一个拥有中级技能水平的劳动者。如今，英国现代学徒制融入了高级职业和技术性职业，如信息工程师、高级会计师等。许多完成高等学徒制的学徒，有资格申请这些职位，而且他们比接受普通教育的毕业生更具优势。

四、以能力为导向的评价方式

英国现代学徒制并未规定学徒期的期限，或者说，学徒能否得到资格认证是依据其能力评估结果，而非学徒期的长短。只有学徒的能力达到了标准，该学徒才能获得资格证书。能力本位要素是学徒制框架的核心要素，其表现形式是国家职业资格，而另外两个要素也是围绕这一核心要素设计的。整个学徒制与国家职业资格体系相对应，如学徒制、高级学徒制和高等学徒制分别对应于国家职业资格的二级、三级、四级，职业能力的核心地位也在这一体系中得到充分体现。

此外，人才评估关注的是培训结果，而非培训过程，只要培训结果优异，即可认为培训过程是成功的。英国现代学徒制人才培养模式放松了对培训过程的约束，强调培训结果的重要性，并对此制定了一系列管控措施，如在英国现代学徒制人才培养模式中，学徒制的完成是以学徒制框架中的各类证书的取得为依据的。可是，统一的证书认证方式也可能带来负面效果，即影响培训质量的提高。具体来说，英国不同培训企业的培训质量表现出明显的地域特征和行业特点，彼此之间存在较大差距。如在零售业、护理业等的学徒培训中，学徒被要求全日制工作，而并未进行脱岗培训，他们被要求利用工作之余自主学习，以获得相关认证；在电子技术、工程等的学徒培训中，学徒接受了长期的脱产培训，可是脱产培训是为了取得大学入学所需的 BTEC 国家证书。

书面考试并不是英国学徒制的主要考评方式。学徒制的大部分考评注重的是学徒的全方位的能力，因此测试经常在工作场所开展，并且一般都是以经常性考评的材料累积来取代一次性考证。认证机构认为，这样的考评方式会更加有助于对个体是否真正具备相应职业能力做出正确的判断。

五、贯彻终身学习的理念

近年来，英国政府把终身学习理念纳入国家教育战略之中，并发布了一系列相关文件，如《继续教育提高技能，改善生活际遇》《学习与技能法》《学习的时代——一个新不列颠的复兴时代》《技能在商务中增强，在工作中提高》等。终身学习理念也在英国现代学徒制人才培养模式中得到贯彻。

首先，英国现代学徒制采用梯度化的制度设计，可以满足不同技能水平的学习者的需求。此外，英国现代学徒制未对学习者年龄的上限做出严格规定，且政府鼓励已就业的成年人参与学徒培训，从而提高自己的职业技能，增强自身的市场竞争力。就现状来看，参加学徒制的成员中，除了学生群体以外，已就业的成年人所占的比重较大。这也从一个角度反映出，英国现代学徒制人才培养模式不只是提供初级入门职业教育，还为成年人的继续深造提供便捷通道。

其次，学徒制框架中包含了多个不同的学徒制项目，学徒需要完成不同项目，才能完成学徒培训，并获得资格认证。学徒制框架下的多个学徒制项目及其对应的资格认证是相对独立的。这意味着学徒可在不同的培训机构或企业中接受不同的培训项目，并取得对应的资格认证，最终完成学徒培训，获取资格证书。这种小步的、模拟化的学习模式打破了时间限制和场所限制，使学徒可以灵活地制订自己的学习计划，以自己容易接受的方式参加项目培训，从而提高了学徒制完成率。

最后，英国现代学徒制的认证遵循 APL 原则。对先前学习的认可也被广泛地运用于学徒制的各种资格的认定当中。学徒先前的工作经验和学习成果都是被接受和认可的，并可作为资格认证的凭据。该认证方式进一步鼓励了学习者参与学徒制，同时激发了他们的学习热情。从宏观角度看，该方式还为建设学习型社会提供了助力。

第五章　美国现代学徒制
人才培养模式

第一节　美国现代学徒制人才培养模式的概况

一、美国现代学徒制人才培养模式的发展历史①

在 17—18 世纪，欧洲殖民者带来了本国的学徒制。在初期，学徒制主要服务于宗主国移民，随后则更多地服务于美国本土居民，而与之配套的法律法规也在发生变化。在 18—19 世纪，美国爆发独立战争，成为一个独立国家，并较早完成了工业革命。在该时期，其市场经济蓬勃发展，大工业生产是这个时代最显著的特征。传统学徒制也开始逐渐走向衰落，其功能也逐渐被普通学校和各种社团取代。直至 20 世纪初，普通教育的缺陷越来越严重，教育界发起了"进步主义教育运动"。在此背景下，学徒制再一次走上轨道，同时被赋予法律意义，并逐步形成能折射现代内涵的注册学徒制系统。

1929—1933 年的经济大萧条给美国经济带来沉重打击，失业率居高不下，经济持续低迷。面对这一困境，美国政府于 1933 年实行了一系列经济复苏政策，颁布了《国家工业复兴法》（National Industrial Recovery Act，NIRA）。在该法律框架下，美国的国家复兴管理局和各类工业协会通过协商的方式共同制定出不同行业的规范条例，对各行业的薪酬、竞争、服务和产品质量等进行管控。在这些行业中，建筑业率先提出该行业学徒制计划的规则，并在实践中收到有益效果，这被认为是美国注册学徒制的雏形。1934 年，美国劳工部增设学徒制联邦委员（Federal Committee on Apprenticeship），专职负责管理不同行业的学徒制计划，提出了大量相关的政策建议。1937 年，美国国会颁布了

---

① 陈圆. 美国注册学徒制的演进轨迹与最新举措 [J]. 职业技术教育，2015（19）：74-78.

《国家学徒制法》（National Apprenticeship Act），增设国家咨询委员会，负责研究和制定注册学徒制的最低标准，并授权美国劳工部对注册学徒制的实施过程进行监督。

依据《国家学徒制法》的规定，美国各州相继成立了学徒制管理机构，并制定各自的学徒制法规。截至 1940 年，美国 13 个州成立了学徒制委员会，11 个州制定了学徒制法规。其他未成立学徒制委员会的州，由美国劳工部学徒制办公室负责学徒制的相关管理工作。各州立学徒制事务局（State Apprenticeship Agency，SAA）负责本州学徒制的实施，其主要工作包括制订具体的学徒制计划、监管培训过程、推广援助计划、建立学徒保障体系、组织考核及发放结业证书等。在后续的发展中，美国注册学徒制获得了法律和行政方面的全面认可，走上了一条规范化发展道路。

二、美国注册学徒制的现状①

注册学徒制主要是指经过注册的学徒按照既定的培训计划，在讲师和师傅的指导和监督下学习理论知识与生产技能并承担一定的生产任务，直到获得熟练工种的资格认证、就业机会或申请更高层次的学校教育的资格。美国劳工部认为注册学徒制拥有以下三点基本特征：第一，注册学徒制的实质是一个完整的培训系统，能够培育出满足企业特定需求的技术人员；第二，联邦政府负责制定不同行业的学徒标准、评价指标和课程框架等；第三，注册学徒制吸收了课堂教学和在职培训的有益部分。美国进步中心（Center for American Progress，CAP）于 2011 年发布的《为成功而培训，美国正在发展的学徒制政策》提出，随着注册学徒制的落实，美国职业培训可培育出满足行业发展需要的职工，在宏观上推动美国经济社会的发展。注册学徒制可以为学徒以及企业双方带来好处。企业可以为学徒提供岗位，并支付给学徒一定的费用（津贴或薪酬），而高水准、专业化的学徒还能提高企业的生产效率。相关调查显示，美国政府每向学徒制投入 1 美元，纳税人将获得 23 美元的净收益，该收益远超过其他员工培训项目的收益。可是，相较于德国、英国、法国等国家，美国的这一投入产出比较低，如英国 2012 年的参加过学徒培训的人所产生的人均收益是美国的 5 倍。究其成因，首先，在非传统产业中，美国有严格的领域限制，学徒制无法推广到这些产业中，而这些新兴产业又是最具吸引力的产业，如信息技

---

① 王晓婉，张桂春. 美国改善注册学徒制的措施及启示 [J]. 继续教育，2015 (11)：78-80.

术、节能环保等；其次，一些职业领域引入了注册学徒制，但学徒在完成学徒培训后，却得不到合法的被企业认可的资格证书，他们虽然掌握了实际的职业技能，却无法成为一名正式雇员。

三、美国注册学徒制的优势①

美国注册学徒制的培训体系包含了课程教学和在职培训两个部分。学徒可在培训中掌握不同职业所需的技能；雇主可据此制定出统一的、专业的技能标准，用以对学徒培训提供导引。在注册学徒制培训体系中，雇主会制订具体教学计划，并为此投入一定量的教学资源和培训时间，同时委派教习师傅负责学徒的学习、生活与工作，对其学徒期内的主要项目负责。此外，雇主会提供个性化、多元化的培训项目，让学徒在学习理论与技能的过程中同步实现个性发展。

美国注册学徒制建立了系统的发展实践课程。它是以培育学徒核心技能为主体，兼顾培训学徒的管理技能和工作发展技能。具体来说，学徒核心技能课程包括行为管理、合作学习、全面辅导、心理引导、促进学徒健康发展、帮助学徒摆脱不好的行为习惯、传播法律知识、多元文化培训、阅读与写作、行为建模、道德规范、行为规范、关注学徒的个性需求、职业规划等。学徒管理技能课程包括数据管理、团队合作、信息技术、问题管理、时间管理及个案管理等。学徒工作发展技能课程包括生涯预备培训、应聘技能、职业规划、市场营销及协调雇佣关系等。

从学徒角度来看，美国学徒制的优势包含以下几点：①学徒可以学习和掌握被社会和企业认可的通用职业技能；②完成学徒培训的学徒的工资水平更高；③通过学徒考核的学徒能够获得合法的从业资格证书；④可获得多元化的发展选择，有些毕业生还能得到大学资格认证。从雇主角度来看，美国学徒制的优势包含以下几点：①雇主可依据岗位需求来设计培训计划，培育出岗位所需的员工；②优秀学徒留任企业可降低企业的离职率，提高招聘的成功率，促进企业发展；③培育出的优秀学徒工更能成为雇主或企业所渴望的专业职工。

美国劳工部公布的《青年学徒制发展实践》为促进青年职业发展提出以下几点建议：一是提高学徒的职业发展能力；二是引导学徒建立有意义的职业生涯，建立对职业的热爱和对企业的归属感；三是帮助青年人在工作和生活中

---

① 刘文华，徐国庆.美国佐治亚州"青年学徒制"的实践及其对我国的启示 [J]. 河北师范大学学报（教育科学版），2016（5）：59-63.

获得成功，尤其是一些弱势群体青年；④扩大就业机会，帮助每个学徒找到适合自己的工作。

第二节　美国现代学徒制人才培养模式的核心要素

一、统一的学徒认证标准

美国企业对职工要求较高，尤其希望新入职的员工是他们心目中的"熟练工人"，即在入职之初职工就基本掌握了必要的职业技能，能够快速投入生产运营之中。虽然注册学徒制已在美国产生广泛影响，但是仍然有一些雇主对学徒制的固有价值不甚了解。这限制了学徒制的长效发展。整体来看，美国注册学徒制在多个职业领域内都有较高的评价标准，可是许多雇主对学徒应当掌握的职业技能的认识较为模糊，缺少一个统一的评价标准对此做出权衡。这一问题在学徒密集行业尤其突出，进一步限制了注册学徒制的推广应用。目前，越来越多的雇主认识到学徒认证的重要性，并试图在政府向新的职业领域推行学徒制的时候，提议同步建立学徒认证体系。基于此，雇主应协同其他利益相关方，共同制定出统一的行业标准，用以评定学徒的技能掌握情况。相关调查显示，美国的许多企业存在严重的岗位空缺，亟须引进技术职工和熟练工人。在此背景下，注册学徒制具有重要的现实作用。它能够培育出高水准、专业化的熟练工人，满足不同行业的人才需求，不仅增加了学徒工的就业机会和薪酬水平，还提高了企业的生产效率。乔治城大学的教育中心一项关于劳动压力的研究指出，美国在 2020 年将出现严重的高学历、高技能员工的稀缺问题。虽然注册学徒制无法完全解决人才短缺问题，但它依然能在一定程度上缓解人力资源不足的压力，而且注册学徒制所代表的职业教育模式将优化美国教育格局，培育出更多优质人才。①

学徒制的资格证书是颁给已完成了学徒教育并达到了毕业标准的学徒。它受到国家和工会的认可，对学徒的求职有直接影响。但就现状来看，美国注册学徒制的资格证书带有地域性，不同州的同一行业会对不同州的资格证书持不同的态度。这是因为雇主无法对其他州的学徒进行标准化的能力评估，从而对他的职业技能产生怀疑。究其原因，美国现阶段的注册学徒制采取的是分叉管

---

① 陈圆，蒋颖.美国注册学徒制职业培训新政解读：困境与变革［J］.外国教育研究，2011 (10).

理模式，且尚未制定出全国统一的注册学徒制评价标准，每个州都有各自的管理机构和学徒制评价标准。为了推动注册学徒制的标准化发展，美国正逐步推行集中管理，如在 2008 年，美国废除了早期的分散登记管理模式，转变为由联邦学徒制办公室和联邦政府统一管理。可是，现有的调整举措并不能完全解决问题，美国注册学徒制亟须建立统一的标准体系。

二、雇主发挥了核心主体的作用

雇主或企业界对学徒制的信赖，对注册学徒制的未来发展具有深远影响。只有雇主相信结业的学徒具有服务企业的能力，雇主才愿意提供学徒岗位。所以，雇主应作为企业代表，传达企业的利益诉求和人才需要，并据此设计出本行业的标准。这些标准将确定特定职业所需的技能和知识，雇主还能据此设计培训计划和课程组合。基于 NIMS（The National Institute for Metalworking Skills）认证的注册学徒制条款而建立的指导标准，能够为学徒制的建立提供引导，从而保证结业学徒掌握企业所需的或者培训计划所规定的职业技能。此外，雇主还可根据指导标准制订培训计划。成功的学徒培训计划，不仅能够向学徒提供具有法律效力的资格证书，还能为学徒提供更多的发展机遇，引导他们投入适合自身发展的职业领域中，帮助他们实现自己的职业目标，避免把时间浪费在无法获得就业机会的职业培训中。对于企业来说，企业投资于学徒制项目，能够收获一批高水准的熟练工人。同时，许多优秀学徒在结业之后可直接在企业工作，降低了企业的人力资源管理成本。积极构建学徒制认证系统，能够完善注册学徒制的培养体系，吸引更多企业加入注册学徒制中，并有利于打造全国性的流动人才市场。

三、以行业认证为导向的认证过程

在 2003 年，美国劳工部主导开发了一套按行业划分的国家技能标准和特定职业技能职业所需的培训课程。目前，雇主可以为制造业、程序师等 16 类职业的注册学徒进行 NIMS 认证，而对于学徒来说，他们应当抛弃投机取巧的想法，踏实学习和掌握一门技艺，如此才能通过多项 NIMS 认证。在操作上，雇主依据岗位需求，把对应的职业能力列入工资报表中，据此设计出学徒计划，之后，被 NIMS 认证的学徒将接收美国劳工部的认证。需要说明的是，NIMS 认证并非强制性的，雇主有权对学徒培训项目做出修正，并在学徒培训过程中对学徒予以指导和监督，从而培育出满足岗位需求的熟练工人，并给结业学徒颁发被行业认可的资格证书。

四、政府起主导作用

在美国注册学徒制中，政府的主导作用不容忽视。企业雇主需协同其他利益相关的社会团体，协商制定本行业的技能标准和适配的学徒制框架，还要筹集项目资金。在此过程中，政府会依据产业投资规模，从政府财政收入中划拨专项资金，交付给非营利性的行业协会管理，用以鼓励和扶持参与注册学徒制的企业。

第三节　美国现代学徒制人才培养模式的特点

20世纪50年代以来，美国经济形势发生变化，职业教育获得变革性发展，注册学徒制得以完善，具体反映在以下几个方面：相关法律法规不断完善、理论学分被认可、课程范围得到拓展、受众群体持续扩大等。

第二次世界大战后，为了解决转业退伍军人的就业问题，注册学徒制得以推广。同时，美国教育委员会还宣布，在高校中已经接受了理论培训的转业退伍军人有资格获得相应的学分。1977年，美国劳工部总结过往经验，在现实需求的基础上进一步完善了学徒制的相关法律法规。其突出的特点是，持续扩大学徒制的覆盖范围，让更多的人接受职业培训，以更好地适应社会，同时也为经济社会的发展提供人才保障。步入21世纪，新兴职业不断涌现，对人才也提出了新的要求。对此，美国劳工部积极推进注册学徒制向信息技术、生物工程等新兴行业渗入，以期为这些行业提供充足的人力资源，从而保持经济活力。2008年，美国劳工部根据劳动力市场的变化，对学徒制的相关法律法规进行了适应性调整，如完善资格证书、创新性提出多元培训方法、重新编制课程组合和评价标准、引入远程教育手段等。这些改进有利于增强学徒制的灵活性。

时至今日，经过几十年的发展，美国注册学徒制在内部运行机制、配套法律机制以及管理体制等方面取得长足的进步。其中，企业雇主、学徒工、州立学徒制事务局、社区学院和一站式就业指导中心五个要素构成了比较稳健的注册学徒制的内在运行机制。[①] 这五个要素缺一不可。

---

① 杨丽波，曾璐. 美国青年学徒制对我国青年就业问题的启示 [J]. 河北师范大学学报（教育科学版），2015（4）：69-73.

一、企业是注册学徒制的重要支持者①

企业是学徒工技能培训的主要场所。企业雇主遵循相应的规制，与学徒工签订合法协议，然后到州立学徒制事务局进行备案，若本州未建成州立学徒制事务局，则应向劳工部学徒制办公室申请备案。在校企合作中，企业有权参与制订学徒制课程计划，并独立负责学徒工在企业内的实践培训。此外，企业可依据学徒工的个性需求、技能水平等，制订个性化的培养方案，并委派专门的师傅来指导学徒工的生产与生活。企业还应当以津贴或薪资的形式向学徒工支付一定的费用。

二、学徒权益得到有效保障

学徒是注册学徒制实施过程中的核心要素，以"人"的角色参与和影响各项工作的开展。目前，中学毕业生有权申请学徒教育，这些学生通常掌握一定水平的操作技能。制造业和建筑业是学徒工分布最密集的行业。注册协议规定了具体的培训时间和培训课程，学徒工要在学徒期内接受学校职业培训和企业技能培训。通常来说，由于行业标准和岗位的不同，学徒期的长短也不尽相同，但大致在 1~5 年。在学徒工的在职培训期间，企业要向他们提供梯度式的补助，用以支付培训费用和生活开销等。在学徒期满后，获得管理部门认可的学徒工将得到资格证书，用以证明他在本职业领域内的技能水平，并可据此申请岗位。此外，学徒工如果将相应专业的理论课程修满，可获得一个两年制或四年制的学位。这切实保护了学徒工的利益，有助于增强他们的市场竞争力。

三、政府部门的有效管理

美国劳工部通过州立学徒制事务局来具体实施注册学徒制工作。州立学徒制事务局对本州学徒制工作拥有直接监管的权利，其具体工作内容包括：本州学徒制协议的注册、组织与指导各机构共同开发不同行业领域内的学徒制课程方案、发放结业证书、对具体工作进行指导等。目前，美国已有 27 个州以及维尔京群岛、哥伦比亚市及波多黎各地区成立了州立学徒制事务局。尚未建立州立学徒制事务局的州，则由美国劳工部学徒制办公室统一负责其学徒制工作。根据美国劳工部的法律规定，企业与学徒工签订协议之后，应到州立学徒

---

① 康托. 美国 21 世纪学徒制 [M]. 北京：中国劳动社会保障出版社，2016：107-109.

制事务局进行备案。该协议一般对如下内容做出规定：培训课程、学徒工技能水平、培训技能与培训目标、学徒工在不同阶段的工资水平等。在学徒制实施过程中，州立学徒制事务局依据相关规定对各参与方的行动进行监督与管理。

四、社区学院的支持

学徒可在社区学院学习理论课程，以提高自己的理论水平。社区学院综合学徒工和企业雇主的意见，制定出特定职业领域内的理论课程框架，并负责具体的教学过程。该理论课程框架包括基础课程（职业英语、数学等）和高级技能课程两大类。学徒工需要接受理论培训和技能培训。为了避免时间冲突，社区学院的教学课程通常安排在晚上或者周末。在社区学院学习理论课程并修满学分后，学徒工不仅能够获得资格证书，还能从社区学院获得副学士学位。

五、一站式就业指导中心的有效指导

一站式就业指导中心是在 1998 年颁布的《劳动力投资法》的支持下建立的，附属于当地学校或社区的就业服务中心。一站式就业指导中心是为企业或者个人提供专业的就业咨询和职业培训服务的机构。目前，一站式就业指导中心已经在美国普及。许多社区学院、高等院校和社区中都成立了一站式就业指导中心。它作为企业招聘和个体就业的信息枢纽，为学徒制实施起到了辅助作用，具体表现在：协助州立学徒制事务局对本州学徒制工作进行监管、为企业提供学徒工信息、为学徒工提供咨询服务等。

美国注册学徒制继承了传统学徒制中的有益部分，以校企合作为基础，建立了灵活的资格证书和学位证书的双证书制。在注册学徒制中，学徒工与企业雇主的合作是以注册的协议为基础的，且学徒制的实施过程受管理机构的监管。相较于早期的行会学徒制，注册学徒制是基于现代资本主义经济的新型人才培养模式。在该制度下，培育出的熟练工人和高技能人才更能满足现代企业对人才的需求。

第六章 澳大利亚现代学徒制
人才培养模式

第一节 澳大利亚现代学徒制人才培养模式的概况

一、澳大利亚现代学徒制的内容

澳大利亚是一个比较看重职业教育和培训的国家。为了鼓励更多的青年学子、学校辍学者和失业者等重新回到劳动力市场，同时也为国家的人才发展储备人员、提高就业市场的灵活性，澳大利亚在传统学徒制和受训生制的基础上建立了新学徒制度。澳大利亚在1998年正式实施新学徒制，逐步取代了传统的学徒制度，并改称为"澳大利亚学徒制"。澳大利亚学徒制覆盖多个领域，已涵盖了500多个职业，既包括传统职业，也包括新兴职业。参加培训的人员主要分布在以下职业领域：零售服务业、旅游业、物流业、社会服务业、建筑业、机器制造业、金融服务业等。

新学徒制是对传统学徒制的创新与延续，满足了国家对人才的需求，促进国家经济的发展，适应了全球化趋势。新学徒制是澳大利亚应对社会失业问题的良好举措，是社会进步的结果。它的产生与发展是社会多个因素综合而成的。澳大利亚从旧学徒制度向新学徒制度转变的过程是一个批判继承的发展历程。这个新的制度的产生也代表着澳大利亚新的人才培养模式的诞生，具有重大意义。它包含学徒制和受训生制两种基本类型。

澳大利亚学徒制的特征主要包括以下几点：学徒制涵盖的领域主要是澳大利亚的传统行业，如建筑业；学徒的入门水平为三级或四级；培训时长是3~4年；在学徒期，如果换了新的雇主，新的雇主必须继续学徒培训合同，继续带领学徒学习相关技能；在学徒期，学徒或雇主要终止合同，必须经过相关人员的同意，才能终止合同，故该制度下的合同关系较为稳定。

相比较而言，澳大利亚受训生制的特征稍有不同。其主要特点是：受训生制多用于服务业，如零售业、医疗健康行业、社区服务业、教育服务业等；受训生的入门水平为二级或三级；培训时长是 1~2 年，此学徒制稍短；在学徒期，如果换了新的雇主，新的雇主可以选择结束劳动合同；受训者或者雇主都可以在未经对方同意的情况下终止合同，故该制度下的合同关系较为不稳定。受训人员可以获得澳大利亚资格框架（Australian Qulifications Framework，AQF）中从二级证书到职业教育高级文凭的资格认证。

除此之外，为了扩大受训群体、促进澳大利亚经济的发展，澳大利亚政府在原有的制度上做了一些创新：学徒的最低年龄为 15 岁，且无年龄上限，甚至包括在职人员；建立了兼职学徒制度，兼职人员也可接受培训；针对在校学生，建立了学校本位学徒制度。

虽然澳大利亚的学徒制度的类型多样，但是澳大利亚政府学徒制始终坚持了三个核心要素——政府认可的雇佣关系、高质量的技能培训、技能的可迁移性。

二、澳大利亚现状学徒制的发展现状

澳大利亚联邦政府在 1998 年开展了"新学徒制"之后，学徒人数迅速增加。相关资料显示，1998 年澳大利亚的学徒新注册人数仅为 64 200 人，而 2009 年的学徒新注册人数为 269 100 人。在 2008 年，澳大利亚学徒和受训生占接受职业教育的学生人数的四分之一，占劳动力人口的 3.8%。

澳大利亚学徒制的行业规模在近年来呈增长趋势。这种增长趋势的主要原因是受训生的数量与日递增。此外，从等级分布来看，学徒制以及受训生制的活动项目主要分布在三级证书层面中；从学徒年龄分布来看，有约 40% 的参加者的年龄在 25 岁及以上。各行业的从业者的性别分布也有所不同，如机械、建筑行业的从业者多为男性，而服务、护理以及行政行业的从业者多为女性。

虽然澳大利亚学徒制在不断发展壮大，其完成率却不到 50%。即使完成情况并不理想，但仅从增加人口就业方面来说，澳大利亚学徒制还是非常成功的，近九成的学生在完成学习后的半年内能上岗就业。

三、澳大利亚现代学徒制的基本模式

经过几十年的发展，澳大利亚现代学徒制已经比较成熟，包含以下三种基本模式：

（一）典型模式

比较典型的模式是当学徒与雇主达成雇佣意向后，他们就会到附近的澳大

利亚学徒制中心去签订学徒培训协议。澳大利亚学徒制中心则会向学徒以及雇主提供在合同签订过程中需要的帮助，并就合同条款可申请的资金赞助提供建议。合同签订后，澳大利亚学徒制中心会把合同提交给所在州或领地的培训局审查。

雇主和学徒会共同去选择一家培训机构，且学徒会在这家机构中进行面试。在培训机构、雇主、学徒进行协调商议后，他们会共同签订一份培训计划，明确培训目标以及三者在这份协议中应尽的义务和享受的权利。在明确了上述内容之后，培训计划才会开始实行。培训会在企业和培训机构之间交替进行，通常情况下，培训在大多数时间是在企业中进行的，其余时间是在培训机构中进行的。

在学徒培训后，雇主可以申请补贴。这笔补贴经费是由培训和青年网络管理系统（TYIMS）申报及支付的。并且在之后的培训计划中，澳大利亚学徒制中心会分三个时间段对学徒以及雇主进行回访，并听取他们的意见。当学徒完成培训后，雇主要向培训机构以及培训局提供学徒岗位能力的证明材料；培训机构将会向完成培训的学徒颁发能力资格认证，如果学徒只是完成了资格认证中的部分单元，培训机构只会向学徒颁发他们完成的单元的完成证明；培训局向学徒颁发能力证书；在培训局确认了学徒的培训计划完成情况后，雇主会获得相应的学徒制完成激励金。

（二）集团培训公司模式①

作为澳大利亚最具特色的非官方机构，集团培训公司直接招聘学徒，然后将招聘到的学徒分派到相关企业工作，并直接将脱岗培训的任务外包给职业教育培训学院（Techical and Further Education，TAFE）。在这样的培训模式中，雇主的角色由集团培训公司扮演，并由该公司支付学徒的薪资，而被分派学徒的企业要向集团培训公司缴纳服务费用。集团培训公司模式可帮助小微企业解决无法完成学徒培训的问题，并帮他们降低雇佣风险。

（三）学校本位模式

学校本位模式的学徒制创建于 1998 年，是一种新的人才培养模式。这种模式的主要受训群体是 11 年级和 12 年级的在校生。该模式下的在岗培训仍然是在企业里完成，但相较于其他两种模式，所花培训时间较少。

学校本位模式的学徒制的受训人员的人数较少，在 2009 年，该模式下的受训人员所占比例只有 6%。受训者所在的行业也多为技术含量低的行业，且

---

① 易烨，石伟平. 澳大利亚新学徒制的改革 [J]. 职教论坛，2013 (16)：89-92.

受训者的职业培训等级证书也主要是二级证书，造成这一现象的原因在于大多受训者的培训时间太少。其后果是学徒因缺乏工作实战经验和技能，难以拿到相应的等级认证证书。因为这种模式是比较业余的，所以该模式中的学徒的等级认证证书也很难受到各个公司的认可。仍有不少人赞同这种模式，认为这种模式促进了澳大利亚人才培养方式的创新与发展，促进了经济的发展和人才的流动；但大多数人则赞同另一种观点，即这种制度只是在校生就业前的短暂学习，不够专业，学生无法获取真正的技能。

第二节　澳大利亚现代学徒制人才培养模式的核心要素

一、比较完善的法律法规

澳大利亚各州和领地都通过各自的法律对现代学徒制进行规范，为其提供法律保障。具体内容如下所示：

①北领地：《北领地就业与培训法案》（1991）。

②塔斯马尼亚州：《职业教育与培训法案》（1994）。

③西澳大利亚州：《职业教育与培训法案》（1996）。

④昆士兰州：《职业教育、培训与就业法案》（2000）。

⑤新南威尔士州：《学徒制与受训生制法案》（2001）。

⑥澳大利亚首都领地：《培训与第三级教育法案》（2003）。

⑦维多利亚州：《教育与培训改革法案》（2006）。

⑧南澳大利亚州：《培训与技能开发法案》（2008）。

虽然不同地域的法案内容存在差异，但关于学徒制的条款一般都包括以下内容：①学徒的义务；②脱岗培训的要求；③仲裁委员会的建立；④建立条例实施的程序；⑤中止、完成学徒制和受训生制的规则；⑥雇主的义务；⑦争议处理；⑧产业培训官员的任命与作用；⑨建立学徒制和受训生制的程序；⑩行政管理要求，如学徒与受训生的注册、委员会的任命；⑪与罚金、费用相关的规定；⑫培训与就业的条件。

此外，澳大利亚于2009年颁布的《公平就业法》中的部分条款对学徒制的实施具有规范和保护作用。

二、比较成熟的管理体系

澳大利亚学徒制采用了两级管理体系，即联邦与州/领地两级。联邦政府负责职业教育事务的部门是教育、就业与工作场所关系部，州/领地负责职业教育事务的部门是州/领地培训局。在国家层面，澳大利亚成立了由各州、领地和联邦政府负责职业教育与培训的部长构成的职业与技术教育部长委员会。该委员会的主要任务是拟订职业教育的发展方案，并负责解决跨地区职业教育问题。国家质量委员会是职业与技术教育部长委员会下设的一个委员会，其组成成员是政府、行业团体、工会、培训企业的代表，其主要工作就是对职业教育管理的相关事务进行处理。除国家质量委员会之外，行业也对澳大利亚学徒制负有管理责任，主要表现在国家产业技能委员会和 11 个具体的产业技能委员会的作用上。它们负责收集产业培训所需的信息，研发培训包，提供培训建议等。此外，澳大利亚学徒制中心是其学徒制中最基础的服务机构，直接面向雇主和学徒提供各类服务，如帮助雇主招收学徒、申请相关补贴经费等。目前，澳大利亚约有 500 家学徒制中心。澳大利亚学徒制的脱岗培训实际是由注册培训机构提供。若想开设学徒培训机构，必须先在澳大利亚质量培训框架（Australia Quality Traning Framework，AQTF）上申请。注册培训机构有公立的，也有私营的。澳大利亚现阶段一共有 5 000 余家注册培训机构，其中私立的占 70%左右。

澳大利亚学徒制具体管理工作是由州/领地的培训局负责。它们的主要任务包括：对学徒制以及受训生制的未来发展进行规划、对培训机构的注册管理、检查培训情况、提供和管理相关经费等。

三、完善的经费保障机制

基于澳大利亚学徒制的两级管理体系，澳大利亚学徒制的经费机制也有两级。一方面，联邦政府以及州/领地政府为学徒制提供了有力的资金支持。相关资料显示，澳大利亚联邦政府每年向学徒制投入 12 亿澳元。在政府经费投入中，澳大利亚联邦政府对企业的激励经费占比最大。它以"激励项目"的形式运营，经常调整具体金额和资助重点。另一方面，由于行业协会深入参与澳大利亚学徒制，因此行业和企业也为学徒制筹措资金。依据《公平就业法》，澳大利亚学徒制的最低工资是由国家现代行业裁决制度决定的。澳大利亚现阶段一共有 122 个行业裁决，而学徒的最低工资标准是与他们所在的行业职业领域、培训等级、学徒身份（学生、在职人员等）、学徒学历等要素相关的，彼此间的差异比较大。从整体来说，澳大利亚学徒工资是比较合理的。学徒的第一年的工资是联邦最低工资的 47%~75%，在第四年就能够达到联邦最低工资。此外，学徒实际获得的工资大多比规定的多。

第三节　澳大利亚现代学徒制人才培养模式的特点

随着经济和社会的发展，澳大利亚的现代学徒制人才培养模式有许多新的特点①：

①职业资格证书与学徒制证书相统一。职业资格证书与学徒制证书的统一是澳大利亚现代学徒制取得成功的重要因素之一。学徒在完成学徒培训后，可以获得全国认可的职业资格证书，也就是 AQF1 级至 4 级证书，这些证书分别为国家资格框架中的一级证书、二级证书、三级证书和四级证书。这四个资格证书如果从低级到高级来划分，就可以依次排序为初级证书（一级证书）、操作技能证书（二级证书）、技术证书（三级证书）、高级技术证书（四级证书）。

②学徒培训的双元性。为增强学徒制的操作性，澳大利亚政府在全国建立了约 300 所新学徒服务中心，来为培训机构与学徒提供相应的服务。澳大利亚培训的双元性是指学徒培训在企业与职业学校一同开展，且企业培训是学徒培训的关键组成部分。普通的培训机构大多是指各州或领地的 TAFE 学院。其主要工作是对学徒进行知识培训以及部分技能培训，而实践培训依旧需要在雇主的企业内完成。学徒在雇主企业以及培训机构这两个场所完成训练，雇主以及培训机构的教师要对学徒进行考核和成绩记录。新学徒制计划包括了部分时间制学徒制和受训生制、脱产培训、一对一培训等。

③学徒培训的灵活性。澳大利亚的现代学徒制的教学形式具有灵活性，既可连续进行，也可分步骤实施。学徒可以自主选择全日制或非全日制，因此有足够的时间去完成各类课程。从学员选择的学习方式来看，在 1998 年正式实施现代学徒制之后，非全日制学徒和接受培训的人数持续增加。这表明现代学徒制更注重学员学习的灵活性。在 2009 年 3 月，约有 79.5% 的学徒为全日制学生，而在 2004 年 3 月，全日制学生所占比例为 82.2%。由此可以看出，越来越多的学徒在选择更为灵活的方式进行课程学习。澳大利亚的学徒制机制十分复杂、开展的形式多样，且对学徒的标准设定较低，只要年龄达到 15 岁就可以参加学徒培训。此外，其职业的覆盖面也比较广，从传统职业到新兴职业，都有学徒在其中培训。对于注册培训机构来说，它和企业间的分工能通过

---

① 关晶. 当代澳大利亚学徒制述评 [J]. 职教论坛，2015 (4)：80-84.

商谈进行确定，并且在教学方式的选择方面也有极大的自主权，评价方式也更加多样化，还能够利用"先前学习认可（RPL）"与"当前能力认可（RCC）"策略去获取能力单元的完成证明。在各个场所、渠道获取的证明，又能够通过组合的方式去得到对应的资格认证。学徒培训的灵活性直接关系到企业和学徒的积极性。

④社会各界参与的积极性①。澳大利亚学徒制的快速发展得益于澳大利亚政府的大力扶持。但在学徒制实施初期，企业进行学徒培训的主动性较差，加上对澳大利亚技术移民政策的依赖，很多企业更多的是直接获取人才而不重视后续对人才的培养。在这样的环境下，想要推动现代学徒制人才培养方式的发展，就需要政府引导和支持，特别是在资金上的支持。此外，澳大利亚政府还积极举办学徒制年度最佳培训机构、"最佳学徒"评选等活动，聘请一些优秀学徒担任形象大使，并通过社会舆论积极宣传学徒制，以提高学徒制的社会影响力。

澳大利亚政府从鼓励竞争的角度着手，不断开拓学徒培训市场，引领社会以及各行业去进行职业培训。澳大利亚国家培训局对有意进行学徒培训的机构、企业以及个人进行认证，之后政府会为它们提供相应的资金支持。对社会所急需的职业培训，政府会进行重点扶持，补贴的资金也要超过其他职业。而在培训机构办学资格审核以及拨款规模上，澳大利亚政府是将学员完成学业之后的就业率以及薪资水平作为标准去进行判定。这些政策有效地激发了社会各界进行职业教育的主动性。澳大利亚的《职业教育和培训法》规定，雇主有责任向学徒提供工资，薪资水平一般为全额工资的七成；企业每雇用一个学徒，政府会给予 4 400 澳元的补助。该规定使完成培训的学徒能够在很短的时间内就得到一份工作，有效地提高了学徒以及培训机构进行培训的主动性，最终为澳大利亚的经济发展奠定了坚实的基础。

⑤培养对象的广泛性②。澳大利亚的传统学徒制是针对年龄不超过 20 岁的青少年群体进行的四年制人才培养模式，且学徒培训的行业大多是传统的制造业、建筑业等。而在现代学徒制实施之后，对进行学徒培训的人员的年龄上限没有要求，且学徒培训从以往的那些传统行业逐渐扩大到电子信息、医药等行业。现阶段的学徒培训也让越来越多的女性与其他种族的人享受到它所带来

---

① 王启龙，石伟平. 德、奥、澳三国现代学徒制补贴政策：经验与启示 [J]. 职业技术教育，2017（1）：66-73.

② 李玉静. 国际视野下我国学徒制的未来发展——德、英、澳、新学徒制发展特点及对我国学徒制发展的建议 [J]. 职业技术教育，2015（21）：34-38.

的益处，提高了他们的就业质量，也让他们能够获得更高的薪水。

　　⑥"以用户为中心"的服务体系。"以用户为中心"中的"用户"指的就是企业和学徒。为让企业和学徒享有高质量的服务，澳大利亚学徒制中心在各个地区都有分布。为有效增强脱岗培训的效果，在注册培训机构的选择上，澳大利亚政府采用了"用户自主选择"的机制，即企业与学徒能够自主选择培训机构。该机制不但能够让学徒针对自己的兴趣和特点去选择培训机构，还能够有效增强培训机构的教学水平。

第七章　瑞士现代学徒制
人才培养模式

第一节　瑞士现代学徒制人才培养模式的概况

瑞士一直在国际竞争力排名中占据前位，主要原因在于瑞士现代学徒制人才培养模式具有很强的创新性。瑞士联邦全国州教育局长联席会议秘书莫里茨·阿尔奈特曾说过这样一句话："一个国家不能只注重培养科学尖子，更需要培养职业尖子，也就是各行各业的尖子。要想培养职业尖子，就必须有一套完整的、高标准的职业培训系统与之相匹配，否则是不可能培养出一大批尖子，也不能取得经济和社会的成功。"由此可知，瑞士非常重视并大力鼓励企业参与职业教育。

在瑞士现代学徒制人才培养模式中，学校、政府、行业协会、企业都能进行良好的合作。这也是该人才培养模式顺利开展的关键所在。

一、瑞士现代学徒制人才培养模式的内容

瑞士职业教育体系是由三部分组成的，即职业准备教育、中高等职业教育和职业继续教育。其中，技术型人才的培养主要是靠中高等职业教育来实现的，且"三元制"是其主要特征。从管理机制上来看，联邦政府、州政府和行业协会相互合作对现代学徒制的各参与方进行管理；但从实施机构上来看，学徒制的落实主要是依靠学校、企业和行业协会，它们的目的是打造一个能培养各行业核心人才的职教中心。此外，教学计划也是由这三方共同制订的。至于学生的培训时间，由于专业不同，培训时间也是不定的，大多都是2~4年，时间稍长的为3~4年。基本上在每一个教学周都有固定的学习安排，且学校会根据学生的专业安排不同的培训时间，一般来说，学生每周有1~2天在学

校学习文化知识和专业知识，有 3~4 天在职教中心进行实践操作。二年制的学生在毕业之后能够获得职业教育培训证书，而三年制或四年制的学生在毕业之后除了可以获得职业教育培训证书外，还可以获得升入高等专业学校继续学习的资格。此外，瑞士各行业协会也有专门的委员会参与考试设计。

瑞士基础职业教育可以分为四大类，即工业类、农业类、商业类和护理类四大类，覆盖约 230 种职业，且每种职业又至少涉及 30 个技能点。学生在选择职业时，需要先研究联邦政府公布的职业，然后从中选择自己喜欢的，并向具备学徒培训资格的企业递交申请，在与企业签订学徒标准合同后就可以开始学徒培训了。这些学生每周有 1~2 天的时间在学校学习理论知识，其他时间则在企业进行实习。由瑞士官方公布的统计数据可知，瑞士具备学徒培训资格的企业有 6 000 多家，其中大多数是 250 人以下的中小企业。这些企业配备了优秀的学徒师傅，并让学徒师傅指导学徒工作，参与学校的教学内容和考试设计。学生在规定期限内完成学习并通过考试，就具备获得联邦事业教育和培训毕业证以及职业资格证书的资格。

二、瑞士现代学徒制人才培养模式的参与主体①

瑞士现代学徒制人才培养模式的参与主体比较多，主要包括职业学校、企业和职教中心，而管理主体则是联邦政府、州政府以及行业协会。因此，瑞士现代学徒制人才培训模式的运行机制相对较复杂，职业学校、企业、政府、行业之间相互博弈，既有竞争又有合作。

（一）联邦政府

联邦政府的职业教育相关事务由联邦经济、教育与研究部（WBF）负责。其中，该部门设两个负责职业教育事务的机构，即联邦教育、研究和创新事务秘书局（SBFI）和联邦职业教育研究所（EHB）。联邦教育、研究和创新事务秘书局主要负责的是教育、研究和创新等工作；联邦职业教育研究所承担职教工作者的培训和进修工作、职业教育项目开发与科研、职业教育实施等相关活动。

（二）州政府

瑞士由 26 个州组成，每个州政府负责职业教育管理的是各地的职业教育和培训办公室。该部门主要负责对职业教育的监管工作，包括对职业学校的监

---

① 贾文胜，梁宁森. 瑞士现代学徒制"三元"协作运行机制的经验及启示 [J]. 职教论坛，2015（25）：38-43.

管、企业与学徒合同签订与执行的监督，同时还为学徒提供教育信息咨询和职业指导服务。此外，州政府还参与调查和协调州内学徒岗位市场供需关系，负责职业教育体系的完善工作。

（三）企业

瑞士是一个自然资源相对匮乏的国家，它的经济结构以资源进口和产品出口为主导，优势产业主要是制造业和服务业，且瑞士99.7%的企业都是中小企业。因此，瑞士的中小企业是瑞士现代学徒制人才培养模式的最重要的参与者，其在实施过程中的地位超过了职业院校。学徒所需要的岗位、培训场所、设备、培训师等都是由企业提供的。

（四）行业协会

行业协会也是瑞士现代学徒制人才培养模式的主要参与者之一，是企业、政府和学校之间的纽带，负责制定培训目标、内容、标准，同时也受州政府的委托为职业资格考试和技能考核出题，并协助组织考试和行业培训。由于瑞士的企业绝大部分是中小企业，它们无法单独开展学徒培训工作，因此出现了跨企业培训机构，即由行业协会组建的、多企业参与的培训中心。该培训中心一方面为学生提供了更多的职业能力培训课程；另一方面承担了企业的一部分培训任务，降低了企业培训的成本。

（五）职业学校

瑞士共有200多所职业学校或培训中心，其40%的教师都是兼职教师。职业学校主要负责对学生进行专业知识和一般知识教育，其目的是帮助学生通过职业资格考试。

这些参与主体发挥着各自的作用，共同保障学徒的培养效果。在这过程中，形成了利益保障机制、教学运行机制、沟通协调机制和质量监督机制。其中，利益保障机制指的是各合作主体通过现代学徒制人才培养模式激发、协调和保障自己的利益需求；教学运行机制指的是各合作主体围绕人才培养的目标来确定教学内容，其最重要的是协调不同主体间教学任务的不同并合理进行分工协作；沟通协调机制指的是各合作主体如何协调由于各合作主体之间的不同诉求而产生的冲突；质量保障机制指的是各合作主体通过多种方式来确保现代学徒制人才培养模式能培养出满足企业和社会需求的高质量人才。

三、瑞士现代学徒制人才培养模式的经费来源

瑞士现代学徒制人才培养模式的经费来源主要是政府和企业。其中，企业承担了约60%的费用，这部分经费主要用于支付学徒工资和培训费用；联邦政

府和州政府分别承担 10% 和 30% 的费用，联邦政府提供的经费主要用于职业教育的补贴和发展，而州政府提供的经费主要用于办学费用和职业指导。

参与学徒教育的学生不仅不需要支付学费，还能领到企业提供的学徒工资。参与学徒培训的企业虽然支付了一定的费用，但也从中获得了很大的利益。2014 年，瑞士参与学徒培训的学徒共创造了 58.24 亿瑞士法郎的生产输出，净效益高达 4.74 亿瑞士法郎。学徒之所以能创造如此巨大的效益，主要原因是学徒有稳定的生产输出且他们的工资较低。

第二节　瑞士现代学徒制人才培养模式的核心要素

瑞士现代学徒制人才培养模式的顺利运行要归功于政府部门的关注与相关政策的保障、社会各界的广泛支持、完善的运行机制等。该人才培养模式的运作机制呈现制度化、规范化的特点。其核心要素包括以下几点：

一、参与主体共同分担权、责、利

瑞士现代学徒制人才培养模式顺利运行的一个主要因素是确保各参与主体在参与学徒培训时实现共赢。学徒追求的是自身的发展空间和发展方向，期望可以学到知识和技能，利用学到的知识和技能获得相对高的工资以及光明的发展前程；政府部门追求的是造福社会，利用该人才培养模式为各行各业提供高质量的人才，实现经济增长与人民安居乐业、幸福生活的目标；行业协会追求的是维护本行业的技能传承，增强本行业的竞争力；企业则是为了发掘人才，为企业储备人才。由此可见，在现代学徒制人才培养模式下，不同的参与主体所追求的目标是不同的，在一些特殊场景下，这些参与主体之间可能产生冲突与矛盾。因此，能否保护参与主体在该模式中的合法合理的利益诉求，维护参与主体的权利，关乎现代学徒制人才培养模式是否成功。瑞士现代学徒制人才培养模式可以顺利运行的关键在于它在充分考量各参与主体的利益诉求的基础上，建立了公平、公正的成本分担机制，并通过多种方法提高了各参与主体的积极性①。

显而易见，该模式的运行成本较高，因而公平、有效、合理的成本分担机制尤为重要。基于此，瑞士政府将学徒制运行经费划分为公共经费、行业经费

---

① 陈衍. 走进瑞士学徒制 [J]. 职业技术教育，2014 (27)：4.

以及职业教育基金。公共经费主要是由联邦政府和州政府负责，州政府负责该经费的四分之三，联邦政府负责该经费的四分之一。联邦政府负责的公共经费主要用于职业教育准备活动、职业院校的运作、专业技能课程的实施、职业资格认证四个部分。行业经费用于购买实践设施，支付企业师傅的工资、实践所耗费的材料费用等。职业教育基金则是属于鼓励企业加入学徒培训的激励基金，用以维护参与学徒培训的企业的相关权益。瑞士现代学徒制人才培训模式的资金来源多种多样，相关参与主体的责任分工十分清晰、明确。这些因素为瑞士现代学徒制人才培养模式的成功运作奠定了基础。

二、多方协作，保障培训效果

传统学徒制人才培养模式的教学形式是通过让学生观察、模仿师傅技能来实施教学。这样的人才培训模式虽然能够使学生对技能操作比较熟悉，但运作效率却十分低下。一般情况下，它的学徒期为 4~6 年。随着现代科学技术水平的提高，在传统学徒制人才培训模式中成长的人才难以贴合相关行业的发展要求。因此，将学徒培养模式向结构化、规范化发展，既能满足学徒所学内容知识形态变化的需要，还能满足当下社会科学技术不断发展的要求。

瑞士现代学徒制人才培养模式的顺利运行依赖于政府部门的调整与帮助、各行各业的大力支持、职业院校的倾力配合。在这个过程中，该模式逐渐得到完善，并朝着规范化、系统化的目标迈进。从学徒培训的机构应当承担的培训责任来看，其课程内容总共分为三个部分：职业学校培训课程、企业实训课程、行业实践课程。职业学校承担着学生的文化课知识的培训以及相关专业的理论课程培训任务，既要教学生学会走上职业道路所必需的理论知识，还要让学生挑选联邦政府职业文凭（FVB）的预备课程。企业实训课程的总体目标是，学生应该在企业师傅的引导下，完成提前被教学化处理的工作内容，掌握胜任岗位所必需的职业技能。企业实训课程可以由一家企业承担，也可以由多家企业共同承担。行业实践课程的主要作用是弥补职业学校培训课程以及企业实训课程的不足之处。它为学生传授本行业内所有企业都适用的知识技能，增强学生在工作岗位上的竞争力，培训地点一般是行会所管理的第三方培训机构。不仅如此，为保证学徒培训的运行效率，瑞士政府颁布了一批法律法规和政策，以规定学徒培训各参与主体的权利和责任，保证教学可以顺利实施。以培训学生掌握立式带锯床技术为例，职业院校学生熟悉立式带锯床技术的构成、功能、工作原理；企业实训课程教授学生怎样在工作一线岗位上操作立式带锯床，进而锻炼学生的实际动手能力；行业实践课程教授学生怎样解决操作立式带锯床中可能出现的挑战性难题。

三、畅通的沟通渠道

现代学徒制人才培养模式的构建并不是由单个主体独自实施的，而是通过拥有不同利益诉求的主体相互合作实现的。由于不同参与主体对现代学徒制人才培养模式的利益诉求不可能在任何时间节点上都能准确实现对接，特别是随着参与现代学徒制人才培养模式的利益相关主体的范围日益扩大，任何主体之间都有可能发生利益冲突而导致现代学徒制人才培养模式运行失败。因此，构建畅通的沟通渠道是化解潜在冲突、深化合作程度的关键举措，对现代学徒制人才培养模式的顺利运行具有至关重要的作用。基于以上原因，瑞士政府从国家层面到地方层面都建立了利益协调沟通渠道，以帮助各参与主体实现利益的最大化，确保所做的决策是在充分考虑不同参与主体利益诉求的基础上做出的。①

四、较完善的质量保障机制②

学徒培养质量是评判现代学徒制人才培养模式运行效果的首要标准。只有将这一标准放在重要位置，才能使现代学徒制人才培养模式获得社会的高度认可。基于上述原因，瑞士政府充分重视学徒培养质量，构建了由联邦政府、州政府、行业协会来共同实施的质量保障框架。在这一框架下，联邦政府从宏观层面构建质量保障框架，为学徒制度的有效推广提供指导；行业协会作为专业机构，负责制定国家质量资格标准和企业培训内容；州政府的责任在于负责监督、管理本地企业、学校的相关工作，有效组织最后的资格考试。三方主体各司其职、相互合作，以保证学徒能力规格能满足市场实际需要，提升学徒培训的质量。瑞士政府还联合一切可能的力量来共同完善学徒培养的质量标准，主要从以下两个层面着手：

第一，建立学徒培训企业的资质标准。从实际情况来看，很多企业并不具备现代学徒制度人才培养的资质，企业若想获得该项资质，必须向政府递交申请，通过审核后才具有招收学徒的资格。

首先，若企业有为学徒提供工作岗位的意愿，就应该在州职业教育信息处

---

① 贾文胜，梁宁森. 瑞士现代学徒制"三元"协作运行机制的经验与启示 [J]. 职教论坛. 2015（25）：38-43.

② 罗建河，陈梅. 似而不同：瑞士、德国职业教育体系中的"学徒期制"比较分析 [J]. 职业技术教育. 2015（25）：74-78.

进行咨询，从而获取需求信息。其次，企业根据获得的信息与企业自身实际能够提供的岗位，拟订人才培养规划，形成一定的规范，并在州职业教育处培训咨询人员的引领下，有效落实每一项工作。培训咨询人员与培训委员会成员一起对企业进行资质评估，主要评估企业的以下几个方面：企业培训内容与培训条款提出的每一项要求是否符合，企业内部担任培训工作的人员是否具有符合要求的专业素养与能力，企业环境是否达到标准，等等。

第二，完善职教师资标准。瑞士在落实现代学徒制人才培养模式的过程中，是在三个不同地点完成每一项操作的。由此可知，学徒培训具有多元化、复杂化的特征，单一类型的教师不可能完成所有教学目标与任务，因此不同类型的教师必须具备相应的职业素养。根据培训地点的差异，可以对教师进行分类，即职业学校教师、培训中心教师和企业培训教师。企业培训教师的任职资格具有特殊性。也就是说，如果教师想要在企业内部承担学徒培训的工作，那么就必须获得职业教育培训人员资格证书。一般情况下，该证书由联邦政府或者州政府提供。瑞士政府也关注到培训内容的差异，并针对不同培训领域，设置不同资格证书。只有完成了两年制非正式学徒培训的毕业生才能够获得联邦职业教育证书。学生获得该证书意味着其已在某一职业领域内掌握了基本的专业知识和操作技能。通过3~4年的正式学徒培训后，学徒可获得联邦职业教育毕业文凭。该毕业文凭证明文凭获得者具备了从事某一职业的职业能力。联邦政府颁发职业资格证书，州政府组织考试，行业组织负责拟定相应标准。综上所述，瑞士政府从培训内容、师资力量、证书获取方式等诸多角度对学徒培训过程展开合理、有效的质量监督，并且取得了一定成效。

第三节　瑞士现代学徒制人才培养模式的特点①

在瑞士，学徒培训的时间大多在2~4年，在培训的过程中，企业、职业学校、培训中心都会参与其中。学徒除了接受义务教育外，还需要和企业签订合同，合同则需在同业公会或教育部门进行备案，之后学徒才能成为正式的学徒。另外，学徒在企业进行培训时，还必须保证每周有2天在职业学校学习理论知识。如果学徒的合同期满，并通过了考试，联邦政府就可以为他们颁发技能证书。瑞士现代学徒制人才培养模式具有以下特点：

---

① 陈衍. 走进瑞士学徒制 [J]. 职业技术教育. 2014 (27)：4.

一、对学徒职业生涯进行全程指导

在瑞士，政府在职业教育与普通教育衔接方面做了许多工作，以帮助学生顺利从义务教育过渡到职业培训。瑞士政府专门成立职业指导中心，为处在过渡阶段的学生提供理论指导与咨询等。职业指导中心的工作人员的主要工作就是在学生就职前，为他们提供详细的指导，使他们对自己的职业有一定的规划，并对自己的能力有比较清醒的认识，帮助他们选择适合自己的学徒培训岗位。此外，在学生在校期间，政府还需要对他们进行职前准备教育。学生在接受义务教育的第七年，瑞士政府会对他们进行职业指导，教师也会发挥引导功能，对学生进行职业启蒙教育，使他们对岗位知识有所了解，并向他们简单讲解当地的产业类型、经济结构等，并组织学生展开讨论，引导学生进行合理的职业选择。当学生对职业方面的知识有所了解后，学校可以推荐他们进入职业指导中心，接受比较专业的职业教育。职业指导中心采取独立运营的方式，不依附于其他机构、学校。只要学生对学徒培训有意向，职业指导中心都可以提供咨询。

二、严格的教师资格标准

在瑞士，对学徒培训的工作人员、教师的资格标准有比较严格的要求。具体内容如下：第一，企业师傅要取得联邦职业教育培训文凭或者拥有同等的学历。企业师傅还需要有至少两年的工作经历，获得培训人员资格证书，并完成不少于100小时的培训。第二，职业院校的专业课教师需要具备与所教专业相关的高等教育文凭，拥有至少六个月的工作经验，获得普通高中教师资格证书，完成专科阶段的职业教育教法培训课程。第三，职业院校的通识课教师必须获得普通高中教师资格证书，完成职业教育教法培训课程，且培训时间不少于300小时，完成和专业有关的大学培训课程。

三、丰富的资金来源

学徒培训和普通教育有较大的区别，需要更加专业的设备以及更高的成本。政府考虑到学徒培训这方面的特点，在资金方面投入了较大的精力。在2004年，瑞士发布了《瑞士联邦职业教育法》，调整了瑞士的教育经费机制，增加了对中等职业教育的投入，保障了职业教育的资金来源。相关数据显示，瑞士政府为每位学生的职业教育培训工作投入了大量资金，比经济合作与发展组织（Organization for Economic Co-operation and Development，OECD）的成员的平均水平高 68%。目前，瑞士职业教育的资金主要来自联邦政府、州政府、行业协会，且大多用于职业学校和专门的培训中心。瑞士在学徒培训方面拥有丰富的资金来源，因此学徒不用交学费就可以进入合适的企业，并参与学徒培训。

四、企业的积极参与[①]

企业的积极参与是瑞士现代学徒制的一大特点。在瑞士，30% 以上的企业向学徒提供岗位，500 人以上的大型企业参与现代学徒制的比例在 90% 以上。瑞士企业参与度高的原因主要包括以下四点：

第一，建立稳定的现代学徒制治理结构，提供有力的组织保障。《瑞士职业教育培训法》明确规定了对现代学徒制负有责任的三方，即联邦政府、州政府以及劳动力市场组织（包括行业协会和工会，后者起次要作用）。首先，瑞士联邦政府主要负责现代学徒制的顶层设计和战略指导，具体责任包括制定相关法律法规、保证学徒培训质量、保证现代学徒制在全国范围内的可比性和透明性。其次，瑞士各州政府通过立法明确州政府对现代学徒制应负的责任。每个州设有学徒制办公室，负责各州职业学校的组织和运行，管理学徒合同，监督职业学校学徒计划的执行。各州还负责职业中心网络的经营，主要为青年和他们的家属提供学徒职业指导和岗位咨询，帮助他们选择适当的学徒岗位。各州还负责为达到技术和人力资源准入要求的企业颁发学徒制教育许可证，监督企业的教学过程，确保提供学徒培训岗位的企业满足国家的质量标准。最后，由雇主们组成的行业协会是瑞士现代学徒制的第三个关键合作伙伴。瑞士政府和教育界都很清楚现代学徒制是为满足产业发展的需要而设计的。从某种意义上说，行业协会是现代学徒制的真正驱动力。行业协会根据企业要求，制定现代学徒制的培训标准、选择培训内容、明确评价标准和考试程序，而且每年还会根据经济形势的变化，率先确定需要开发的、停止的或修订的学徒制计划。联邦政府、州政府、行业协会分工明确，各司其职又通力合作，建立了稳定的治理结构，提供了强有力的组织保障，为瑞士现代学徒制的正常运转和人才培养质量服务。

第二，积极发挥行业协会的重要作用，有效抑制企业培训投资的外部性。瑞士目前有 600 多个行业协会。在学徒制劳动力市场组织中，由各企业组成的

---

① 黄蘋，黄光芬. 瑞士现代学徒制中"囚徒困境"的解决方案与启示 [J]. 云南行政学院学报，2017（3）：142-147.

行业协会肩负的责任最为重大，主要表现在两个方面：

①行业协会深入参与现代学徒制人才培养，增强企业参与现代学徒制的动力。首先，在联邦政府和州政府的密切配合下，行业协会根据企业的实际需要，开发学徒制计划，制定课程标准，搭建课程框架，开发课程内容，并且每三到五年修订一次。目前，瑞士的行业协会已经开发了约240种职业的学徒制计划。这些学徒制计划把每种职业的要求分解为具体的专业技能、方法技能和社会技能，并指定每种技能的学习地点，明确这些技能学习的先后顺序和应用方式。例如，语言表达技能培训在职业学校进行，其应用在行业培训中心和工作场所进行；职业素质原理的学习在职业学校进行，其应用在行业培训中心进行。其次，学徒期满，由行业协会组织统一的考试，学徒通过最终评估后，每种职业都可以获得一个资格证书。该证书在瑞士全国通用，保证了学徒制的透明度和标准化。最后，行业协会为企业准备培训材料，并监督工作场所相关的学徒制评估过程。企业也更愿意与行业协会分享他们培训学徒的经验，而不太愿意接受政府的监测。通过以上措施，行业协会确保每种职业的现代学徒制课程内容与行业技术发展保持一致，可以保证学徒快速适应劳动力市场的需求，保持学徒技能的高水准和持久性，从而避免产生学徒技能与劳动力市场需求不匹配的问题。同时，新技术融入学徒制的教学过程中，对企业产生溢出效应。

②行业协会作为社会权威机构，监管着劳动力市场的流动，以避免企业间的恶性竞争。行业协会向企业大力宣传提供学徒岗位培训的好处，让企业明白雇用一个学徒的好处，鼓励企业参与学徒培训，提供学徒岗位。如果企业不愿意提供学徒岗位培训，行业协会可以把这些企业从知识共享中排除出去，抑制企业的"偷猎"行为，避免企业投资的外部性。同时，行业协会可代表学徒与企业就工资进行协商，以保障学徒的权益，降低学徒在学徒期满跳槽的比例，维护劳动力市场的稳定。学徒在企业的时间越长，企业的投资回报就越高，间接增加了企业投资现代学徒制的收益。

第三，建立现代学徒制成本共担机制，保障企业投资收益。瑞士学徒制对大多数企业是有利可图的，因此"因徒困境"在出现之前就已经被解决。2009年，瑞士的学徒的生产总值达58亿瑞士法郎，企业培训学徒的总成本为53亿瑞士法郎，故企业通过培训学徒可产生5亿瑞士法郎的收益。

作为经济组织，企业追求利润无可厚非。为了保障现代学徒制的可持续发展，瑞士建立了现代学徒制的投资成本共担机制，以保障企业投资收益。首先，在经费投入上采用公私合营的方式，即行业协会和企业只提供总经费的60%，而剩下的40%经费由瑞士联邦政府和各州政府提供。瑞士联邦政府和州政府提供的公共资金主要用于职业学校的运行以及建立职业指导中心，并不直接用于资助参与学徒培训的企业。行业协会和企业提供的经费主要用于工作场所培训和行业培训中心的运营。其次，瑞士建立了现代学徒制第三方学习场所——行业培训中心，大大降低了企业学徒培训的成本。在行业培训中心，学徒们学习和应用全行业适用的基本的知识和技能，如商务沟通技能、语言技能等。这比每个企业自己培训学徒更便宜。最后，学徒工资不高，能保障绝大多数企业从学徒培训中获利。学徒工资是企业提供学徒培训的最大的成本，但瑞士企业支付学徒的工资不高。瑞士学徒第一年工资的平均水平为400瑞士法郎，而学徒期最后一年为1 400瑞士法郎，仅占正式员工工资的三分之二甚至更少。企业和学徒在工资上自行约定、达成一致，大多数企业遵循行业协会推荐的学徒工资标准。同时，行业协会制定的学徒培训标准也能保证学校培训成本、企业培训成本和学徒工资之间的平衡，通常从第三年起，企业就可以从学徒培训中获得净利润。

第四，健全相关法律制度，避免企业"搭便车"行为。为了应对劳动力市场的快速变化和更好地服务经济社会的发展，联邦政府在1978年将《职业培训法》与《职业教育法》合并为《职业教育与培训法》，并于2004年对其进行了修订。该法对现代学徒制的各个方面都做出了详细规定，如职业学校的建立、教学大纲的制定、学徒合同的签订、接收学徒的企业的标准、企业师傅标准、考试的组织和资格证书的颁发等。更重要的是，为了激励企业提供学徒岗位，抑制某些企业在学徒培训中的"搭便车"行为，2004年修订生效的新的《职业教育法》明确规定：根据行业协会的要求，联邦政府宣布整个行业中的所有企业，不论是否提供学徒培训，都要缴纳职业教育基金，然后再由联邦政府统一分配和发放该基金，联邦政府每年根据经济发展状况确定和不断调整缴纳比例。职业教育基金的目的是让同一个行业中所有企业共同承担职业教育系统的成本。因此，这种筹款方式使得同一个行业内的企业对学徒培训的投入大体相当。职业教育基金由行业协会管理，专款专用，力图让行业中所有企业获得利润。例如，行业协会把一部分职业教育基金用于建立专门的学徒教育机构——行业培训中心，为学徒岗位申请人提供专业通识知识和技能培训，大大减轻了提供学徒培训的企业的经济压力。对企业而言，职业教育基金是强制性的，必须严格服从。企业缴纳职业教育基金是瑞士现代学徒制长效发展的重要保障。

第八章　意大利现代学徒制
人才培养模式

第一节　意大利现代学徒制人才培养模式的概况

一、意大利现代学徒制人才培养模式的内容①

2008 年 10 月 29 日，意大利参议院通过了教育改革，其主要内容是在接下来的五年内，削减大学的教育经费。根据意大利的基本学制，6~16 岁为义务教育年龄段，16~18 岁为义务教育或培训阶段，超过 18 岁是高等教育阶段。高中教育可分为职业技术教育和普通教育，且职业技术教育包括职业学校、技术学校及艺术学校的教育。

根据意大利的有关法律规定，其目前所实施的学徒制主要包括企业内培训和企业外培训两种形式。企业内培训的最鲜明的特征就是在工作中学习，并辅以相应的技术指导；企业外培训往往是由其他非企业组织负责的技术培训。

在意大利现代学徒制实施之前，意大利政府一直饱受"顽疾"折磨。其主要表现在以下三个方面：首先，青年在劳动力结构中所占比例低。2010 年的调查数据显示，在意大利所有人口中，青年只占 10.1%，而超过 80 岁的老年人则占 5.8%，人口老龄化十分严重。此外，在 18~34 岁的人口中，只有初中教育水平，并且是所谓的"啃老族"的 NEET（not in education, employment or training）也占有极高的比例。其次，意大利的高等教育完成率较低。2010 年，意大利的高等教育完成率仅为 19.8%，远低于欧盟其他成员的高等教育完成率。这也反映出意大利具有极高的高等教育辍学率，不利于青年人的成长，同时也极大地浪费了高等教育资源。最后，已有的学徒制吸引力不足，难以满

---

① 吴全全. 意大利现代学徒制培训简介 [J]. 中国职业技术教育，2009（22）.

足劳动力市场的需求。学徒制以劳动合同的形式存在，主要目的是完成培训工作。学徒制已经在意大利实行多年。学徒制被认为是从学校向工作过渡的主要途径。所以，意大利政府一直以学徒制来解决该国的失业问题。

二、意大利现代学徒制的基本形式

目前，意大利的现代学徒制包含三种基本形式，其中和教育体系相关联的有两种，第三种则以就业为目的[①]。详细介绍如下：

第一种是为青年人服务的学徒制。它一般是面向已结束义务培训阶段且超过18岁的青年人。它通常通过以下三种方式来实现：①学校系统中的高中阶段教育；②进行全日制职业教育培训课程；③通过"学徒合同"，来开展工作。当这些年轻人作为学徒被企业雇用时，他们需要通过脱产培训获得国家及社会认可的职业资格证书。由于接受高中阶段学校教育的学生数量正在不断上升，而很少有学生通过第三条路径来进行培训，所以该形式的学徒制主要是通过学校系统中的高中阶段教育来实现的。

第二种是针对拥有文凭或大学学位的人的学徒制。该形式是对法国培训模式的创新。在该形式学徒制下，企业雇用的学徒享有与正式员工同等的工资待遇。此外，企业也会对学徒进行相关教育并使他们参与培训项目，学徒最终可获得更高水平的文凭或大学学位。意大利劳动部在提出这个项目时，先在意大利北部最大企业进行试验，但令人遗憾的是，该试点吸引力不强，总共参与人数不超过1 000人。

第三种是实用性很强的学徒制，即"职业学徒制"。其最鲜明的特征就是具有职业导向性，主要面向18~29岁的青年人群，且参与人数比较多。该学徒制主要是针对某一技能或能力证书、职业资格来进行的，要求学徒每年必须参加企业授权机构开展的专业培训，且不低于120个小时。

从某种意义上来说，意大利学徒制属于经济体系，虽然和教育体系具有一定的关联性，但绝不是教育体系的一个部分。因此，意大利学徒制在正规教育体系中难以立足，且参与人数较少。这也就使得通过职业学徒制培养出来的青年人虽然具备企业所需的职业素养，但人数过少，无法满足劳动力市场的需求。自1996年起，意大利学徒制一直经历着各种现代化的变革。虽然改革取得了一定的效果，但这些远远不能改变"学徒合同"的全貌。总而言之，在

---

① 匡瑛. 史上层次最高的学徒制——意大利高等学徒制之述评 [J]. 全球教育展望，2013 (4)：112-119.

老龄化日益严重、学徒培训效果不明显、青年就业量严重不足的困境下，意大利政府仍然延续着 1996 年的学徒制改革方向，并在不断为之努力。

第二节　意大利现代学徒制人才培养模式的核心要素[①]

与其他西方国家的现代学徒制人才培养模式相比，意大利现代学徒制人才培养模式的核心要素主要有以下两点：

一是针对不同的培训人群，分阶段开展学徒制培训。意大利的学徒制人才培养模式主要包括强制性的学徒制培训、职业学徒制培训、高级证书教育与培训三个阶段。在强制性的学徒制培训阶段，学徒需要历经三年的培训期。该阶段的学徒制培训主要面向 15~18 岁没有完成义务教育的人员，通过对他们进行在岗或脱产培训，使其获得相应的职业资格。按照意大利的法律要求，参与者每年都应进行企业外培训，且时长不少于 240 个小时。在职业学徒制培训阶段，学徒需要历经 2~6 年的培训期。该阶段的学徒制培训主要面向 18~29 岁人群（若参与者为 17 岁，但已完成义务教育，也可进行培训），通过对他们进行在岗或脱产培训，使其获得相应的职业资格。在该阶段，参与者每年进行企业外培训时长不少于 120 个小时。高级证书教育与培训阶段并没有明确的法律培训时限要求，主要面向年龄在 18 岁及以上的具备熟练工人资质的人员，通过对他们进行培训，使其获得大学文凭或相关培训二级证书。

二是学徒制培训内容与工作内容对接。当前，意大利许多城市都颁布了新学徒制实施方案，强调学徒制培训内容与工作内容的一致性。如在 Marche 地区，2005 年 2 月发布的《Marche 地区职业学徒制适用法》于 2006 年正式实施。Emilia Romagna 地区也发布了一些法律规定，如政府为企业颁发（培训）特许证书，对学徒进行以工作内容为基础的职业培训，企业负责一半的学徒培训费用等。

第三节　意大利现代学徒制人才培养模式的特点

意大利在 2004 年正式开始实施高等学徒制计划。这种学徒制的培训目的

---

① 吴全全. 意大利的学徒制培训——发展与挑战 [J]. 世界职业技术教育，2009（3）：10.

是令学徒获取文凭、大学学位或高等教育资格证书。学徒不仅需要进行脱产培训，还要进行专业的正式或非正式职业培训。为此，政府制定了相应的国家课程标准，其有 1 006 名学徒、26 所大学、超过 400 家企业参与进来。此外，博士研究生也可以采用这种"学徒合同"。试点结果证明，这种改革效果十分显著。实施改革后的学徒制的特点主要体现在以下几个方面①：

一、教育系统与经济系统合作的学徒制度

传统学徒制的主要目的是提高受训技术工人的操作技能，所以它与经济系统的联系十分紧密，并表现为技能培训方式。从 20 世纪末开始，劳动力市场对复合型、高层次的技术工人需求量非常大，这种"知识工人"型人才也逐渐发展为劳动力市场的主要需求。

为了应对意大利劳动力市场的需求问题，更好地解决已存在的教育、经济问题，意大利对学徒制的改革可以大大提高学徒培训水平，使其脱离原有的非正规、技能型、低层次形象。通过和正规教育系统合作，学徒教育纳入正规学制体系，具有明显的创新性。

二、个性化的学徒培训计划

政府在制订培训计划的过程中，一定要重视工作在学习中占有的重要地位，可通过大学与企业的多次协商来实现工作和学习的有机结合。一般而言，要确保不少于两次协商过程：一次协商培养框架，一次协商具体的学习内容。

在这种机制下，各参与主体能够有效地为学徒制订相应的个性化培训方案，即每个参与主体都有属于自己的培训方案，这实现了"度身定制"的理念。其所带来的好处也很明显，即培训有效性得到大幅度提高，而辍学率大大下降。

三、项目化的学习内容

高等学徒制的核心是学习，其全部活动（包括工作）都是为学习而服务的。在这种理念的影响下，要想更好地推动学徒学习，不管是在大学开展的培训计划，还是在工作场所实施的培训计划，都采用项目化的工作、任务的形式来实现学习内容的有效整合。在此之前，大学中的学习总是围绕着学科知识展

---

① 匡瑛. 史上层次最高的学徒制——意大利高等学徒制之述评 [J]. 全球教育展望, 2013
(4)：112-119.

开的，不会涉及企业的工作项目。这项改革的实施，使知识的表现形式从结构上发生变革，也使学生在工作的知识结构中获得学习的乐趣，从而可以掌握和运用学习到的知识。

四、双导师共同指导模式

在教育系统与经济系统合作的基础上，师徒带教的方式也得到创新。学规合同规定，应由大学教师及企业师傅共同承担一名学徒的带教工作，从而更好地实现培训计划。相较于传统学徒制的师徒带教的方式，双导师制具有一定的创新性。其优势不仅在于学徒多了一位导师，更重要的是师徒带教重心的转移。在过去的师徒带教关系中，学徒多是师傅的助手，所能学习到的也只是与师傅工作相关的知识与技能；但应用双导师制后，教师和师傅为了教导学徒而联合起来，使学徒摆脱了原有的边缘助手的角色，而处于师徒带教关系的重要位置。换句话说，当前实施的学徒制人才培养模式注重的是学徒的有效学习，而不是为了完成师傅的工作而开展的学习。

但我们必须承认的是，意大利政府的大力推广、积极的政策导向和经费支持使得这些创新得以实现。一般情况下，意大利学徒的工资为一般工人工资的70%~80%，在整个欧洲都是比较高的，如英国学徒就只能得到一般工人约一半的工资。由此可以得知，增强这个项目的吸引力离不开强大的财政支持。

第九章 西方现代学徒制人才
培养模式的经验总结

第一节 西方现代学徒制人才培养模式的特征

西方各国的现代学徒制人才培养模式各有其特色，具体运作各不相同，但相较于传统学徒制，西方国家的现代学徒制人才培养模式也具有一些共同特征。具体内容如下所示①：

一、政府在现代学徒制的管理中起主导作用

许多西方国家将现代学徒制作为整体经济发展中的一个重要战略环节对待，在经济、法律和政策上都给予支持。比如，许多西方国家为了推动学徒教育的发展，出台了专门的法律法规，从而保障了学徒的劳动安全和受教育的充分度。许多西方国家也建立了相应的机构，对其进行按时定期管理和监督，从而确保学徒制实施的规范性。许多西方国家采取的管理思路主要是分权、分级、分块。概括来说，这种模式就是中央分权给地方，然后地方实行分级管理。一般来说，其组织和管理可分为四个层次：中央政府从宏观层面进行规划，并对地方政府进行领导；独立的政府机构具体负责项目的开发，并制定具体规范；地方的教育管理机构和行业协会具体负责学徒制的管理工作；企业和职业教育机构具体实施培训。

二、参与主体众多

由于西方现代学徒制人才培养模式的参与主体众多，故其整个合作机制相

---

① 李梦玲.中西现代学徒制比较研究——基于政府职责视角 [J]. 职业技术教育，2015（7）：29-34.

对均衡稳定。参与主体主要是指政府、行业、工会和学校。在这四方中，行业和工会的力量需要被特别重视，因为它们分别代表雇主和雇员。它们既要保护学徒的利益，也要保证企业的利益需求得到满足。如果能够平衡，学徒制就能够持续稳定地运作下去。

三、以企业为核心的人才培养模式

现代学徒制人才培养模式要求将理论知识学习和技能学习结合起来。学徒在学校接受理论教育，在企业进行技能学习。学校和企业共同培养出合格的技能型劳动者。在整个合作机制中，企业发挥着核心作用，政府和学校则发挥着辅助作用。具体体现在以下两个方面：①企业是职业能力标准的主要制定者。最终检验职业教育培养的人才是否有用的是企业，而非其他主体，故而职业教育的培养标准和规格要满足企业的需求。对企业的需求最了解的就是企业自身，而不是政府或者学校。②企业是学徒培训的主要场所。虽然学徒在学校接受基本的理论教育，但是企业将实践作为学习的重要内容，从而对人才进行进一步培养。职业学校或者培训机构所起的作用是为企业技能培训提供理论基础教育，并补充具有较大可迁移性的普通技能。

四、学徒的双重身份

在西方现代学徒制人才培养模式中，学徒具有双重身份，他们在职业学校里是学生，在企业中是学徒。在整个培养模式中，学生首先要从企业中获得合适的职位，才有成为学徒的机会，进而获得某个职业学校的学生身份。"学徒"身份将学徒界定为"企业的人"，如此企业才会愿意对学徒投入更多教育经费，有动力对其进行培养。学徒就不用过分依赖职业学校，而得不到实际训练。另外，学徒和正式员工的不同之处在于学徒获得的是企业提供的津贴，而津贴比正式员工的工资低，如此企业的培训成本就降低了。学徒制提升了企业培养人才的积极性。

五、统一规范的学徒培训标准

西方学徒制比较发达的国家基本上都制定了统一规范的学徒培训标准，以确保学徒在企业中接受充分的职业教育和培训。比如，德国、英国和澳大利亚等国家都出台了专门的法律法规对此进行了规定。这些国家出台的法规在全国范围内适用，是一种在全国统一实施的学徒培训标准。所有的企业都需要遵守本国的学徒培训标准。统一规范的学徒培训标准能够确保学徒在完成培训后达到一定的知识和技能水平。有的国家对此制定得比较详细，有的国家则出台了框架，由各地自己完善。

六、与国家职业资格体系的无缝衔接

西方现代学徒制人才培养模式和国家职业资格体系相关联。国家职业资格一般是由行业开发或被行业内各企业普遍接受的，一旦学徒获得了职业资格体系中的一种资格，也就会获得相应的资质证明。该资质证明可表明学徒达到了本行业所规定的技能水平。如此，学徒找工作的时候会比较有优势。这也会增强学徒制的吸引力。

第二节　西方现代学徒制人才培养模式的经验[①]

加拿大生活水平研究中心在对多个西方发达国家的现代学徒制人才培养模式进行研究以后，将其分为两种类型——北欧系统和盎格鲁-撒克逊系统。

一、北欧系统

北欧系统的代表国家是德国，其主要特征包括以下五点：

（一）系统全面的现代学徒制法律体系

北欧系统都建立了完整的法律体系。比如，德国对职业教育和学徒制的管理已经形成了公法和私法的一体化。早在 20 世纪 60 年代末，德国就颁布了专门的法律来明确双元制的法律地位，还规定了每个职工都享有职业教育的权利。此外，企业开展职业教育也必须按照法律法规的规定进行，要按规定制订培训计划、聘请有资格的教员、实施考试和监督制度。各联邦州还会颁布专门的学校法来约束本州的职业学校。这种制度使得属于私法范畴的企业和属于公法范畴的国家和政府有机结合，在职业教育中实现了一体化管理。

（二）规范合理的学徒培养过程

北欧系统的现代学徒制有两个关键词，即"双元"和"两段"。"双元"是指培训阶段中有两个培训主体共同参与，即培训企业和职业学校；"两段"是指整个培训阶段分别在企业和职业学校完成。在德国的现代学徒制人才培养模式中，企业推行职业教育能够为企业带来显著的经济收益。企业中也有专门

---

① 关晶.西方学徒制的历史演变及思考 [J]. 华东师范大学学报，2010，28（1）：81-90.

的实习和生产车间以及专业的指导老师。在企业中，学徒主要学习的是实践技能，且实训的时间约占整个培训时间的70%。职业学校以理论教学为主，教授学生基础理论和专业理论知识，使学生明白在企业实践中"为什么这么做"的问题。这部分培训时间约占整个培训时间的30%。

（三）畅通的现代学徒制经费渠道

现代学徒制人才培养的经费主要来自三种渠道——企业、联邦政府、联邦州政府。三者的费用承担比例为67:16:17，也就是说，企业承担最多。企业支出的费用主要用于培训设施器材、相关学习材料、教员工资、学徒津贴等。联邦政府和州政府的资金主要用于保障公立职业学校中教师的收入，确保其收入和普通公务员持平。

（四）合理的职业教育体系

相较于其他国家，北欧系统的职业教育体系已非常成熟，对现代学徒制的推行有不可忽视的作用。以德国为例，德国普通教育系统长期遵循保守政策，德国也长期维持着"三轨教育结构"，即主体中学、文法学校和实科中学。这种教育结构和教育策略，反映出强烈的社会分轨思想，从而刺激了企业界参与双元制的想法。社会分轨思想对双元制招生起到积极影响，保证了充足的生源。企业界认识到，职业教育与普通教育具有平等的地位，而且具有各自的特点。职业教育要求学徒具有一定的理论基础和学习能力，能够在较短的时间内学习和掌握企业所需的职业技能，而无须花费大量的培训时间和高额的培训成本。同时，学徒工在培训期间劳动产出的直接回报也较大，还有可能发展为企业的正式雇员。此外，职业教育每年向企业输出大量学徒工，得到企业界的赞誉，进一步提高了职业教育在教育体系中的地位。在此背景下，职业教育逐步发展为与普通教育具有相等地位的教育类型。可见，在德国"三轨教育结构"和社会分轨思想的影响下，双元制不仅能够获得充足的生源，而且社会地位也不断提高。但教育界并不看好这种局势。他们认为，把德国年轻人强制划分到三个不同的教育体系中，让他们接受不同的教育模式，最终掌握不同的生存技能，会引发严重的社会分流。这或许会对个体发展和国家发展产生负面作用，不利于德国的长期稳定发展，甚至会引发激烈的社会矛盾，应当引起德国政府和民众的关注。

（五）社会重视职业教育

北欧国家重视职业教育，有着良好的"崇尚技艺"的社会风气。以德国为例，在德国传统观念中，崇尚精湛的技艺，认为一个人的职业是上帝指派的"天职"，人尽其责是从事职业活动的基本要求。进入工业时代，德国人对机械充满敬意，在这样的社会背景之下，掌握独门技艺的人在社会上拥有很高的威望，并不比具有高等教育学历的人差。此外，德国政府与社会把人才视为国家进步的重要功力，对职业教育寄予厚望，甚至将其纳入国家战略体系之中，希望通过完善的职业教育体系向年轻人传授一门技艺，让他们立足于社会，并为国家的发展贡献力量。德国一直保持着企业参与学徒制的优良传统。在中世纪的行会学徒制中，企业雇主就已经参与学徒制。相较于欧洲其他国家，在中世纪，德国的行会在经济领域和政治领域都具有重要影响，是社会管理的重要力量。如今，多数欧洲国家的行会已消亡，但德国的行会仍旧是一种重要的社会团体，对德国学徒制的实施具有重要影响。一些学者提出，在德国，雇主参与学徒制的历史传统逐渐演变为德国企业界的特殊文化特征。这一演化过程又被称为"路径依赖"效应。德国重视职业教育和雇主参与学徒制等文化传统为德国双元制的成功奠定了文化基础。

二、盎格鲁-撒克逊系统

盎格鲁-撒克逊系统的代表国家是英国和澳大利亚。澳大利亚是现代学徒制人才培养模式成功本土化的国家之一。澳大利亚将学徒制和本土的受训生制度结合起来，创造出一种新的学徒制。1999年，澳大利亚开始实施新学徒制。2011年，新学徒制又更名为澳大利亚学徒制。

首先，澳大利亚建立了现代学徒制的国家框架。1995年，澳大利亚教育、就业、培训和青年事务部长会议制定了澳大利亚资格框架，把职业资格与教育、就业、培训联系在一起，建立了职业资格认证和学分转换的国家标准，并在全国通用这一套国家标准。该标准主要分为八级，不同的级别有自己的能力标准体系（Australian Standards Framework，ASF），标准体系的内容非常详细，具有很强的参照性。职业技能认证体系由培训包和职业认证框架共同构成。学徒完成了培训以后，就可以进行认证，一旦通过认证，就可获得和学历文凭互通并在全国范围内被认可的资格证书。此外，达到一定标准的学徒还可以进入高等的职业院校学习，也就避免了不同职业院校的重复培训。

其次，学徒制的展开主体为澳大利亚政府。它建立了许多培训服务中心，以确保学徒制的展开。目前，整个澳大利亚有300多所学徒培训服务中心。这些培训服务中心免费对社会开放和提供服务，帮助培训机构和学徒制定公平的培训协议，并对其提供政府的财政资助。在服务内容上，它也帮助有意向者寻找行业岗位和培训机构，为其安排合适的培训内容、时间；一旦学院和培训机构有意向签订合同，培训服务中心还提供审核合同的服务。澳大利亚鼓励社会各界加入学徒制，只要经过国家培训局的认可，无论是个人还是企业、机构等，都可以参与学徒培训。政府对积极参与者提供必要的经费支持和税收优惠。在这些参与主体中，技术与继续教育学院是主力军。多元化的培训主体有利于提升培训质量，保证培训主体的多样性和充分性。

最后，市场导向也是澳大利亚学徒制的突出特点。澳大利亚的学徒制以用户为导向，尊重学习者自身的意愿。学习者可以对学习的内容、时间、方式等进行自由选择，还可以选择考核方式，从而满足自己的实际需要。根据学习者最终选择的学校和方式，政府划拨相应的经费到教学主题中。如果学习者不满意当前的培训机构，还可选择其他机构，那么政府划拨的经费也随之转走。"用户选择"促进了培训机构之间的竞争，有利于提升培训质量。此外，用人市场也非常重要。政府重点支持用人市场急需的职业培训，对它的拨款经费也高于其他职业。学院的就业率和收入水平也决定了政府资助经费的多少。

第三节　西方现代学徒制人才培养模式对我国的启示

一、中西方现代学徒制人才培养模式的比较分析

现代学徒制人才培养模式的功能和作用，决定了政府必须在其中扮演重要角色。政府不仅是相关法律法规的制定和执行者，同时也是实际管理中的决策者，还是教育经费的主要提供者。[①]

（一）中西方国家职业教育法律体系的比较分析

我们从西方发达国家的现代学徒制实践中发现，在学徒制人才培养模式上比较成功的国家，一般都制定了非常完备的职业教育法律体系，从而确保该培养模式能够固定下来，并且持续稳定地运作。

①政府通过制定法律法规，确定了整个培养模式中各方的责任、权利、地位等。比如，德国政府建立的一套完整的职业教育法律体系在世界范围内广受瞩目，其核心的《职业教育法》更是发挥着基础作用。此外，在联邦和州层面，德国也有完善的法律法规对职业教育进行指导，共同保证了德国现代学徒制人才培养模式发展的稳定和健康。澳大利亚政府早在 1978 年就制定了《职业培训法修正案》，为现代学徒制人才培养模式奠定了法律基础，对企业的职

---

① 孙日强，石伟平. 国际视野下学徒制质量保障的实践举措与制度框架研究 [J]. 职教论坛，2015（25）：34-37.

权规定得非常详细，还详细规定了违约主体需要承担的责任，从而确保了澳大利亚现代学徒制人才培养模式发展的稳定。澳大利亚政府在 2009 年颁布的《公平工作法案》对学徒培养模式中学徒和企业均制定了奖励条款，进一步保障了学徒的权利。2009 年，英国政府出台了《学徒制、技能、儿童和学习法案》，使学徒制的管理和现代教育改革的趋势相一致，在整个教育领域内意义重大。英国由此结束了长达两百年的学徒教育法律的空白期。瑞士政府在 2004 年出台了新的《职业教育与培训法案》，明确了联邦政府、州政府和行会各自的任务和地位。

②政府通过立法为现代学徒制人才培养模式提供了稳定的经费支持。政府对该人才培养模式有筹集和提供部分经费的义务，但不能解决全部的经费问题。西方国家也在立法中明确了政府的经费支持义务。比如，美国就在立法中明确规定，联邦政府有义务每年为现代学徒制拨款 16 亿美元，地方政府要按照 1∶3 的比例进行配套经费划拨。澳大利亚联邦政府在 1992 年颁布的《职业教育与培训资助法》也确立了联邦政府和州/领地拨款机制，拨款的额度每年根据具体情况而变动。此外，对于社会中重点需要的职业，政府会给予重点支持，增强经费支持的力度。英国和瑞士等国家也为其学徒制提供了专门的经费支持。

与西方国家相比，我国虽然已经建立了以《中华人民共和国职业教育法》（简称《职业教育法》）为主体的基本的职业教育法律框架，并配套了部门规章和地方法规，但是中国的职业教育法律还存在一些不足，有待进一步完善。

①我国的相关法律没有明确现代学徒制人才培养模式的法律地位和企业参与的权、责、利。我国没有一部法律明确规定了现代学徒制人才培养模式的法律地位。由于身份的模糊性，现代学徒制人才培养模式中的部分内容缺乏法律的保障，如企业义务、资金来源、管理职能以及学徒培训等都有待法律来进行规范。与西方发达国家相比，我国立法中的一个最明显的缺陷便是对学徒制人才培养模式中的企业参与方式以及企业应当担负的责任和义务的规定比较抽象、模糊，不够系统化。在我国的《职业教育法》中，只有 5 条规定涉及企业，并且都是以"鼓励""可以"等指导性的语言表述，缺乏强制性规定，也未明确企业应当负担的责任与义务。如此，企业在学徒培训中的自由度太高，完全依赖企业自身的水平和觉悟。

②由于缺乏相应的经费立法保障，我国现代学徒制人才培养模式的经费不足。至今，我国都没有对职业教育与培训的经费进行专项立法，国务院也未出台相关政策。在已有的立法中，有关经费保障的内容也仅停留于宏观或一般性

的政策引导，对经费责任主体应承担的具体责任没有明确规定，导致在实施过程中因责任主体缺乏或模糊而造成经费无人问责的现象。立法不完善导致我国现代学徒制人才培养模式中存在资金短缺的现象。

③政府出台政策性文件代替法律。虽然目前我国已出台了十几部职业教育方面的规范性文件，但却缺乏更高层级的法律。这些文件虽然从各个方面对现代学徒制人才培养模式进行了一些规定，而且具有较强的实用性，但主要从各个具体问题出发，缺乏全局性。此外，政策性文件不能替代法律，因为它不具备法律的权威性，且其自身也存在局限性。因此，我国需要建立和完善相关法律来对现代学徒制人才培养模式进行宏观指导和规定。

（二）中西方国家职业教育管理体制的比较分析

西方发达国家为了推动现代学徒制人才培养模式的发展，大多建立了职业教育管理体制。虽然各国的具体的管理体制不同，但仍具有一些共同特征：

①政府一般都会建立一个负责统筹管理的最高机构，专门负责现代学徒制人才培养模式的管理，但也尊重其他主体在其中的自治管理，如德国的"联邦职业教育机构"、瑞士的"职业教育与技术署"、英国的"商业、技能与创新部"等。各国联邦政府建立了这样一个统一管理的最高机构，便于其对现代学徒制人才培养模式发展中的一些共性问题进行分析，从而保证该培养模式在全国范围内具有相对的统一性，方便其更好地在质量和标准上进行控制，同时，也发挥了各州自身的优势。各州在培训业务、政府拨款和职业学校方面具有较大自治权利，能够发挥协调和监督作用。这也把联邦政府的管理和各州的自治管理结合起来，为现代学徒制人才培养模式的顺利实施提供保证。

②政府建立了行业协会参与学徒培训管理的长效机制。在西方发达国家中，职业教育管理机构往往分为三级，即联邦、州、地区。以德国为例，在联邦一级，政府主要实施宏观管理和制定法律法规；在州一级，州政府负责对学徒培训的具体事务进行管理和监督；在地区一级，各个行业协会负责更为具体的工作。在现代学徒制人才培养模式中，行业协会是进行自治管理的重要机构，具有公法中的法人地位，能够作为一个法律主体参与具体管理过程，且具有一定的权威。联邦政府也通过各种财政补贴对行业协会提供支持，帮助它更好地履行职责。行业协会往往有一套自己的资格审定制度，从而增强了其在整个管理过程中的话语权，使其能够发挥更大的作用。

在我国，很大程度上由政府来主导职业教育管理，职业教育管理的决策权主要集中在中央。地方虽然也设立了不同级别的职业教育管理机构，但各类职业院校按行政隶属关系置于办学部门的直接管理之下。与西方发达国家相比，我国目前的现代学徒制人才培养模式还存在一些不足：

①政府没有建立专门的现代学徒制人才培养模式的管理机构。目前，我国教育部、人力资源和社会保障部共同管理和负责职业教育。虽然有多个部门共同负责职业教育的管理，可以发挥多方管理的优势，但是也存在多方管理的劣势，如部门之间职能交叉、管理分散、资源浪费等。与西方发达国家相比，我国政府尚未建立能统筹大局的职业教育最高管理机构。这不仅导致一些部门管理职能的交叉，也造成分属不同部门的职业院校各自为政等问题，严重制约了我国现代学徒制人才培养模式的长远发展。

②受体制限制，我国行业协会参与学徒培训管理受限。西方发达国家的行业协会在学徒培训管理中发挥着独特而重要的作用。我国的行业协会基本上没有参与学徒培训的过程，没有发挥应有的作用。行业协会本来应参与学徒培训管理，履行监督评价职能，但在我国，行业协会并未发挥这种职能。行业协会的角色的缺失使企业在学徒培训中缺乏引导。在我国，行业协会在学徒培训管理中缺位的主要原因是法律法规的缺失。我国的法律并未说明行业协会在学徒培训管理中的地位，导致行业协会在职业教育和培训方面参与不足。

（三）中西方国家职业教育经费保障体系的比较分析

西方发达国家之所以在现代学徒制人才培养模式上取得了非常明显的成果，是因为这些国家的政府对现代学徒制人才培养模式给予充分的支持，尤其是在经费方面。西方发达国家的职业教育的经费保障具有以下优势：

①政府通过立法和多元化经费筹措机制确保经费的来源。如前所述，凡现代学徒制人才培养模式发展得比较成功的国家，都建立了成熟的经费保障体系和多元化经费筹措机制。西方发达国家的经费来自政府拨款、企业资助、社会团体资助、税收倾斜、服务性收费等多种渠道，并体现出明显的社会化特征。特别是企业资助，在西方发达国家的职业教育经费中占的比例较大。因为学徒培训主要发生在企业，对企业的作用也最直接，所以企业是学徒培训的主要资金来源。企业对职业培训中心、培训师资和设备等的资金支持，推动了学徒制的发展。政府为了进一步提高企业参与学徒制的热情和积极性，对积极参与的企业给予各种政策上的优惠和税收上的优惠。以德国为例，德国企业可获得金额为它的培训费用的50%~80%的补助。

②政府采取多种措施保障现代学徒制的经费投入。目前，西方发达国家在职业教育方面的经费投入呈现出一个重要特点，即政府对职业教育的财政支出越来越多，在整个经费中所占比例也不断增加。以澳大利亚为例，澳大利亚联邦政府和州/领地政府对澳大利亚的职业技术教育学院的经费的投入占总经费

的三分之二，以支持其对学徒的知识培训和技能培训。其中，澳大利亚联邦政府和州/领地政府在其中的投入比为1∶2。

近年来，我国在职业教育方面的经费投入有所提升，但是从总体上来看，我国政府还存在很多不足，特别是在经费保障方面，未履行应有的义务。

①政府未健全经费立法保障和多元化经费投入机制。如前所述，我国在经费立法保障方面还不能和西方发达国家相比，存在较大不足，特别是立法环节的缺失必然导致各级政府与社会主体在相关领域行为活动的失范。各地政府也没有尽到自己应尽的义务。与其他国家相比，我国多元化的经费投入机制完全缺失。目前，我国职业教育经费主要来源于政府拨款和学生学费。在我国2011年职业教育的经费构成上，学生的学费占28.73%，政府拨款占66.93%，企业的投入和社会团体的支持加起来还不到全部经费的2%。相比之下，德国等西方发达国家的企业投入占本国职业教育经费的60%以上。从中可知，我国政府虽然承担了经费投资的主体责任，但没有引导社会中其他主体参与其中。这主要是因为缺乏立法的保障和政策的引导，以及舆论宣传不充分。

②政府财政投入总量较低。虽然政府在职业教育与培训方面的财政投入逐年递增，但和西方发达国家相比，总量较少。虽然我国政府在职业教育和培训方面的财政投入的增幅已经超过对普通教育经费投入的增幅，但总体来说，其在整个国家教育经费中的比重较低，为11%~13%。西方发达国家职业教育和培训的经费占整个国家教育经费的25%以上。此外，现代学徒制人才培养模式下的职业教育的培养成本高于普通教育的培养成本，因此在经费支持上，理应高于普通教育。为保障地方政府的经费投入，我国中央政府于2005年在《关于大力推进职业教育改革与发展的决定》中明确提出，从2006年起，城市教育附加费用占职业教育经费的比例，一般地区不低于20%，已经普及九年义务教育的地区不低于30%。但在2011年，全国有37%的地区这一比例低于20%，与西方发达国家州政府的拨款力度有很大差距。

二、西方现代学徒制人才培养模式对我国的启示

西方发达国家在现代学徒制人才培养模式发展中的种种经验都值得我国政府借鉴和学习。当然，不同国家有不同的文化和制度背景，我国也不能完全照搬西方发达国家的制度，否则会导致制度移植上的水土不服。我国在对西方发达国家学习的过程中，要兼顾自己的具体国情，合理吸收，从如下几个方面来对我国不足的地方进行完善，从而推动我国现代学徒制人才培养模式的进一步发展。

第一，建立以《职业教育法》为核心的完整的法律体系。借鉴西方发达国家的相关立法经验，我国政府应建立以《职业教育法》为基础和核心的法律体系。首先，政府要明确现代学徒制人才培养模式的法律地位以及各方参与主体的责任和义务，明确违法的主体应受到的惩罚；对政府在经费预算和拨款中的最低比例的投入进行规定。其次，政府要尽快出台针对学徒培训经费拨款的专项立法，对政府、企业和其他社会团体在其中的经费责任，以及没有按时按量投入经费的主体应受到的惩罚进行规定。在经费投入方面，要规定一个最低的比例和数量，并鼓励各类主体投入更多的经费。最后，政府要通过地方法律法规的出台，制定符合各地需求的相关法律规范，从而明确地方政府在学徒培训中的管理内容以及对企业参与的优惠政策等。中央和地方各自的法律法规要彼此衔接、紧密配合、相互补充，体现法律体系的层级性。

第二，建立政府统筹、多元参与的现代学徒制人才培养模式管理体制。首先，我国政府应组建专门的机构负责现代学徒制人才培养的相关事务。该机构主要负责在职业教育和培训方面协调疏通各行各业，使得相关资源能够实现优化配置和协调发展；并负责对现代学徒制人才培养模式的战略发展进行规划，制定一系列相关标准和规章制度，从而规范学徒制的发展。其次，政府角色应当从国家控制转变为国家监管，不再主导职业教育，而是将权力下放给市场，让市场机制在其中发挥中心作用。政府的主要职责是对职业教育依法管理和统筹规划，要放手让地方政府享有充分的自主权，发挥出监督管理和协调完善的功能。最后，政府必须建立行业协会、企业参与学徒培训的组织与管理的有效机制。政府要积极推动行业协会和企业参与学徒培训的管理，提高它们的积极性，使现代学徒制人才培养模式在发展上得到多方支持。

第三，加大对现代学徒制的经费投入力度，建立多元化的经费筹措机制。首先，在借鉴西方发达国家的相关经验的基础上，我国政府要逐步提高职业教育经费在总体经费中的比例，争取持平或超过国际标准。其次，定期向社会公布相关经费的使用情况，从而确保经费的投入和使用落到实处。最后，建立以政府拨款为主，企业、社会团体和受教育者参与的多元化经费筹措机制。政府要积极引导企业参与和投资学徒培训，如给予一定的税收优惠或对企业直接提供经费补贴。总而言之，在此过程中，政府要充分发挥主导作用，为现代学徒制的经费保障提供支持。

第十章　中国特色现代学徒制
人才培养模式研究

第一节　我国现代学徒制人才培养模式的发展历史

随着我国现代职业教育的快速发展，企业参与较少、校企合作不紧密等问题逐渐显现。现代学徒制人才培养模式在西方发达国家的职业教育中发挥的关键作用给我们带来了启示和信心。由于国情不同，我们不能一味地照抄照搬，如何构建中国特色现代学徒制人才培养模式成为我国当前职业教育关注的热点之一。我国中央和地方陆续出台了开展和促进现代学徒制人才培养模式试点工作的意见和方案，不少职业院校纷纷响应政策号召，积极开展人才培养工作，学者们也对此开展了大量深入的研究。纵观已有相关研究，主要集中在现代学徒制人才培养模式的意义与价值、内涵与特征、类型、相关主体、实现路径、个案研究以及其他方面。在探讨我国的现代学徒制人才培养模式的问题前，本书先梳理了我国学徒制的发展历史。

一、1949 年之前的学徒制

相关文献显示，在 1949 年之前，我国有三种学徒制形态：民间学徒制、官营学徒制和行会学徒制。

所谓民间学徒制是指在现代职业技术教育出现之前，传统手工作坊、店铺师傅带领徒弟开展技术工艺学习的活动。在工作实践中，徒弟观察师傅的操作，了解每一个操作的要点和要求，在师傅指导下练习和实践，逐渐掌握整套工艺方法。官营学徒制是随着官营手工业作坊的建立和发展而形成和发展的。在唐代，这种官营手工作坊中的学徒制已经比较完善。我国的行会产生于唐朝，在清朝，行会组织获得了快速发展。史料记载，1655—1911 年，北京、上海、广州、苏州以及重庆等经济发达的城市一共成立和出现了 296 个手工业行会、182 个商业公所、120 个商帮会馆，总计 595 个。

20 世纪初，随着我国早期现代化进程的推进，工厂生产逐步代替了手工作坊，行会垄断被打破，传统行会学徒制土崩瓦解，取代它的职业教育形式是各式艺徒学堂和实业学校，我国从此走上了一条以职业学校为主要形式的职业教育发展道路。

二、1949 年到 20 世纪末的"学徒制"①

1949 年，中华人民共和国成立后，我国对学徒制进行了全面改造，根据我国国务院颁布的《关于国营、公私合营、合作社营、个体经营的企业和事业单位的学徒的学习期限和生活补贴的暂行规定》（1958），"学徒制"的称呼不再使用，取而代之的是"学徒培训"。该文件还明确规定了学徒的年龄、学徒的学习期限、工资待遇、师傅的选拔及学徒的考核等，是当时我国培养技术工人的主要依据。

1981 年 5 月，国家劳动总局下发了《关于加强和改进学徒培训工作的意见》，对学徒的年龄、学徒的学习期限、工资待遇、师傅的选拔及学徒的考核等问题重新做出规定。

20 世纪 80 年代末，我国的学徒培训与西方工业化初期的工厂学徒制类似，但没有出现企业与学校合作创办的现代学徒培训机构和组织。1991 年，国务院下发了《关于大力发展职业技术教育的决定》，指出要改革学徒培训，改变传统学徒招生制度，统一安排他们在企业进行操作训练，在职业学校接受专业理论教育。至此，我国正式的"学徒培训"才逐渐显现出西方现代学徒制的基本特性。到了今天，还在提供学徒培训的企业寥寥无几。

我国技工学校教育制度是在借鉴苏联职业教育经验的基础上产生和形成的。它是理论与实践相结合的教育模式，带有比较明显的西方现代学徒的基本特征：采用校企合作的人才培养模式，产业部门发挥主导作用；理论学习与实践学习的时间比重为 1：1；学生在学习过程中还可以得到国家教育津贴。技工学校的发展历程如下所示：

1954 年，劳动部出台了《关于技工学校暂行办法草案》，对技工学校的教育目标、任务进行了全面的规范，为我国技工学校的发展奠定了基础。

在 1978 年的全国工作会议上，邓小平同志提出要考虑不同教育性质教育

① 陈俊兰.1949—1965 年中国学徒制政策研究 [J].教育与职业，2012（8）：22-24.

资源的投入比例，适当提高中等专业学校、农业中学和技工学校的教育投入比例。

1980年10月，国务院转批教育部、国家劳动总局的《关于中等教育结构改革的报告》，再次明确提出要"积极发展和办好技工学校"。

1986年11月，劳动人事部以及国家教育委员会共同制定了《技工学校工作条例》，规定了各级产业部门、劳动人事部门以及各厂矿企业和事业单位是办学主体，培养目标主要是中级技术工人，主要招收初中毕业生，学制三年，毕业生按"三结合"方针就业。1993年9月，劳动部下发《关于深化技工学校教育改革的决定》，明确提出技工学校今后可实行自主招生制度、学生自主择业。1996年11月，劳动部印发了《技工学校"九五"时期改革与发展实施计划》，要求不断扩大技工学校招生规模，允许招收企业职工等，采取"宽进严出"的教育管理制度。1998年，国务院下发了《关于调整撤并部门所属学校管理体制的决定》，机械工业部等九个部门所属的46所中专学校和技工学校划转地方管理。2000年5月12日，《关于加快技工学校改革工作的通知》提出，要加快技工学校等职业机构的调整与改革工作，争取在未来三年时间内，基本形成职业培训机构新格局。具备策略包括：鼓励现有技工学校、培训机构重组、合并和合作，创建职业培训综合基地或职业培训集团；指导企业下属的技工学校通过合并、分离、转制、撤销等方式进行改组；整合和优化调整县办技工学校和培训中心，实现资源共享，发挥规模效益；进一步办好高级技工学校，在优质的高级技工学校建立技师培训基地。

我国引进德国双元制职业教育模式始于20世纪80年代初。标志性事件就是1989—1995年在苏州、无锡、常州、沙市、芜湖和沈阳六城市开展的区域性双元制改革试验。各地为了促进校企合作，对职业教育体制进行了大刀阔斧的改革和调整，大多以副市长为领导，教育、劳动以及企业主管部门代表为领导小组成员，制定地方性职业教育政策和发展规划；以行业主管部门负责人为组长，由行业主管部门、学校和企业代表组成领导小组，研究和解决改革过程中遇到的具体问题和困难。

三、21世纪初类似现代学徒制的职业教育形式[①]

2002年，国务院颁布了《关于大力推进职业教育改革与发展的决定》，提出通过校企合作促进职业教育发展，充分利用企业生产设备和场地条件，提高

---

① 崔铁刚. 新中国学徒制演变的制度分析 [J]. 职教论坛，2012（10）：77-81.

职业教育水平；职业学校要针对不同专业和行业的人才需求，实施灵活的人才培养制度和教育培训计划，推行学分制等弹性教育制度，为学生创造良好的教育环境。

2005年，国务院颁布了《关于大力发展职业教育的决定》，首次在文件中提出，要创办具有中国特色的职业教育，并将"工学结合"与打造有中国特色的职业教育体系结合起来；建立与市场、企业需求相一致，校企合作、工学结合，灵活开放、自主发展，有中国特色的现代职业教育体系。《关于大力发展职业教育的决定》还对如何发展"工学结合、校企合作的培养模式"提出了具体指导意见：要改革和创新以课程和学校为中心的传统职业教育模式；中等职业学校组织学生去企业实习，高等职业院校学生实训时间不得少于半年；建立企业接收职业院校学生学习的制度；完善半工半读职业教育制度。

2014年5月，国务院颁布了《关于加快发展现代职业教育的决定》，指出"开展校企联合招生、联合培养的现代学徒制试点，完善支持政策，推进校企一体化育人"。2014年8月，教育部颁布了《关于开展现代学徒制试点工作的意见》，对现代学徒制的重要意义进行了肯定，并提出了现代学徒制试点工作的实施步骤、原则和目标，明确逐步建立起政府引导、行业参与、社会支持的现代学徒制。

建立中国特色现代学徒制成为当前社会发展形势下我国职业教育的战略选择以及推进产学合一、工学结合、产教融合的有效途径，有利于促进职业教育健康快速发展，为社会输送大量实用性技术人才。

第二节　我国现代学徒制人才培养模式的现状与问题

一、我国现代学徒制人才培养模式的现状

2014年年底，教育部启动现代学徒制试点工作。目前，该工作已取得很大进展。教育部建立了学徒制试点工作的专用网络管理平台，已遴选了第二批试点单位，与这些单位签订了现代学徒制试点任务书。具体来说，2015年，入选的试点单位就达到165家，覆盖了全国17个地区，共计1 878家企业、370所院校、535个试点专业，涉及学生36 228人；各试点共承诺投入资金5.9亿元。2016年，教育部组织专家小组，基于初步实践的成果，审核了试点单位的任务书，最终163家试点单位通过了审核备案，1家试点单位主动申请放弃试点，1家试点单位的任务书未通过审核，整体上达到了预期的试点工作

目标。2017 年，按照"自愿申报、省级推荐、部级评议"的工作程序，教育部又确定了第二批 203 个现代学徒制试点。

（一）试点工作的主要特点[①]

1. 大力推进制度建设

2014 年，《关于加快发展现代职业教育的决定》为我国现代学徒制奠定了制度基础，提出了"开展校企联合招生、联合培养的现代学徒制试点，完善支持政策，推进校企一体化育人"，将现代学徒制上升为国家人力资源开发的重要战略。同年，教育部印发《关于开展现代学徒制试点工作的意见》，对职业院校实施现代学徒制试点工作的内容、形式、目标、流程等做出详细的规定。2015 年，人力资源和社会保障部、财政部联合印发了《关于开展企业新型学徒制试点工作的通知》，对以企业为主导开展的学徒制进行了安排。此外，试点工作也得到地方教育主管部门的支持。其中，山东、广东、江苏、安徽、浙江、云南、湖北、四川、吉林、福建十个省份下发了现代学徒制试点通知，支持本地区职业院校开展现代学徒制试点工作。

除政府部门以外，一些试点单位在实践的基础上，大胆进行了现代学徒制的制度创新。例如：博世汽车部件（长沙）有限公司制定了《博世公司现代学徒制试点建设项目学徒技能矩阵》《博世公司现代学徒制试点建设项目专项资金使用管理办法》《博世公司现代学徒制试点建设项目企校合作制度》等，为项目建设提供了制度保障。

2. 校企合作逐渐深化

校企合作是现代学徒制顺利实施的基础和关键，校企共赢为校企合作的实现提供了动力。结合试点工作取得的经验，随着现代学徒制人才培训模式的深入发展，许多地方企业在转型升级过程中遇到的高素质技能型人才短缺和招工难等问题得以解决。此外，随着校企合作逐渐深入，企业人才需求与职业院校人才培养不匹配的问题逐步得到解决，企业参与现代学徒制的动力逐渐增强。

3. 管理水平逐渐提高

在试点过程中，教育部设立了高职教育现代学徒制工作指导委员会，指导各试点单位的现代学徒制实践。借助信息技术，高职教育现代学徒制工作指导委员会开发了现代学徒制智慧平台。该平台集教学管理平台、分析改进平台、岗位申请平台、考核与评价平台、企业信息发布平台、资源共享平台和学籍注

---

① 王扬南. 把握质量核心，突出双元主体，扎实推进现代学徒制试点工作 [J]. 中国职业技术教育，2017（1）：31-35.

册平台等功能模块为一体，为现代学徒制试点工作的绩效管理、日常管理等提供平台支撑。各地也非常重视现代学徒制试点工作。如吉林市建立了由主管教育的副市长担任组长、多部门共同参与的领导小组。该领导小组定期召开联席会议，管理吉林市现代学徒制试点单位的相关工作。

4. 学徒培养标准初步建立

部分试点单位在调研的基础上，制定了学徒学业合格标准、课程标准、岗位标准、企业师傅标准、质量监控标准，建立了学徒制教学管理制度。如天津现代职业技术学院与天津海鸥表业集团合作开展现代学徒制人才培养工作，共同制定了企业师傅聘用标准和考核标准、学校教学标准、企业教学标准及学徒出师标准等，以确保培训质量、学徒质量和师傅质量。此外，部分试点单位依据岗位需要开发了学徒制教学模块，采用了"工学结合"的项目化教学模式。如广东清远职业技术学院的医学美容专业依托医学美容产教研联盟等平台，与企业共同制定了现代学徒制合作企业准入标准、校企双导师标准和专业教学标准，并深入开展"工学结合"的项目化教学。部分试点单位还积极建设基于典型工作过程的专业课程体系，开发基于岗位工作内容、融入国家职业资格标准的专业教学内容和教材。

（二）试点工作中存在的主要问题

尽管我国现代学徒制试点工作取得了一定成绩，但仍存在一些问题。这些问题具体表现在以下几个方面：

1. 保障机制仍不完善

从政府层面来说，个别试点地区政府对试点工作不够重视，对试点工作的政策扶持不够，对试点工作的经费投入不够，导致"招生即招工""双主体育人"无法落实。从试点院校来看，少数试点院校没有建立现代学徒制的保障机制，在教学管理、经费投入、校企合作等方面都缺乏相应的机制，不能保证学徒培养质量。从试点企业来看，少数试点企业投入不足，没有制订合理的现代学徒制实施方案，试点效果不理想。从行业角度来看，部分试点行业的行业协会对试点工作缺乏指导，没有真正发挥行业协会的桥梁作用，没有很好地整合行业资源。

2. 部分合作企业的主动性不高且参与度不够

有的试点企业对专业课程体系建设、专业教学内容改革与教材开发的积极性不高；有的试点企业在校企协同育人方面表现被动，缺乏与学校的沟通交流，且人才成本分担机制建设比较薄弱。相关调研结果显示，2015 年，在 163 家获得备案的试点单位中，企业界共投入 13 237.62 万元，占全部项目资金的

22.09%。这表明企业界对现代学徒制的发展前景及功能效果还心存担忧，主动承担的积极性不强，在一定程度上不利于校企合作的进一步推进。

3. 制度建设有待加强

首先，部分试点企业未能保障学徒的双重身份以及学徒的知情权、保险、工作津贴等权益，保障措施落实不够。其次，部分试点院校在与企业协同育人的过程中，责任及分工不够明确，人才培养成本分担机制有待完善，人才培养方案整体比较宽泛，不够细化。最后，部分试点地区和行业统筹规划、政策引导不足，在引导企业发挥育人主体作用方面办法不多；在统筹校企互聘共用师资队伍方面力度不足，政府和行业的重视程度不高，缺乏明确可行的制度安排；对辖区内校企共同设计的人才培养方案未提出明确要求。

以上是我国现代学徒制试点过程中存在的问题，如果不及时解决，会影响试点工作的推进质量，使现代学徒制的可持续发展大打折扣。

（三）重庆市高职院校推进现代学徒制的现状

2016年4月至6月，笔者展开了关于高职院校推进现代学徒制的现状的调查，初步摸清了重庆市高职院校推进现代学徒制的现状和存在的问题。本课题组在文献分析的基础上，编制了以"高职院校推进现代学徒制的现实困境和对策研究"为主题的访谈提纲和调查问卷。本课题组选择重庆市实施了现代学徒制的11所高职院校为调查对象，采访了部分学校的管理者和教师，并对参与现代学徒制的150名学生发放了调查问卷。

目前，重庆市现代学徒制试点工作处于起步阶段。为了科学把握现代学徒制实践院校的整体情况，本课题组参考《关于现代学徒制试点工作实施方案》的试点内容要求，从现代学徒制实践的数量分布、校企协同育人机制、招生招工模式、师资队伍建设、管理制度五个维度进行分析。通过此次调研，本课题组基本了解了当前重庆市现代学徒制实践的现状和存在的问题。现将调研结果总结如下：

1. 重庆市高职院校推进现代学徒制的基本情况

重庆有40所高职院校，实施了现代学徒制的高职院校只有11所，仅占27.5%。它们分别是重庆工业职业技术学院、重庆电子工程职业学院、重庆航天职业技术学院、重庆科创职业学院、重庆城市职业学院、重庆公共运输职业学院、重庆城市管理职业学院、重庆化工职业学院、重庆工贸职业学院、重庆财经职业学院和重庆医药高等专科学校。其中，重庆工业职业技术学院、重庆电子工程职业学院、重庆航天职业技术学院为2015年教育部公布的第一批现代学徒制试点院校；重庆科创职业学院、重庆城市职业学院、重庆公共运输职业学院为 2015 年立项的重庆市新型学徒制培养试点职业院校；其他 5 所职业院校为实施了现代学徒制改革的高职院校。这 11 所试点院校均立足本土积极探索，以寻求在本国国情下的现代学徒制实践路径。

2. 重庆市高职院校推进现代学徒制的具体情况

（1）专业分布。

11 所试点院校的试点专业如表 10-1 所示。

表 10-1　　　　　　重庆市现代学徒制试点院校及专业分布表

学校	试点专业 1	试点专业 2	试点专业 3	试点专业 4	试点专业 5	试点专业 6	试点专业 7
重庆工业职业技术学院	酒店管理	旅游管理	机电设备维修与管理	数控设备应用与维护	电气自动化技术	机电一体化技术	汽车车身维修技术
重庆电子工程职业学院	工业机器人技术						
重庆航天职业技术学院	机电一体化技术	应用电子技术					
重庆科创职业学院	工业机器人						
重庆城市职业学院	工业机器人						
重庆公共运输职业学院	轨道交通通信维修	AFC 维修	消防维修	变电检修	信号维修		
重庆城市管理职业学院	连锁经营与管理	电子信息工程技术	通信技术	智能控制技术			
重庆化工职业学院	工业分析与检验						
重庆工贸职业学院	食品检测技术						
重庆财经职业学院	物流管理	投资理财					
重庆医药高等专科学校	药学	中药学					

重庆市现代学徒制试点专业大类分布如表 10-2 所示：

表 10-2   **重庆市现代学徒制试点专业大类分布表**

专业类别	院校数量/个	专业类别	院校数量/个
电子信息类	6	生化与药品类	1
交通运输类	1	旅游类	1
财经类	2	轻纺食品类	1
制造类	1		

笔者通过调研发现，实施现代学徒制的试点专业以工科类专业为主，多为实践性比较强的专业。

（2）校企协同育人机制。

由于学校、企业、政府、行业等多方主体的参与，现代学徒制校企合作模式有多种实现方式，或是学校主动寻求企业合作，或是企业主动寻求学校合作，或是政府、行业协会搭桥构造合作平台，或是校企之间有多年的合作基础，或是学校自建企业，等等。

现代学徒制的办学模式大体有两种常见的模式：一是区域性的职教集团模式，二是双点结合或多点结合的校企合作模式。

主动寻求与企业建立合作关系的高职院校有 8 所，占总量的 72.7%；通过政府搭桥建立现代学徒制的学校有 3 所，占总量的 27.3%。可见，在当前的现代学徒制的推行中，学校努力和政府支持起了重大作用，而企业、行业协会的作用还十分有限，企业主动寻求参与的积极性未被充分调动。

在本次调查中，笔者发现大部分学校都明确制订了本院校的人才培养方案。在方案制订过程中，有 8 所院校采用以学校需求为主、行业企业共同参与的方式；有 3 所院校采用以行业和企业的需求为主的方式。这两种方式是人才培养方案制订的主要形式。

根据现代学徒制人才培养方案，有 5 所院校开发了课程教学资源。学校主动及学校与企业双主体共同开发教学资源的数量基本持平，分别占整体比重的 48% 和 49%；学校个体独立开发的院校只有 1 所。无论采用哪种方式，试点院校都未使用现成的课程教材，坚持将理论与生产实践相结合。

（3）招生即招工模式。

教育部规定现代学徒制试点单位应实现"招生即招工"，学徒应具有学生和学徒双重身份。本次调研发现，重庆市试点院校基本没有实现"招生即招工"的要求，大多是在学生入校之后，企业到学校招工，然后建立以长期合作的企业命名的现代学徒制班，如"永辉班""顺丰班"。这些学生主要以学生学徒或学生订单生双重身份为主，在校期间接受合作企业的学徒教育，但毕业能否直接就业以双方的意向为主。

（4）师资队伍建设。

现代学徒制的一大特点是在学校教师教学的基础上加入企业师傅或行业专家的指导。从师傅的来源也可以看出现代学徒制推行的状况。在本次调研的11所院校中，有9所院校的师傅来自企业的管理人员和技术人员，占师傅总数的81.8%。

现代学徒制实践必须保障双导师协同培养，因此对导师的选拔要求也更为严格。在本次调研中，仅5所院校对师资提出具体要求，如要求企业师傅有10年以上的一线工作经验等。我们从中可以发现，学校对学徒导师的选拔多从工作经验、学历、是否获得职业资格、职称等级来考虑，其中两所学校还根据企业意向进行选拔。对导师进行考核的三个主体分别是学校、企业和第三方机构。学校主要通过导师讲课、说课、导师间互相听课的方式以及校方督导检查对导师教学能力进行考核；企业则自定考核制度。与对导师的选拔和培养相比，各院校对导师考核的重视程度较低，仅有3所院校对导师提出了考核要求，对企业师傅的考核更是一大缺口。

（5）对学徒的考核。

在本次调研中，校企共同制定学徒考核标准的院校共8所。企业考核为主、学校考核为辅的院校共3所。与此同时，社会第三方机构从进入行业和取得职业资格的角度对学徒进行评估的方式逐渐兴起。由此可以看出，多数院校期待所培养的学徒能直接适应岗位需求而非仅在学校取得好成绩。

3. 重庆市现代学徒制实践特点

（1）骨干院校发挥带头作用。

在重庆40所高职院校中，实施现代学徒制的高职院校只有11所，其中国家骨干院校和市级骨干院校有5所：重庆工业职业技术学院、重庆电子工程职业学院、重庆航天职业技术学院、重庆城市管理职业学院、重庆工贸职业学院。这表明骨干院校勇于迈出改革步伐，成为实践现代学徒制的典范，在教育教学改革中发挥了带头作用。

（2）试点专业实践性强。

从本次调查的11所院校的学徒制试点专业来看，以工科类专业为主，其次是财经类专业。这类专业实践性强，学生无法完全通过理论学习来掌握。因此，开展现代学徒制，不可盲目扎堆，要根据院校自身的专业和特色进行。

（3）校企合作深化。

当学校和企业确立合作关系后，学校和企业的地位也在趋于平等。这主要表现在学徒在学校和企业的时间比趋向平衡；对学徒的实践实习安排由企业一方独断转为以校企协商为主。这些都显示了现代学徒制的实践有望打破过去的失衡局面，将企业激发出新的活力。

4. 重庆市现代学徒制试点工作中存在的问题

（1）学徒身份保障机制有待完善。

在学徒身份方面，"准学徒"身份的权益保障有待完善。目前，尚没有明确的法律法规对学徒在企业学习期间的劳动权益等予以界定和保障。此外，笔者在调研过程中发现，由于学徒是"准员工"的身份，学徒取得的津贴与正式员工的工资相差较大，通常只有正式员工工资的三分之一。其主要原因在于，有些企业仍把学徒当作廉价劳动力，甚至认为企业为学徒提供了实践场所和培训，学徒就不应该获得工资或津贴。此外，在实际工作中，学徒的切身利益尤其是人身安全有时候得不到保障。在有些三方协议中，企业试图逃避自身应承担的责任。

（2）导师的选聘机制有待完善。

笔者通过调研发现，导师选拔和晋升机制尚未形成。导师既包括学校教师，也包括企业的带教师傅。首先，导师的选拔标准不明确。较少试点单位形成了客观、明确的导师选拔标准，没有明确导师的学历、职业资格证书等要求，多以"骨干教师""专业带头人""行业大师""技术能手"等笼统概念来表述。笔者在调研中也发现，学校教师和企业师傅的选拔多以上级领导的指派任命或者由相关人员自愿报名为主，没有明确的选拔流程。其次，对导师的培养不够。很多试点单位在选拔学徒导师时，较多强调导师的业务技能水平，导致导师对现代学徒制的概念认识不足，对教学方法的掌握不够熟练，难以保证教学质量。最后，缺乏明确的考核标准、激励措施，晋升全渠道不健全。学徒导师比其他学校教师和企业员工付出的心血要多许多，但针对他们的考核标准、激励措施不明确，影响学徒导师的积极性。

（3）企业参与积极性不高。

笔者在本次调研中发现，企业主动寻求院校开展合作的数量非常少。企业参与积极性不高，主动承担社会责任的意识还较为薄弱。其主要原因在于：在当前环境下，企业在综合考虑投资成本、投资回报及投资风险后，不太愿意主动承担人才培养的社会责任。现代学徒制投资成本包括学徒的津贴，企业师傅的额外津贴，培训费用，学徒制项目中额外产生的机器损耗、人员管理等费用，与院校共同开发学徒课程和教学资源的费用。虽然企业可以通过学徒制项目储备优秀人才，但由于学徒制项目投资回报比较慢，很多企业更愿意直接雇用学校已经培养好的学生。另外，企业还要考虑三年后学徒流失造成的企业投入浪费、学徒在学成后将企业核心技术外流等问题。

（4）校企共育的实践缺乏规范机制。

在校企共育层面，本书主要关注双方在现代学徒制的教育教学过程中是否建立了协同育人机制。

第一，学校和企业在共同制订人才培养方案的过程中，必须对课时分配进行科学合理的规划。此次调研的试点院校均积极制订了学徒制人才培养方案，但是否科学合理还有待进一步分析。

第二，课程体系、课程实施方式亟待完善。院校在开展现代学徒制过程中，必须重视校企协同育人的要求。课程体系要体现学徒的成长逻辑；在课程实施的过程中，要避免将理论课程与实践课程完全分离。笔者通过调研发现，不少院校将理论与实践分离，将院校授课和企业教学分离。

第三，根据研究现状和掌握的实践情况来看，开展学徒制实践的院校多为点对点的校企合作，合作层次和深度较低。职教集团的优势明显，但由于不同地区情况不同，无法大规模推行，因此实践单位常会感到困难重重。

第四，在管理制度建设上，根据教育部的相关规定，现代学徒制的管理制度涉及学籍管理、学徒管理、考核评价与督查以及教学质量监控等内容。在本次调研中，只有个别院校建立了配套管理制度。

二、我国现代学徒制人才培养模式存在的问题①

（一）国家顶层设计不完善

现代学徒制人才培养模式在国内的发展时间较短，与之相配套的规章制度较少。在法律建设方面，与现代学徒制人才培养模式相关的法律包括《中华人民共和国教育法》《中华人民共和国职业教育法》；在政策建设方面，与现代学徒制人才培养模式相关的政策文件包括《国务院关于大力发展职业教育的决定》《国务院关于加快发展现代职业教育的决定》；与现代学徒制人才培养模式相关的部门法规包括《企业新型学徒制试点工作方案》。可见，国家层面的法律法规较多，具体可操作的政策少。此外，《中华人民共和国劳动法》

---

① 张启富. 高职院校试行现代学徒制：困境与实践策略 [J]. 教育发展研究，2015 (3)：45-51.

并未就现代学徒制人才培养模式中学徒的定位问题、户籍问题做出统一规定。

（二）企业参与度低

企业为学徒提供实训岗位，同时委派师傅对其进行指导，企业对现代学徒制的实施具有主导作用。企业的深度参与是现代学徒制取得成功的关键。就我国当前的现代学徒制现状来说，企业参与度较低，那些实力突出、技能水平高超的企业更是对现代学徒制不感兴趣。其主要原因在于企业培育学徒需要占用较多的资金和精力，但企业能够获得的补助资金的总量较小，无法满足培训所需，在短期内，企业整体上是在亏损的。从经济角度来看，企业可能遭遇投资风险，因为培育出的学徒并不一定会到公司任职。这也就意味着企业的前期投入并未得到相应回报，企业无法获得长远效益，同时还要承担信息泄密等风险，甚至有许多企业认为"挖墙脚都比参与学徒培训实惠"。部分企业由于人手不足，会接收部分学生，但是这种实习实践是将学生作为廉价劳动力，实习岗位安排完全以企业短期需要为依据。在整个过程中，企业不会从培养人才的角度来培训学徒，也不会安排师傅对其进行技能指导。

（三）社会对现代学徒制的认识不够

在中国人的观念中，"学而优则仕"的观点深入人心。许多家长和学生认为学生应接受学校教育，而把参加"企业实习"视为不务正业。因为这些思想的束缚，学徒制、半工半读等教育模式在我国的发展遭遇阻力。在国际上成功的教育体系中，普通教育与职业教育并重，且二者是可以相互交叉衔接的，甚至很多国家认为职业教育比普通教育更重要。长久以来，这种教育体系框架使公众普遍认为职业教育是"次等教育"，从而在同等条件下更偏重于选择普通教育。这一现状对企业也造成了负面影响，即学生占用了企业提供的学徒岗位，但学生不愿意服务于企业，进而影响了企业的长远效益，一定程度上削减了企业参与的热情。

（四）现代学徒制管理制度不完善

目前，现代学徒制的管理制度尚不完善，很多试点单位对学徒学籍管理、考核评价与督查、导师的选聘和考核以及教学质量监控等都没有明确的标准。试点院校基本上都制订了专门的现代学徒制人才培养方案，但课程体系、课程实施方式亟待完善。不少试点院校的学徒制教学方法和课程体系都没有什么变化，且理论与实践融合度不够。同时，与现代学徒制人才培养模式相适应的柔性学籍管理制度、弹性学习制度、学分制等都不完善。

（五）法律法规缺位①

我国当前的职业教育的相关法律法规，只规定了职业教育的原则性问题，起到宏观指引的作用，可是并未实现对行业、政府、学校、企业和学生群体的规范化、统一化管理，缺乏可操作性的实施方案，且针对"经费来源""校企合作机制""资源分配"等现实问题的可操作规定少之又少，同时关于企业参与职业教育培训方面的法律规制也严重缺乏。从企业角度来看，它们不受强制性的约束，也得不到政策上的扶持，企业自主决策是否参与现代学徒制建设。对于部分企业来说，它们甚至将学徒视为一种廉价劳动力，过分强调自己的控制权和主导权。

（六）行业协会协调乏力

现代学徒制人才培养模式集成了多个要素，存在复杂的利益关系，只有得到行业协会的支持和配合，校企合作才能稳步进行。举例来说，在澳大利亚职业技术教育学院人才培养模式中，行业协会通过宏观决策影响职业教育的运行，具体表现在为职业教育提供最先进的生产设备以及高效系统的服务、帮助学校建设实训基地、参与制定办学操作规范等。结合前文分析结果，在国际上成功的职业教育模式中，行业协会充分发挥了自己的"中介"作用，妥善整合和分配企业资源，是职业教育实施的直接操作者和实际组织者。与之相比较，在国内现代学徒制试点工作中，行业协会的参与度较低，学校需要与众多企业交涉谈判。这使得校企合作成本较高，企业和学校资源难以有效整合和合理利用。

（七）经费保障激励机制缺乏

通过前文的分析，在成功的职业教育模式中，企业对校企合作保持着极大的热情。其主要原因有两点：一是企业拥有主导权，二是企业得到了激励。举例来讲，在澳大利亚的现代学徒制的实施过程中，行业协会与企业共同制定培训包内容，企业为学习者提供学习场地，而澳大利亚政府通过补贴、税收减免等激励措施维护了企业的利益。就我国情况来说，参与学徒培训的企业在短期内是无法获得回报的，且为学习者提供工作场地还需要付出一定的成本。在一些文件中，政府仅规定了企业有责任接受学生实习，而对企业参与培训能够获得的优惠政策未给予明确的规定和详细的说明。经济回报对企业决策和行为具有决定性影响，企业参与校企合作必然要重点考虑自身的经济利益，如果其投

---

① 杜启平，熊霞. 高等职业教育实施现代学徒人才培养模式的瓶颈与对策［J］. 高教探索，2015（3）.

入无法换回实质性的回报，企业对校企合作缺乏兴趣也是在所难免的。

第三节　我国现代学徒制人才培养模式的个案研究

一、关于重庆城市管理职业学院连锁经营与管理专业的现代学徒制人才培养模式研究①

（一）基本情况

2009—2014 年，重庆城市管理职业学院借助重庆市质量工程特色专业建设项目、市级示范院校和国家示范性骨干院校重点专业及专业群建设项目，在建设期内紧紧围绕"专业内涵建设"这一中心任务，以校企双主体联合育人为特色，立足西部现代零售连锁业，先后与沃尔玛、麦当劳、华润万家、罗森便利、永辉超市、娇兰佳人等世界 500 强、中国连锁百强企业合作，在本校的连锁经营与管理专业实施具有学徒制特征的订单式人才培养模式改革，先后组建了 18 个校企合作订单班。2014 年，在稳固订单式人才培养模式成果和经验基础上，重庆城市管理职业学院分别与麦当劳、华润万家、永辉超市三家优质企业达成现代学徒制人才培养协议，并与麦当劳合作组建现代学徒制"麦苗班"两届，与华润万家、永辉超市分别组建现代学徒制储干班一届，共培养学徒 58 名。这些学员的"保留率"和"晋升率"均超过 80%，重庆城市管理职业学院在连锁经营与管理专业的现代学徒制试点改革成效初显。2015 年，该校的连锁经营与管理专业的"携手百强企业，校企双主体联合培养精英人才"案例被中国连锁经营协会评为一等奖。该校的校企合作实践成果在第十七届中国连锁业大会暨中国零售业博览会期间展出宣传，在中国连锁经营协会 2015 年校企合作委员会年会上分享。此外，其成果还被《重庆日报》《重庆商报》等权威媒体关注和报道。

（二）行业与企业条件分析

1. 行业条件分析

根据国家统计局和中国连锁经营协会发布的相关数据，我国 2011—2015 年社会零售总额增长和连锁百强增长速度都远大于当年 GDP 的增长速度，行业的发展与连锁企业门店数量的增长直接带来专业人才需求量的增加。以标准

---

① 邱云. 高职连锁经营管理专业现代学徒制人才培养探究 [J]. 太原城市职业技术学院学报，2016（3）：163-164.

超市为例，每个门店配备约40名营运管理人员，若一个企业每年拓展20家门店，那么所需的管理人员为800余人。2014—2016年，连锁百强企业新增6 600多个门店，直接带来的管理营运人员的需求为26万。国家信息统计中心发布的信息显示，未来几年内，中国零售业的各类专业人才的需求量约为1 000万人，而市场供应量仅为400万人左右。专业人才缺失成为一项重要的限制性因素。据此可知，零售连锁业管理型人才缺失严重，这一态势将维持相当长的时间。此外，"经理主管短缺""店长奇缺"依然是整个零售连锁业发展过程中在人才需求方面的主要问题。零售连锁业的高层管理类人才的紧缺和高流失率是影响企业发展的阻力。有效建立零售连锁业的人才培养体系、提升基层管理队伍的忠诚度，是零售连锁行业实现可持续发展的关键。为解决供需矛盾，职业教育院校需要加强连锁经营与管理专业的改革力度，提升其为现代零售连锁业和区域商贸流通行业的发展服务的能力，为本区域连锁业的健康快速发展提供人力资源支撑，所以，职业教育院校推进连锁经营与管理专业的现代学徒制试点改革是职业教育服务当前经济社会发展的必然要求。

2. 企业条件分析

优质的企业合作伙伴是现代学徒制成功的关键因素。在试点实践中，职业教育院校应以"高大上"为原则选择现代学徒制试点合作企业。所谓"高大上"是指合作企业的品牌具备"高知名度"，企业规模具备"大型化"，企业发展处于"上升期"。基于"高大上"原则，重庆城市管理职业学院构建了基于包含企业实力、发展速度、人才培养体系、校企合作经验、训练基地距离五要素的合作企业选拔机制，以择优选择学徒试点企业。从2014年起，重庆城市管理职业学院从已有合作企业中选择三家企业——麦当劳餐厅食品有限公司、华润万家生活超市有限公司、永辉超市股份有限公司作为本校连锁经营与管理专业现代学徒制试点的合作企业。这些合作企业有如下几个特征：

①这些企业的门店分布在学校及主城区附近。良好的门店区位为开展全过程一体化合作育人的现代学徒制提供最真实的训练和培养场所，保障现代学徒制"工学交替、实岗育人"落地。

②合作企业发展迅速，对管理类人才需求量大。三家企业都处于中高速发展期，对中层管理人才需求旺盛。

③有丰富的校企合作经验。三家合作企业均有校企合作的相关经验，有利于学徒制的顺利开展。

④人才培养体系完善。三家合作企业都具有完善的人才培养、培训和考核晋升机制，在公司形成了重视校企联合培养、人才是战略性宝贵资源的共识与

氛围。

⑤实力强、影响力大。麦当劳和华润万家分别是世界 500 强企业、最佳雇主企业，永辉超市则是中国连锁 10 强企业。此外，这些企业都是上市企业并在行业处于领导地位。

（三）重庆城市管理职业学院连锁经营与管理专业的现代学徒制实践探索①

1. 构建"八共六双"校企双主体协同育人模式，探索现代学徒制人才培养模式

重庆城市管理职业学院依托重庆市质量工程特色专业建设、市级示范院校和国家示范性骨干院校重点专业及专业群建设期间积累的优质合作企业资源和校企联合育人经验，积极与麦当劳、华润万家、永辉超市三家连锁企业开展现代学徒制人才培养试点工作，逐步形成了校企共同制订人才培养方案、共同研发课程模块及教学内容、共同承担教学任务、共同培养教学队伍、共同建设实习实训基地、共同推行带薪实习、共同做好学生就业和可持续发展、共同提高学生职业素养和企业认同感等育人内容，构建了基于学徒培养的工学交替、实岗育人的课程体系，推行了"3+2"（3 天学校学习、2 天企业实岗训练）教学组织形式，实现了"学徒—准员工—储备店长（经理）"的渐进式成长，最终建立了较为成熟的"学生与学徒双身份、教师与师傅双指导、学校与企业双阵地、工作与学习双结合、技能与素养双提升、就业与发展双丰收"的现代学徒制校企双主体协同育人模式。

（1）学生与学徒双身份。

重庆城市管理职业学院通过与现代学徒制试点合作企业签订联合培养协议和企业、学校、学生、家长签订四方补充协议，明确各方权利义务，保障各方利益，实现学生与学徒的双身份。在培养过程中，企业通过为学徒指定专门的师傅，记录和考核学徒学习成长情况，使学徒享有员工福利，为学徒在训练期间购买意外保险并支付相应的学徒补贴，使学徒在训练期内享有晋升权等方式保障学生的学徒身份的实现。

（2）教师与师傅双指导。

校企共建师资队伍是现代学徒制试点工作的重要任务。重庆城市管理职业学院在订单式人才培养模式改革中形成了较为成熟的"双导师"制，通过校企师资互聘、企业兼职教师的教学能力培训、学校的专业教师到企业教师工作

---

① 邱云. 高职连锁经营管理专业现代学徒制人才培养探究 [J]. 太原城市职业技术学院学报，2016（3）.

站实践锻炼、学校教师和企业师傅共同承担科研教改任务等形式，加强"双师"队伍建设。在现代学徒制试点改革中，由企业资深主管、部门经理、专业教练组成的"师傅"队伍通过推行业界导师制、岗位（教练）师傅制、学徒班的班主任制等方式实现学徒培养双指导。同时，企业根据师傅培养学徒的效果实施正负激励，以确保师傅职责的落实。

（3）学校与企业双阵地培养。

工学结合人才培养模式改革是现代学徒制试点工作的核心。工学结合人才培养模式依托学校和企业两个学徒培养的阵地。在此之中，学校主要承担理论教学和仿真实践教学内容，企业主要承担实岗训练、真实情境下学徒能力素质的培养。在重庆城市管理职业学院连锁经营与管理专业现代学徒制试点的实践中，该校在原有基础上夯实校内实训室建设，重点按照"五有原则"，即"有（学徒）岗位""有（学徒）训练标准""有（学徒）指导师傅""有（学徒）阶段考核""有（学徒）晋升通道"，与企业共同打造学徒培养标准店，以真正实现"双阵地"协同育人。

2. 校企共同制订学徒联合培养方案，构建工学结合课程体系，实现工作与学习双结合、技能与素养双提升

在初期阶段，重庆城市管理职业学院坚持"1套专业通用人才培养方案+N套企业个性化学徒培养补充方案"，并在通用人才培养方案中设置12门学徒制课程，以实现工学交替、实岗育人。该校让学生在一年级接受认知教育、入职行为训练等，使他们逐步了解零售企业营运流程；在二年级到基层岗位、管理助理岗位顶岗实习，为走上中层管理岗位做好各方面准备；在三年级到课长、经理岗位顶岗实习。同时，为保障工学结合人才培养模式的实现，该校结合实际情况，在教学组织和实施方面，实行"3+2"教学组织形式，即学生每周3天在学校上课、每周2天在企业学习学徒制课程。学徒制课程包括企业培训和实岗训练两种。该校通过校企"双导师"授课和指导学徒实岗训练，并在每学期对连锁经营与管理专业的学生进行集中式排课。通过三年学习，学生在校期间即能胜任企业门店的中层管理岗位，在毕业时实现课长、经理甚至更高职级的岗位要求。

（四）取得的主要成效

重庆城市管理职业学院与麦当劳、华润万家、永辉超市、罗森便利、娇兰佳人等大型知名连锁企业联合培养351名学生，顶岗实习期满后留岗251名学生；毕业前晋升222人，晋升率为88.45%；毕业后晋升120人，晋升率为47.81%；毕业后二次晋升114人，二次晋升率为45.42%。近五年，仅在娇兰佳人已有32

名学生晋升为店长；在永辉超市留岗的 130 余名学生中，有 2 人晋升为门店总经理级干部、54 人晋升为经理或主管。此外，该校与麦当劳、华润万家、永辉超市三家企业共联合培养学徒 58 名，且学生在培养企业的就业率为 95%，晋升率为 81%，晋升学徒的平均月工资在 3 500 元以上。举例来说，在首届华润万家现代学徒制储干班的 19 名学徒中，有 12 名学徒在顶岗实习阶段就晋升为部门经理，实现由学徒到师傅的转变以及就业与发展的双丰收。

（五）存在的主要问题

尽管重庆城市管理职业学院连锁经营与管理专业在学徒制方面进行了大量的探索，取得了一定的成效，但仍在在不少问题。这些问题主要包括以下几点：

①招生与招工一体化的实现还面临制度和操作方面的困境。

②学徒的身份问题和违约问题，导致企业不敢、不愿提前介入无明确身份的学徒培养。

③学徒培养必须工学交替、实岗育人。这势必打乱原有的、传统的教学组织形式和秩序，会产生相应的代替成本和风险，因此形成与现代学徒制相适应的教学管理制度与运行机制迫在眉睫。

④社会、家长、学生对现代学徒制以及"学徒"身份认识和理解存在偏见，导致学生可持续性参与度不高。

（六）配套政策建议

基于重庆城市管理职业学院的连锁经营与管理专业的现代学徒制的实践经验和现实问题，本文提出如下配套政策建议：

①政府应进一步明确校企联合招生与招工的政策和实施细则；

②政府应在职业教育相关法律法规中体现学徒身份问题的条款；

③政府应加强社会舆论宣传，提高社会（包括企业、家长、学生）对现代学徒制的认识和了解；

④政府应出台财政税收等优惠政策，提高企业参与职业教育和现代学徒制试点的积极性。

二、关于厦门市数控专业的现代学徒制人才培养模式的研究①

（一）实施背景

《厦门市中长期教育改革和发展规划纲要（2010—2020 年）》明确指出：

---

① 曾志斌. 数控专业"现代学徒制"人才培养模式的探索与实践［J］. 中国职业技术教育，2016（33）：98-101.

"加快培养技能型人才。构建多元化职业教育培养模式，建立起适应不同群体需求的灵活多样的技能型人才培养机制，提高人才培养质量，大力推行工学结合、校企结合、顶岗实习的人才培养模式。"职业院校的首要任务是服务地方经济，所以培养大量合格的、能适应地方经济发展的高素质技能型人才成为厦门地区职业院校的重要任务。

（二）数控专业人才培养的现实困境

将"做中学、学中做"的教学理念引入数控专业的教学实践中具有理论可行性，但是在实务操作中仍有众多阻碍。主要表现在以下几个方面：

1. 专业教师的培养存在困难

国家为了培养满足理实一体化教学需求的专业教师，每年都组织大量的专业培训，投入了大量的人、财、物，但效果并不理想。其主要原因有两点：一是受培训成本等方面因素的影响，培训项目还是以教学方法、教学理论、课程开发的理论培训为主，真正能让教师提高实践水平的实训操作偏少；二是培训后学校的实际环境与培训环境存在不同程度的差距，面临不同程度的实施困难。

2. 专业理论课的教学存在困难

职业院校的学生普遍文化基础偏弱。在教学过程中，如果只重视技能教学而忽视专业理论课的教学，就会影响学生的长远发展。学生在缺乏理论知识的情况下，是无法真正理解和掌握技能的。由于学生文化基础偏弱而数控专业涉及的理论知识较复杂，故数控专业理论知识的教授比较困难。

3. 理实一体化教学环境建设存在困难

实施理实一体化的专业课程通常是以综合性的项目作为课程实施载体，而这类典型任务对教学环境的要求较高，学校现有设备无法满足这一要求。其主要原因有以下三点：第一，由于适用于一体化教学的设备比较短缺，虽然学校为了实施一体化教学采购了不少工业设备，但这些工业设备未完全考虑教学需求；第二，现有的教学环境主要是按工种进行划分的，并没有按项目教学的需求来配置，而理实一体化教学环境往往要求几个工种组合使用；第三，由于学校采购的数控机床基本上都是按工种类型进行布置的，不同工种的设备集中放在不同的区域，而且这些机床既要满足不同层次的教学要求，也要满足对外生产的需要，故在现有设备数量及管理水平上构建符合理实一体化的教学环境是比较难办到的。

（三）厦门市数控专业现代学徒制人才培养模式的实践探索

1. 加强评价管理，优化实施过程

相较于普通教育，职业教育的培养方式和培养目标有其自身的特点。具体来说：第一，在培养方式方面，职业教育强调应用性和理论性，要求学生能将在学校学到的技能和理论知识灵活运用于企业的生产实践；第二，依据教育部有关文件的精神，职业教育侧重于综合职业能力和综合素质的培养，主要培养学生生存、发展的本领和获得幸福生活的能力。基于此，职业教育质量评价体系关注的是挖掘个人潜能、满足社会发展和实现学生终身学习等方面。同时，这些需求最终会通过职业技能体现出来，并落脚于职业标准。

2. "请进来、送出去"，共建师资队伍

现代学徒制下的学徒具有双重身份，既是职业学校的学生，又是企业的学徒。学徒通过学校学习理论知识、专业知识等，通过企业培训掌握职业技能等。为了达成这些目标，学校应当采用"请进来、送出去"的教学模式。

"请进来"是指请生产企业中既具有一定技能又有一定理论知识的师傅到学校来，根据职业标准和企业实践提出的相关职业岗位的技能要求，确定数控专业需要开设的课程和课程要求。学校和企业在制订现代学徒制人才培养模式的实施方案时，应根据国家职业标准和"能力本位"原则来确定学生在学校和企业的时间比例。教师根据企业师傅提炼出来的工作任务要求，对工作任务进行分解，设计教学情境，并将其与相关课程的教学内容融合。

"送出去"是指在现代学徒制框架下，充分发挥教师与师傅在各自和对方领域的优势。学校将教师和学生送到企业去，令他们参与企业产品研发与生产。在这个过程中，职业学校教师的专业水平和学生的技能水平得到提高，企业也会从中受益，最终实现共赢。

3. 共同制订人才培养方案，构建现代学徒制课程体系

厦门的集美轻工业学校的数控技术应用专业是厦门市示范专业，在教学设备、师资力量等方面存在优势。该校在引入现代学徒制试点项目后，围绕人才培养目标，积极探索现代学徒制实施的有效途径。首先，校企双方根据调研结果，结合职业标准，制定出数控机床装调维修工、数控机床操作工等不同岗位的工作任务表；其次，校企双方共同构建了现代学徒制课程体系，该体系涵盖了实训项目、理实一体化课程和基础课程三部分。

（四）取得的主要成效

1. 推动产教深度融合

职业教育现代化的一个重要发展目标是实现产教深度融合，强化校企合作机制。集美轻工业学校聘请能工巧匠到学校进行数控技能与加工工艺的教学，通过与企业合作，让学生在企业中完成技能实训课程。该方式在较低的成本投入的基础上，有效拓宽了实训教学的空间，同时取得了良好的效果。对于参加

顶岗实习的学生来说，他们为企业做了分内的工作并得到一定补贴。对企业来说，企业减少了培训成本，弥补了岗位差额问题。对于企业师傅来说，学生给予他们极高的尊重，他们也由此获得成就感。

2. 提高了教师专业水平

厦门市通过实施现代学徒制，推动了教师的教学研究和改革，提高了教师的专业水平。集美轻工业学校有 6 名教师获得省、市技能竞赛的一、二等奖；有 4 名教师主编或参编了国家规划教材；一些专业教师完成省级课题 1 项，区、市级课题 10 多项。

3. 提高了学生质量

统计结果显示，现代学徒制有利于提高学生质量。对于现代学徒制，87.8% 的学生认为其对就业有很大帮助或比较有帮助。通过现代学徒制，75.3% 的学生增强了团队合作意识，70.3% 的学生提高了沟通能力，70.1% 的学生提升了学习兴趣，90.8% 的学生提升了专业能力。这表明现代学徒制有利于提高教学效果，最终培育出综合能力突出的学生。以集美轻工业学校为例，该校数控专业学生在各类竞赛中取得优异成绩，增强了专业信心。

4. 扩大了学校的社会影响力

仍以集美轻工业学校为例，该校参加了全国职教协会信息化工作委员会牵头组织的机械加工技术专业的数字化资源共建共享工作，并作为组长单位牵头完成了"加工中心操作工""数控铣工"两门数控专业核心课程的建设，根据相关学校的反馈，社会效果良好。除此之外，受到唯城（厦门）精密机械有限公司的行为引导，福建联盛纸业有限公司引进了现代学徒制模式，与集美轻工业学校机电技术应用专业成立了"定制班"，并荣获了"福建省就业先进单位"。

第四节　中国特色现代学徒制人才培养模式的框架体系

一、中国特色现代学徒制人才培养模式的基本要素[①]

中国特色现代学徒制人才培养模式的基本要素包括以下内容：

（1）企业、学校、学生签订的三方协议。协议或合同具体规定了不同参与主体的权责问题，对三方权益具有法律保障作用。首先，校企双方签署合作

---

① 鲁婉玉. 高职教育中"现代学徒制"人才培养模式研究［D］. 大连：大连大学，2011.

培养框架协议。该协议界定了学徒身份，规定了招生流程等以及学校和企业各自的权利、义务。只有建立完善的合作培养框架协议，才能维护校企合作关系。其次，学生（或学生监护人）与企业、学校签署三方协议。该协议要求学生认真对待学徒教育，积极参加各项培训工作，并在学徒期满后按协议要求从事相关工作。

（2）企业和学校双主体育人。中国现代学徒制人才培养模式有两个育人主体——学校和企业。这就要求企业从单纯地"用人"转变为"参与育人"。企业的核心利益诉求是提高企业效益，学校的核心利益诉求是培养优秀学生、实现自身发展。只有通过校企合作，双方才能满足各自的利益诉求，并寻找到共同的利益基点，协同完成人才培育、资源整合等工作，发挥整体效应。

（3）学校学习和企业实习融合；企业师傅与学校教师共同指导；学生和学徒双重身份融合。

（4）管理模式、教育理念、教学和考评模式以及课程体系的变革。首先，管理模式的变革。现代学徒制通过变革管理模式，重新建立教育与实践的联系，让教育培育出满足实践需要的人才。管理模式的变革体现在师资管理、教学组织、学徒管理和课程管理等方面。现代学徒制强调教育与实践相连的原因在于：①教学管理参与主体的多元化，将教育教学从校内延伸到校外，促进"工与学"的有效衔接；②专业教育全过程的工作化，即把专业教育的原则、内涵等从计划和说教层面落实到日常教育的方方面面。其次，教育理念的变革。现代学徒制应体现"以人为本"的教育理念，服务于个体的全面发展。具体体现在以下方面：①重视可持续发展，培养具有关键技能的人；②重视职业技能，培养有技术能力和专业基本素质的人；③重视通识教育，培养有基本人文素养、职业理想和职业道德的人。再次，教学和考评模式的变革。现代学徒制离不开适配的教学及考评系统。教学及考评模式的变革需克服过去理论与实践相脱节的问题，通过教学（工作）任务的设计开发，建立融合"做、学、教"的教学情境，重视对学生的过程性考评和对职业素养培养效果的考评。最后，课程体系的变革。我国现代学徒制的改革工作，设想以课程体系的重构为突破口，同时对学徒制培训效果具有重要影响。目前，我国职业学校的课程体系还存在着很明显的学科体系的痕迹，忽视了技能型人才的培养规律。这是后续课程体系变革的重要内容。

二、中国特色现代学徒制人才培养模式存在的问题①

1. 制度保障不够完善

现代学徒制是一种涉及多方利益主体、跨界的技术技能人才培养制度，但是当前我国缺乏必要的法律依据，也缺乏基本的操作规范。从法律层面来看，我们只能从《中华人民共和国职业教育法》《中华人民共和国劳动法》《中华人民共和国就业促进法》及《中华人民共和国高等教育法》等相关法律中找到部分规范现代学徒制运作的条款。我国尤其缺少对校企双方权责问题、学徒身份问题、学徒制法律地位问题、学徒权益保护问题等方面的规定。

2. 企业利益未得到有效保障

经济利益对企业决策具有决定性影响，这一规律对企业参与学徒制建设同样适用。目前，企业开展学徒培训项目，虽然能够获得一定的政府培训补助金，但是仍远低于企业参与学徒培训项目的成本。这就对中小企业造成财务压力，再加上政府向中小企业划拨的培训补助金的额度偏低，导致中小企业缺乏参与热情。

3. 学生职业前景不够明晰

在我国目前的现代学徒制试点院校中，很少有院校实现了"招生即招工"。虽然学徒与学校、企业签订了三方合同，但是学生的权益并没有得到充分保障，学生期满也不一定能进入企业工作，职业前景不明。

4. 院校推行现代学徒制的能力有待加强

目前，我国职业院校普遍对现代学徒制人才培养模式的内涵认识不到位，也缺乏推行现代学徒制的组织机构、管理制度和实践经验，推行现代学徒制的能力有待加强。

三、中国特色现代学徒制人才培养模式的基本框架

目前，我国在国情、教育制度、产业发展状况、职业教育发展状况等方面具有自己的特色，因此在建设中国特色现代学徒制人才培养模式时，应立足实际，懂得传承、借鉴和创新。依据规划，我国要打造一套"四位一体"的中国特色现代学徒制人才培养模式，如图 10-1 所示。简要来说，政府在该模式中起引导和推动作用；学校和企业是育人的主体，承担对学生（学徒）的职

---

① 张启富. 高职院校试行现代学徒制人才培养模式：困境与实践策略 [J]. 教育发展研究，2015（3）：45-51.

业教育和培训职责；行业协会在现代学徒制中起到重要的桥梁作用。

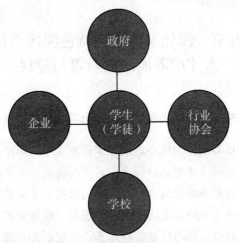

图 10-1　中国特色现代学徒制人才培养模式的基本框架

　　构建中国特色现代学徒制人才培养模式的基本框架，应从培养目标、培养方式、培养内容及质量评价体系等方面着手。[①] 首先，培养目标的制定。企业和学校应立足于区域经济社会发展背景，依据未来产业对技能型人才的需求，在政府宏观指导、行业协会参与下，共同制定培养目标。其次，培养方式的确定。企业和学校沿用师傅带徒弟的方式，依据现实条件选用不同的学徒制，包括"做中学""双元制""工学交替""三元制"和"学中做"等。应当注意的是，在确定培养方式时，不应脱离学校现有的实训基础。再次，培养内容的确定。培养内容包括技能培养体系、课程体系及素养培养体系三类。其基本的操作原则是，围绕技能培养体系，实现校企深度合作，注重企业对学生职业素养的培育，制定出合理的课程体系。最后，质量评价体系的建立。企业和学校应基于基层静态考证和动态过程管理的方法建立质量评价体系，并引入行业协会的力量，以对学徒实际工作表现及培训结果进行全面考核，并将其反映在资格证书中。

　　根据前文所述，我国目前劳动力市场还是买方市场，企业拥有更大的优势和主动权，对职业院校的依赖更小，而职业院校却必须得到企业的扶持，二者在建立合作以及合作进程中的地位是不对等的。对此，我们需要从多个方面进行分析：政府建立高效的保障机制，有利于企业和职业院校之间进行沟通、协

---

① 鲁婉玉. 高职教育中"现代学徒制"人才培养模式研究 [D]. 大连：大连大学，2011.

调、解决现实问题；企业的积极性的激励和保持也需要政府和社会的支持。

第五节　深化发展中国特色现代学徒制
人才培养模式的对策与建议

一、深化发展中国特色现代学徒制人才培养模式的原则①

第一，以人才培养质量为核心。现代学徒制人才培养模式作为职业教育的典范，培育出高质量的人才是其目标之一。国内各试点单位应当深化改革技能型人才培养模式。各职业院校与合作企业应当根据人才成长规律和工作岗位的实际需要，以协商的方式确定出适配的课程组合、培育方案、教学方法、培训标准等，逐步建立教学运行与质量监控体系，实现对人才培养全过程的有效监管，从而培育出高质量的人才。

第二，突出"双元"特征。"双元"特征体现在多个方面，对中国特色现代学徒制人才培养模式的发展具有重要影响，大致包含产和教、校和企等方面的作用效果。具体来说，建立健全"双导师"的选拔、培养、考核、激励制度，推进专兼结合、校企互聘共用的师资队伍建设，形成学校教师和企业师傅共同承担教学任务的"双导师"制；对经过考核达到要求的毕业生，发放相应的学历证书和职业资格证书，推进"双证融通"；试点单位要坚持合作共赢、责任共担的原则，切实推进校企联合招生、合作育人、共同评价的双主体育人模式；规范职业院校招生录取行为和企业用工程序，明确学徒的企业员工和职业院校学生的双重身份。

第三，三方共担责任。目前，在实务操作中，无论是职业院校还是普通院校，三方责任问题时常发生，影响学校的正常运营，并在社会上造成负面影响，因此如何落实三方责任受到学界的高度关注。依据《职业学校学生实习管理规定》（教职成〔2016〕3号），对于年满16周岁未达到18周岁的学生，企业、学校、监护人和学生应当签署四方协议，明确各参与方的权责。该规定还强调实习环节是教育教学过程的重要组成部分，能够快速增强学生的综合能力，是人才培养的有效手段，任何企业和学校不得以任何理由拒绝提供实习培训，而且应当依法实施、科学组织，以保证实习环节达到预期目标，并为提高

---

① 王扬南. 把握质量核心突出双元主体，扎实推进现代学徒制试点工作 [J]. 中国职业技术教育，2017（1）：31-35.

学生专业技能发挥作用。试点单位如若违反上述规定，一经查实立即终止试点资格。

二、深化发展中国特色现代学徒制人才培养模式的对策①

现代学徒制的参与方众多、参与主体规模大、基层要素多、社会影响大，学习者接受学徒培训，不仅能够学习理论知识，还能提高自己的职业技能，全面提升综合实力。从现实角度来讲，现代学徒制集成了学校教育和企业培训，学校的教学水平、师资力量等会对现代学徒制产生影响，但企业培训在现代学徒制中占主体地位，对学徒培训的整体效果起决定性影响。基于此，为进一步推进我国现代学徒制人才培养模式的发展，政府应当统筹全局，协调好各方利益诉求，整合社会力量形成合力。具体来说，政府应当健全现代学徒制的法律法规；确立企业在现代学徒制中的主导地位，引导和支持企业积极参与现代学徒制人才培养模式的建设；加大现代学徒制的资金投入力度；加强行业协会在现代学徒制中的协调作用，处理好学校和企业之间的权、责、利关系；小范围、小规模开展现行学徒制试点；加大现代学徒制的宣传力度，增强校企沟通交流。应当明确的是，相较于全日制学校职业教育，现代学徒制不只是一项"为企业"培养高级技工的职业教育制度，更是"由企业"以及"在企业"培养高级技工的职业培育制度。在深化发展中国特色现代学徒制人才培养模式的过程中，应当做好以下工作：

（1）健全现代学徒制的法律法规。

国外成功的职业教育模式都是以校企合作为基础的。和谐共通的校企关系以及稳健的校企合作机制离不开健全的法律法规体系。例如，德国政府早在20世纪60年代末就颁布实施了《职业教育法规》，通过立法的形式明确了企业在职业培训中的权责，规定企业参与职业培训是其应尽的义务。不论职业教育体系的改革是属于教育制度的变革，还是属于劳动制度的变革，政府都对这一改革进程起到重要作用。政府可通过宏观调控的方式，引导改革向正确的方向前进。通过前文分析可知，由于配套法律法规的缺失，企业对现代学徒制的发展前景心存担忧，不愿意全身心投入这一事业中，无力承担起主导者的角色。这影响了校企合作的广度与深度，导致现代学徒制的现实根基不牢靠。对此，政府应当发挥主导作用，通过立法手段明确企业在职业培训中的权责，增强企业参与校企合作的意识，保证企业应得的利益，鼓励企业积极参与学徒制

---

① 黄蘋. 现代学徒制改革的支撑环境建设［J］职业技术教育，2016（27）：21-25.

建设。只有构建起完善的配套法律体系，才能保证现代学徒制的顺利运行与变革，并为职业教育在我国的转型提供制度基础。

（2）确立企业在现代学徒制中的主导地位。

企业是人才的需求者和接受者，学校是人才的供给者和培养者，而学校培养的人才和企业用人需求的不匹配是造成"就业难"和"用工荒"困境的主因。要获得符合工作岗位要求的高技能人才，企业应当掌握人才培养的主动权，主导职业教育的全过程。以德国双元制为例，德国的企业高度参与人才培养过程，主要负责完成学生专业技能培训工作，学徒企业学习时间占其总学习时间的70%左右。在现代学徒制建设过程中，企业成为教学的主导是关键。政府应通过政策规定和广泛宣传引导企业树立职业教育主导者的意识，鼓励企业主动参与人才目标的设定、人才培养方案的制订以及教学督导的全过程，建立与职业院校双向互动、共同培养的良性循环模式，从而真正获得合格的专业技能人才。在现代学徒制中，可以考虑以企业入股的方式组建企业教育集团，以强化企业在现代学徒制中的主导地位。

（3）加大现代学徒制的资金投入力度。

企业是一个以盈利为目的的经济体，经济利益对企业决策和行为产生决定性影响。企业参与学徒培训，需要投入一定的资金，用以支付学徒薪资和培训费用等。企业或许会获得一定的长期回报，但是这带有不确定性，尤其是中小企业可能因无法取得短期利益，而放弃参与学徒培训。对此，政府通过各种形式向企业提供资金补助，能够显著激发企业的参与热情，化解当前校企合作的困境。从国际上成功案例的经验来看，政府每年都会向现代学徒制和校企合作提供巨额资金，而且资金总量保持增长态势。这一做法起到了良好效果，且在现代学徒制的变革期尤其明显。与国外对现代学徒制的资金投入情况相比，我国向现代学徒制投入的资金总量较小。在此背景下，我国现代学徒制的发展面临资金短缺的问题。对此，政府应当通过立法手段，建立职业教育经费保障体系，维持资金链的稳定，解决职业教育发展的后顾之忧。例如，建立现代学徒制专项基金，充盈校企合作及现代学徒制发展过程中科研项目所需的研究经费；对参与职业教育及校企合作的企业给予税收优惠或财政补贴等；引导和吸纳社会资金进入职业院校，建立职业院校股份制，实现资金的市场化运作；有计划、有重点地增加职业院校的实训场地的建设经费。

（4）加强行业协会在现代学徒制中的协调作用。①

行业协会是行业成员的代表，能够更好地处理各主体之间的关系，充分整合行业内成员的优势资源，也是行业与外界进行沟通和协调的纽带。在国外职业教育中，行业协会发挥着至关重要的作用。在我国发展现代学徒制的过程中，行业协会需担负起引领职业教育发展的责任。行业协会应联合企业专家，指导职业院校根据技能要求和标准制定人才培养目标，设计课程体系，并推进企业和学校的联合培养工作。政府应当赋予行业协会相应的责任和权力，让行业协会牵头制定职业能力标准和国家统一认证的职业资格证书认证体系。此外，政府和行业协会还应当组织职业教育和职业资格审核机构，对职业院校和企业的人才培养及证书授予进行规范和监控，形成职业教育和职业资格监管体系。

（5）小范围、小规模开展现代学徒制试点工作。

受经验、体制、规模等因素的影响，我国职业院校无法在短期内全面实施现代学徒制，因此，应在小范围内、小规模开展现代学徒制试点工作。具体来说，小范围是指依据校企合作、专产融合的紧密程度，在我国职业院校中选定一些院校，并筛选出这些院校中的特定专业，在这些院校的特定专业开展试点工作。小规模是指依据学生的参与愿望和企业的技能要求，在选定专业内选择部分学生参与试点工作。在试点实践中，首先，依据学生成长需求和企业用工需要，由校企双方共同制订工学结合的人才培养方案和人才培养目标；其次，企业具体负责学生招聘，可依据自身需求来选拔学生，并培育他们成为企业未来的优质员工；最后，在培养方案的实施阶段，校企双方应明确各自的权责，为共同的目标而努力。在现代学徒制体系中，企业、学生和学校是三个主要的利益参与者。他们有各自的利益诉求，具体来说：学生的核心利益是获得更多的企业培训与实习实践机会，提升职业能力，实现高质量就业；企业的核心利益是通过参与学徒培训，获得符合其需要的优秀技术型人才；学校的核心利益是通过现代学徒制来推进人才培养模式改革，提升人才培养质量。通过分析可知，学校核心利益的实现必须以企业与学生核心利益的实现为基础，或者说，只有满足了企业和学生提出的利益诉求，学徒制才能维持下去，从而为学校带来一定的收益。相应地，校企双方应基于企业和学生的核心利益来制订人才培养计划。从实务操作角度来看，在开展小范围、小规模的试点工作时，应当注

---

① 孙佳鹏，石伟平. 现代学徒制：破解职业教育校企合作难题的良药 [J]. 中国职业技术教育，2014（27）：14-18.

意提高各参与方的信心，提高准入门槛，招募那些综合能力突出且有意向参与试点工作的学生。此外，校企双方要确定"个性化""精英化"的培养方案，力争培育出业务专家、高技能人员，满足不同企业和不同职业领域的技能需求，一方面实现学生"好就业""就好业"的目标，另一方面实现企业"找对人""找好人"的目标。

(6) 加大现代学徒制的宣传力度。

受特定文化背景的影响，社会对各种教育的看法也有所不同。例如，在德国传统观念中，精湛的手工技艺备受推崇，技能型人才受到社会的尊重，这就为德国传统工艺的传承奠定了基础，同时为技术创新提供了支撑。这种观念也为德国双元制职业教育的发展起到促进作用。在我国，师徒相传的技艺传承方式历来有之，这一传统根植于我国文化传统之中。如今，随着现代教育体系的确立和发展，学校能够更加系统且快捷地向学生传播理论知识和专业知识，并让学生参与企业实践，在实践中学习职业技能，从而全面提升综合实力。这就为现代学徒制在我国的发展提供了契机。要实施和推广现代学徒制，就需要广泛宣传师徒文化传承的意义，以引导社会广泛认识和接纳现代学徒制理念，使之成为现代职业教育的重要符号。

第十一章　结语

　　目前，现代学徒制人才培养模式在国际上获得普遍认可，被认为是职业教育的典范。近年来，各个国家都在积极推进现代学徒制人才培养模式的发展，建规立制，加大资金投入，经过多年的努力，无论在理论层面还是实践方面都获得了一定成就。现代学徒制人才培养模式是"产教融合"思想的现实成果，它吸收了职业教育的优势，兼顾了企业需求、学生诉求和培训目的，能够满足市场经济的发展需求，同时适应于市场经济的快速变革。回顾学徒制的发展历程，它曾闪耀于东西方大国的历史舞台，为历史进步做出了卓越贡献。步入市场经济时代，德国率先引入现代学徒制——"双元制"人才培养模式，并据此实现了经济腾飞。这也标志着现代学徒制人才培养模式的复苏。随后的几十年间，英国、瑞士、澳大利亚、美国等国家相继建立了适配于本国国情的现代学徒制人才培养模式，逐步形成了较为稳健的运作模式。近年来，国内关于现代学徒制人才培养模式的研究也开始增多，且各有侧重。在此背景下，本书通过比较研究、理论研究的方法，深入分析了国际上典型的现代学徒制人才培养模式的内涵、特点等，并针对我国职业教育的发展现状，提出了建议，以期为我国现代学徒制人才培养模式的变革式发展提供理论指导，同时希望阅读本书的人也能从中获益。

参考文献

一、学术著作

[1] 陈俊兰. 职业教育现代学徒制研究 [M]. 长沙：湖南大学出版社，2014.

[2] 关晶. 职业教育现代学徒制的比较与借鉴 [M]. 长沙：湖南师范大学出版社，2016.

[3] 黄日强，施晶晖，陈龙. 中国职业教育现代学徒制度研究 [M]. 北京：中国原子能出版社，2014.

[4] 康托. 美国21世纪学徒制 [M]. 北京：中国劳动社会保障出版社，2016.

[5] 肖胜阳. 现代学徒制"东莞模式" [M]. 北京：高等教育出版社，2016.

[6] 赵鹏飞. 现代学徒制"广东模式"的研究与实践 [M]. 广州：广东高等教育出版社，2015.

二、学术期刊

[1] 陈嵩. 关于"现代学徒制"和"企业新型学徒制"的比较 [J]. 职教论坛，2015 (28)：67-71.

[2] 陈俊兰. 1949年至1965年中国学徒制政策研究 [J]. 教育与职业，2012 (8)：22-24.

[3] 陈衍. 走进瑞士学徒制 [J]. 职业技术教育，2014 (27)：4.

[4] 陈圆. 美国注册学徒制的演进轨迹与最新举措 [J]. 职业技术教育，2015 (19)：74-78.

[5] 陈圆，蒋颖. 美国注册学徒制职业培训新政解读：困境与变革 [J]. 外国教育研究，2011 (10)：75-79.

[6] 陈秀兰, 张树国. 学徒培训: 培养技工的重要途径 [J]. 成人教育, 1982 (6): 20-21.

[7] 崔铁刚. 新中国学徒制演变的制度分析 [J]. 职教论坛, 2012 (10): 77-81.

[8] 杜启平, 熊霞. 高等职业教育实施现代学徒制的瓶颈与对策 [J]. 高教探索, 2015 (3): 74-77.

[9] 冯晓沛. 中国古代学徒制职业教育评价历史述评 [J]. 职教论坛, 2012 (34): 94-96.

[10] 广州市工艺美术工业公司. 春风春雨育新苗——广州彩瓷厂改进学徒培训 [J]. 中国劳动, 1981 (2): 20-21.

[11] 关晶. 西方学徒制的历史演变及思考 [J]. 华东师范大学学报, 2010, 28 (1): 81-90.

[12] 关晶, 石伟平. 西方现代学徒制人才培养模式的特征及启示 [J]. 职业技术教育, 2011 (31): 77-83.

[13] 关晶. 法国现代学徒制改革述评 [J]. 全球教育展望, 2013 (4): 104-111.

[14] 关晶, 石伟平. 现代学徒制之"现代性"辨析 [J]. 教育研究, 2014 (10): 97-102.

[15] 关晶. 当代澳大利亚学徒制述评 [J]. 职教论坛, 2015 (4): 80-84.

[16] 郭志勇. 古代学徒制——对中职学校办学思路的启示及思考 [J]. 中等职业教育, 2004 (24): 7-9.

[17] 顾方荣. 浅议学徒制改革 [J]. 中国劳动, 1988 (1): 30.

[18] 黄蘋. 现代学徒制改革的支撑环境建设 [J] 职业技术教育, 2016 (27): 21-25.

[19] 黄蘋. 德国现代学徒制的制度分析及启示 [J] 湖南师范大学教育科学学报, 2016 (3): 121-125.

[20] 黄蘋, 辜川毅. 德国现代学徒制的改革经验及对我国的启示 [J]. 云南行政学院学报, 2016 (3): 161-165.

[21] 黄蘋, 黄光芬. 瑞士现代学徒制中"囚徒困境"的解决方案与启示 [J]. 云南行政学院学报, 2017 (3): 142-147.

[22] 黄享苟, 陈卓, 郭自灿. 新世纪以来学徒制研究综述 [J]. 湖北职业技术学院学报, 2011 (4): 26-30.

[23] 贾文胜，梁宁森. 瑞士现代学徒制"三元"协作运行机制的经验及启示 [J]. 职教论坛，2015（25）：38-43.

[24] 匡瑛. 史上层次最高的学徒制——意大利高等学徒制之述评 [J]. 全球教育展望，2013（4）：112-119.

[25] 刘文华，徐国庆. 美国佐治亚州"青年学徒制"的实践及其对我国的启示 [J]. 河北师范大学学报（教育科学版），2016（5）：59-63.

[26] 李铭辉. 英德现代学徒制教育方法及启示 [J]. 中国高等教育，2014（7）：62-63.

[27] 李建军. 论传统学徒制对我国高等工程教育的启示 [J]. 中等职业教育论坛，2003（3）：79-80.

[28] 李玉静. 国际视野下我国学徒制的未来发展——德、英、澳、新学徒制发展特点及对我国学徒制发展的建议 [J]. 职业技术教育，2015（21）：34-38.

[29] 刘静慧，关晶. 我国现代学徒制实践的现状研究——基于2004—2014年公开文献的数据分析 [J]. 职教论坛，2015（25）：21-27.

[30] 罗建河，陈梅. 似而不同：瑞士、德国职业教育体系中的"学徒期制"比较分析 [J]. 职业技术教育，2015（25）：74-78.

[31] 邱云. 高职连锁经营管理专业现代学徒制人才培养探究 [J]. 太原城市职业技术学院学报，2016（3）：163-164.

[32] 邱云. 高职连锁经营管理专业现代学徒制人才培养可行性研究 [J]. 农村经济与科技，2016（10）：100，102.

[33] 孙日强，石伟平. 国际视野下学徒制质量保障的实践举措与制度框架研究 [J]. 职教论坛，2015（25）：34-37.

[34] 孙佳鹏，石伟平. 现代学徒制：破解职业教育校企合作难题的良药 [J]. 中国职业技术教育，2014（27）：14-18.

[35] 孙晓燕. 试论现代学徒制对我国职业教育的意义 [J]. 职教论坛，2008（2）：23-25.

[36] 夏小文. 英国现代学徒制培训的成本探析 [J]. 职教论坛，2004（33）：62-64.

[37] 邹祥发. 浅谈市场经济下的学徒制 [J]. 企业家天地，1994（1）：23-24.

[38] 万林. 有章有法 有声有色——齐齐哈尔市学徒工作述评 [J]. 成人教育，1982（6）：22.

[39] 王启龙，石伟平. 德、奥、澳三国现代学徒制补贴政策：经验与启示 [J]. 职业技术教育，2017 (1)：66-73.

[40] 王喜雪. 英国现代学徒制与我国工学结合的比较研究——基于政策分析的视角 [J]. 外国教育研究，2012 (9)：89-96.

[41] 王晓婉，张桂春. 美国改善注册学徒制的措施及启示 [J]. 继续教育，2015 (11)：78-80.

[42] 王扬南. 把握质量核心，突出双元主体，扎实推进现代学徒制试点工作 [J]. 中国职业技术教育，2017 (1)：31-35.

[43] 王振洪，成军. 现代学徒制：高技能人才培养新范式 [J]. 中国高教研究，2012 (8)：93-96.

[44] 王川. 论学徒制职业教育的产生与发展 [J]. 职教论坛，2008 (9)：60-64.

[45] 徐国庆. 为什么要发展现代学徒制 [J]. 职教论坛，2015 (33)：1.

[46] 薛胜男. 现代学徒制的西方经验与中国现实 [J]. 教育与职业，2014 (24)：9-11.

[47] 谢瑗，徐文俊. 关于企业推行名师带徒培养高技能人才制度的思考 [J]. 职业技术教育，1998 (3)：6-8.

[48] 颜磊，唐天艳，陈明昆. 现代学徒制研究的回顾与反思 [J]. 教育与职业，2015 (12)：10-13.

[49] 殷俊玲. 晋商学徒制习俗礼仪初考 [J]. 山西大学学报 (哲学社会科学版)，2005 (1)：73-77.

[50] 杨丽波，曾璐. 美国青年学徒制对我国青年就业问题的启示 [J]. 河北师范大学学报 (教育科学版)，2015 (4)：69-73.

[51] 杨黎明. 关于现代学徒制 (三)：澳大利亚的现代学徒制 [J]. 职教论坛，2013 (12)：20.

[52] 俞可. 德国职业教育"双轨制"：面临解体 [J]. 职业技术教育，2004 (36)：61-64.

[53] 易烨，石伟平. 澳大利亚新学徒制的改革 [J]. 职教论坛，2013 (16)：89-92.

[54] 张启富. 高职院校试行现代学徒制人才培养模式：困境与实践策略 [J]. 教育发展研究，2015 (3)：45-51.

[55] 曾志斌. 数控专业"现代学徒制"人才培养模式的探索与实践 [J]. 中国职业技术教育，2016 (33)：98-101.

[56] 吴静, 杜侦. 英国职业教育学徒制变迁及其启示 [J]. 职教论坛, 2014 (6): 92-96.

[57] 吴全全. 意大利现代学徒制培训简介 [J]. 中国职业技术教育, 2009 (22): 62-63.

[58] 吴全全. 意大利的学徒制培训——发展与挑战 [J]. 世界职业技术教育, 2009 (3): 10.

[59] 吴学仕, 伦凤兰. 英国现代学徒制发展因素分析及启示 [J]. 职教论坛, 2015 (12): 91-96.

[60] 王建梁, 赵鹤. 英国现代学徒制的发展历程、成效与挑战 [J]. 比较教育研究, 2016 (8): 12-14.

[61] 王建勇. 英国现代学徒制模式中的评估及证据使用 [J]. 职业教育研究, 2017 (2): 33-34.

三、学位论文

[1] 陈利. 瑞士学徒制职业教育模式研究 [D]. 重庆: 西南大学, 2009.

[2] 关晶. 西方学徒制研究——兼论对我国职业教育的借鉴 [D]. 上海: 华东师范大学, 2010.

[3] 李艳. 英国现代学徒制对我国职业教育课程改革的启示 [D]. 河北: 河北师范大学, 2008.

[4] 雷成良. 职业教育现代学徒制人才培养模式研究 [D]. 重庆: 西南大学, 2016.

[5] 鲁婉玉. 高职教育中"现代学徒制"人才培养模式研究 [D]. 大连: 大连大学, 2011.

[6] 田英玲. 瑞士现代学徒制"三方协作"研究 [D]. 沈阳: 沈阳师范大学, 2014.

[7] 王悦. 英国现代学徒制管理模式的研究 [D]. 大连: 东北财经大学, 2011.

[8] 熊苹. 走进现代学徒制——英国、澳大利亚现代学徒制研究 [D]. 上海: 华东师范大学, 2004.

[9] 周姝琼. 21 世纪以来奥地利学徒制改革研究 [D]. 重庆: 西南大学, 2012.

[10] 张丽香. 学徒制的学习探微——孝义皮影戏的案例研究 [D]. 苏州: 苏州大学, 2008.

四、英文文献

[1] FULLER A, UNWIN L. Change and Continuity in Apprenticeship: The Resilience of A Model of Learning [J]. Journal of Education and Work, 2009 (5): 405-416.

[2] ROGOFF B, GAUVAIN M. The Cognitive Consequences of Specific Experiences: Weaving Versus Schooling Among the Navajo [J]. Journal of Cross-Cultural Psychology, 1984, 15 (15): 453-475.

[3] GERHOLZ K H, BRAHM T. Apprenticeship and Vocational Education: An Institutional Analysis of Workplace Learning in the German Vocational System [M]. Dordrecht: Springer, 2004.

[4] BILLET S. Learning in workplace: Strategies for effective practice [M]. Australia: Allen & Unwin, 2001.

[5] ERTL H, SLOANE P F E. The German training system and the world of work: The transfer potential of the Lernfeldkonzept [EB/OL]. [2015-01-30] http://www.bwpat.de/7eu/ertl_ sloane_ de_ bwpat7.pdf.

附　录

附录一　教育部关于开展现代学徒制试点工作的意见

各省、自治区、直辖市教育厅（教委），各计划单列市教育局，新疆生产建设兵团教育局，有关单位：

为贯彻党的十八届三中全会和全国职业教育工作会议精神，深化产教融合、校企合作，进一步完善校企合作育人机制，创新技术技能人才培养模式，根据《国务院关于加快发展现代职业教育的决定》（国发〔2014〕19号）要求，现就开展现代学徒制试点工作提出如下意见。

一、充分认识试点工作的重要意义

现代学徒制有利于促进行业、企业参与职业教育人才培养全过程，实现专业设置与产业需求对接，课程内容与职业标准对接，教学过程与生产过程对接，毕业证书与职业资格证书对接，职业教育与终身学习对接，提高人才培养质量和针对性。建立现代学徒制是职业教育主动服务当前经济社会发展要求，推动职业教育体系和劳动就业体系互动发展，打通和拓宽技术技能人才培养和成长通道，推进现代职业教育体系建设的战略选择；是深化产教融合、校企合作，推进工学结合、知行合一的有效途径；是全面实施素质教育，把提高职业技能和培养职业精神高度融合，培养学生社会责任感、创新精神、实践能力的重要举措。各地要高度重视现代学徒制试点工作，加大支持力度，大胆探索实践，着力构建现代学徒制培养体系，全面提升技术技能人才的培养能力和水平。

二、明确试点工作的总要求

1. 指导思想

以邓小平理论、"三个代表"重要思想、科学发展观为指导，坚持服务发展、就业导向，以推进产教融合、适应需求、提高质量为目标，以创新招生制度、管理制度和人才培养模式为突破口，以形成校企分工合作、协同育人、共同发展的长效机制为着力点，以注重整体谋划、增强政策协调、鼓励基层首创为手段，通过试点、总结、完善、推广，形成具有中国特色的现代学徒制度。

2. 工作原则

——坚持政府统筹，协调推进。要充分发挥政府统筹协调作用，根据地方经济社会发展需求系统规划现代学徒制试点工作。把立德树人、促进人的全面发展作为试点工作的根本任务，统筹利用好政府、行业、企业、学校、科研机构等方面的资源，协调好教育、人社、财政、发改等相关部门的关系，形成合力，共同研究解决试点工作中遇到的困难和问题。

——坚持合作共赢，职责共担。要坚持校企双主体育人、学校教师和企业师傅双导师教学，明确学徒的企业员工和职业院校学生双重身份，签好学生与企业、学校与企业两个合同，形成学校和企业联合招生、联合培养、一体化育人的长效机制，切实提高生产、服务一线劳动者的综合素质和人才培养的针对性，解决好合作企业招工难问题。

——坚持因地制宜，分类指导。要根据不同地区行业、企业特点和人才培养要求，在招生与招工、学习与工作、教学与实践、学历证书与职业资格证书获取、资源建设与共享等方面因地制宜，积极探索切合实际的实现形式，形成特色。

——坚持系统设计，重点突破。要明确试点工作的目标和重点，系统设计人才培养方案、教学管理、考试评价、学生教育管理、招生与招工，以及师资配备、保障措施等工作。以服务发展为宗旨，以促进就业为导向，深化体制机制改革，统筹发挥好政府和市场的作用，力争在关键环节和重点领域取得突破。

三、把握试点工作内涵

1. 积极推进招生与招工一体化

招生与招工一体化是开展现代学徒制试点工作的基础。各地要积极开展"招生即招工、入校即入厂、校企联合培养"的现代学徒制试点，加强对中等和高等职业教育招生工作的统筹协调，扩大试点院校的招生自主权，推动试点院校根据合作企业需求，与合作企业共同研制招生与招工方案，扩大招生范围，改革考核方式、内容和录取办法，并将试点院校的相关招生计划纳入学校年度招生计划进行统一管理。

2. 深化工学结合人才培养模式改革

工学结合人才培养模式改革是现代学徒制试点的核心内容。各地要选择适合开展现代学徒制培养的专业，引导职业院校与合作企业根据技术技能人才成长规律和工作岗位的实际需要，共同研制人才培养方案、开发课程和教材、设计实施教学、组织考核评价、开展教学研究等。校企应签订合作协议，职业院校承担系统的专业知识学习和技能训练；企业通过师傅带徒形式，依据培养方案进行岗位技能训练，真正实现校企一体化育人。

3. 加强专兼结合师资队伍建设

校企共建师资队伍是现代学徒制试点工作的重要任务。现代学徒制的教学任务必须由学校教师和企业师傅共同承担，形成双导师制。各地要促进校企双方密切合作，打破现有教师编制和用工制度的束缚，探索建立教师流动编制或设立兼职教师岗位，加大学校与企业之间人员互聘共用、双向挂职锻炼、横向联合技术研发和专业建设的力度。合作企业要选拔优秀高技能人才担任师傅，明确师傅的责任和待遇，师傅承担的教学任务应纳入考核，并可享受带徒津贴。试点院校要将指导教师的企业实践和技术服务纳入教师考核并作为晋升专业技术职务的重要依据。

4. 形成与现代学徒制相适应的教学管理与运行机制

科学合理的教学管理与运行机制是现代学徒制试点工作的重要保障。各地要切实推动试点院校与合作企业根据现代学徒制的特点，共同建立教学运行与质量监控体系，共同加强过程管理。指导合作企业制定专门的学徒管理办法，保证学徒基本权益；根据教学需要，合理安排学徒岗位，分配工作任务。试点院校要根据学徒培养工学交替的特点，实行弹性学制或学分制，创新和完善教学管理与运行机制，探索全日制学历教育的多种实现形式。试点院校和合作企业共同实施考核评价，将学徒岗位工作任务完成情况纳入考核范围。

四、稳步推进试点工作

1. 逐步增加试点规模

将根据各地产业发展情况、办学条件、保障措施和试点意愿等，选择一批有条件、基础好的地市、行业、骨干企业和职业院校作为教育部首批试点单位。在总结试点经验的基础上，逐步扩大实施现代学徒制的范围和规模，使现代学徒制成为校企合作培养技术技能人才的重要途径。逐步建立起政府引导、行业参与、社会支持，企业和职业院校双主体育人的中国特色现代学徒制。

2. 逐步丰富培养形式

现代学徒制试点应根据不同生源特点和专业特色因材施教，探索不同的培养形式。试点初期，各地应引导中等职业学校根据企业需求，充分利用国家注册入学政策，针对不同生源，分别制订培养方案，开展中职层次现代学徒制试点。引导高等职业院校利用自主招生、单独招生等政策，针对应届高中毕业生、中职毕业生和同等学力企业职工等不同生源特点，分类开展专科学历层次不同形式的现代学徒制试点。

3. 逐步扩大试点范围

现代学徒制包括学历教育和非学历教育。各地应结合自身实际，可以从非学历教育入手，也可以从学历教育入手，探索现代学徒制人才培养规律，积累经验后逐步扩大。鼓励试点院校采用现代学徒制形式与合作企业联合开展企业员工岗前培训和转岗培训。

五、完善工作保障机制

1. 合理规划区域试点工作

各地教育行政部门要根据本意见精神，结合地方实际，会同人社、财政、发改等部门，制定本地区现代学徒制试点实施办法，确定开展现代学徒制试点的行业企业和职业院校，明确试点规模、试点层次和实施步骤。

2. 加强试点工作组织保障

各地要加强对试点工作的领导，落实责任制，建立跨部门的试点工作领导小组，定期会商和解决有关试点工作重大问题。要有专人负责，及时协调有关部门支持试点工作。引导和鼓励行业、企业与试点院校通过组建职教集团等形式，整合资源，为现代学徒制试点搭建平台。

3. 加大试点工作政策支持

各地教育行政部门要推动政府出台扶持政策，加大投入力度，通过财政资助、政府购买等奖励措施，引导企业和职业院校积极开展现代学徒制试点。并按照国家有关规定，保障学生权益，保证合理报酬，落实学徒的责任保险、工伤保险，确保学生安全。大力推进"双证融通"，对经过考核达到要求的毕业生，发放相应的学历证书和职业资格证书。

4. 加强试点工作监督检查

加强对试点工作的监控，建立试点工作年报年检制度。各试点单位应及时总结试点工作经验，扩大宣传，年报年检内容作为下一年度单招核准和布点的依据。对于试点工作不力或造成不良影响的，将暂停试点资格。

教育部

2014 年 8 月 25 日

附录二　现代学徒制试点工作实施方案

为贯彻落实全国职业教育工作会议精神和《国务院关于加快发展现代职业教育的决定》，切实做好现代学徒制试点工作，根据《教育部关于开展现代学徒制试点工作的意见》（教职成〔2014〕9号）有关要求，特制订本方案。

一、试点目标

探索建立校企联合招生、联合培养、一体化育人的长效机制，完善学徒培养的教学文件、管理制度及相关标准，推进专兼结合、校企互聘互用的"双师型"师资队伍建设，建立健全现代学徒制的支持政策，逐步建立起政府引导、行业参与、社会支持，企业和职业院校双主体育人的中国特色现代学徒制。

二、试点内容

（一）探索校企协同育人机制

完善学徒培养管理机制，明确校企双方职责、分工，推进校企紧密合作、协同育人。完善校企联合招生、分段育人、多方参与评价的双主体育人机制。探索人才培养成本分担机制，统筹利用好校内实训场所、公共实训中心和企业实习岗位等教学资源，形成企业与职业院校联合开展现代学徒制的长效机制。

（二）推进招生招工一体化

完善职业院校招生录取和企业用工一体化的招生招工制度，推进校企共同研制、实施招生招工方案。根据不同生源特点，实行多种招生考试办法，为接受不同层次职业教育的学徒提供机会。规范职业院校招生录取和企业用工程序，明确学徒的企业员工和职业院校学生双重身份，按照双向选择原则，学徒、学校和企业签订三方协议，对于年满16周岁未达到18周岁的学徒，须由学徒、监护人、学校和企业四方签订协议，明确各方权益及学徒在岗培养的具体岗位、教学内容、权益保障等。

（三）完善人才培养制度和标准

按照"合作共赢、职责共担"原则，校企共同设计人才培养方案，共同制订专业教学标准、课程标准、岗位标准、企业师傅标准、质量监控标准及相应实施方案。校企共同建设基于工作内容的专业课程和基于典型工作过程的专业课程体系，开发基于岗位工作内容、融入国家职业资格标准的专业教学内容和教材。

（四）建设校企互聘共用的师资队伍

完善双导师制，建立健全双导师的选拔、培养、考核、激励制度，形成校企互聘共用的管理机制。明确双导师职责和待遇，合作企业要选拔优秀高技能人才担任师傅，明确师傅的责任和待遇，师傅承担的教学任务应纳入考核，并可享受相应带徒津贴。试点院校要将指导教师的企业实践和技术服务纳入教师考核并作为晋升专业技术职务的重要依据。建立灵活的人才流动机制，校企双方共同制定双向挂职锻炼、横向联合技术研发、专业建设的激励制度和考核奖惩制度。

（五）建立体现现代学徒制特点的管理制度

建立健全与现代学徒制相适应的教学管理制度，制定学分制管理办法和弹性学制管理办法。创新考核评价与督查制度，制定以育人为目标的实习实训考核评价标准，建立多方参与的考核评价机制。建立定期检查、反馈等形式的教学质量监控机制。制定学徒管理办法，保障学徒权益，根据教学需要，科学安排学徒岗位、分配工作任务，保证学徒合理报酬。落实学徒的责任保险、工伤保险，确保人身安全。

三、试点单位

现代学徒制试点采取自愿申报原则。申报试点的单位应是有一定工作基础、愿意先行先试的地级市、行业、企业及职业院校。

（一）以地级市为申报单位进行试点

地级市作为试点单位，统筹辖区内职业院校和企业，立足辖区内职业教育资源和企业资源，合理确定试点专业和学生规模，开展现代学徒制试点工作，重点探索地方实施现代学徒制的支持政策和保障措施。

（二）以行业系统为申报单位进行试点

行业作为试点单位，统筹行业内职业院校和企业，选择行业职业教育重点专业，开展现代学徒制试点工作，重点任务是开发现代学徒制的各类标准。

（三）以职业院校为申报单位进行试点

职业院校作为试点单位，选择学校主干专业作为试点专业，联合有条件、有意愿的企业，共同开展现代学徒制试点，重点探索开展现代学徒制的人才培养模式和管理制度。

（四）以企业为申报单位进行试点

具有多年校企一体化育人经验的大型企业作为试点单位，联合职业院校，共同开展现代学徒制试点，重点探索企业参与现代学徒制的有效途径、运作方式和支持政策。

四、工作安排

现代学徒制试点单位按照自愿申报、专家评审、统一部署等程序确定，试点工作在省级教育行政部门的统筹协调下开展。

（一）项目申报

各申报单位须填写项目申报书，申报材料要求一式 2 份（附电子版光盘），并于 2015 年 1 月 30 日前报我司。地级市、职业院校和企业的申报材料由所在省、自治区、直辖市教育厅（教委）统一组织报送（企业申报材料由合作院校所在省、自治区、直辖市教育部门报送），行业申报材料可单独直接报送。

（二）评审遴选

我部将组织专家对申报方案进行评审、遴选，优先选择目标明确、方案完善、支持力度大、示范性强的申报单位，作为教育部现代学徒制首批试点单位。

（三）组织实施

经我部批准的试点单位，按照试点工作方案，制定详细的试点工作任务书，以专业学制为一个试点周期，开展各项试点工作。教育行政部门应做好对试点工作的统筹协调，确保试点工作的顺利开展。

（四）总结推广

试点期间，我部将组织专家对试点工作进行监督检查，并建立年度报告和周期总结相结合的评价方式。试点结束后，试点单位要做好试点总结。在总结各地经验基础上，我部将逐步扩大实施现代学徒制的范围和规模，使现代学徒制成为校企合作培养技术技能人才的重要途径。

五、保障措施

各地要加强对试点工作的组织领导，健全工作机制，完善政策措施，加强指导服务。

（一）加强组织领导

各地要加强对试点工作的领导，落实责任制，建立跨部门的试点工作领导小组，定期会商和解决有关试点工作重大问题。要有专人负责，及时协调有关部门支持试点工作。要制定试点工作的扶持政策，加强对招生工作的统筹协调，扩大试点院校的招生自主权；加大投入力度，通过财政资助、政府购买等措施，引导企业和职业院校积极开展现代学徒制试点。

（二）科学制订试点方案

各试点单位要深入调研、科学论证，发挥现代学徒制多元主体作用，把试点工作细化、具体化，形成具有可操作性的试点项目实施方案。实施方案要针对学徒制实施过程中的实际问题，着力创新体制机制，明确试点目标、试点措施、进度安排、配套政策、保障条件、责任主体、风险分析和应对措施、预期成果及推广价值等内容。

（三）加强科学研究工作

各试点单位要坚持边试点边研究，及时总结提炼，把试点工作中的好做法和好经验上升为理论，形成推动现代学徒制发展的政策措施，促进理论与实践同步发展。积极开展国际比较研究，系统总结相关国家（地区）开展学徒制的经验，完善中国特色的现代学徒制运行机制、办学模式、管理体制和条件保障等。

附录三 教育部办公厅关于公布
首批现代学徒制试点单位的通知

教职成厅函〔2015〕29 号

各省、自治区、直辖市教育厅（教委），新疆生产建设兵团教育局，有关单位：

根据《教育部关于开展现代学徒制试点工作的意见》（教职成〔2014〕9号）要求，我部组织各地开展了现代学徒制试点申报工作。经专家评议，决定遴选 165 家单位作为首批现代学徒制试点单位和行业试点牵头单位（以下简称"试点单位"），现予以公布，并就有关事项通知如下：

1. 制定工作任务书。各试点单位要结合实际，制定试点工作任务书，明确试点工作的重点建设内容、实施步骤、责任主体和保障措施等，确保试点工作顺利实施。试点工作任务书须报我部备案。各试点地区、职业院校、企业、地方行业的任务书由所在地省级教育行政部门统一报送，行业组织可直接报送。报送截止日期为 2015 年 9 月 30 日。

2. 加强科研工作。各试点单位要加强科学研究工作，坚持边试点边研究，及时总结提炼，把试点工作中的好做法和好经验上升为理论，促进理论与实践同步发展。有条件的试点单位要积极开展国际比较研究，系统总结相关国家（地区）开展学徒制的经验，完善中国特色的现代学徒制制度体系。

3. 做好宣传工作。各地要持续做好现代学徒制试点宣传工作，充分发挥主流媒体和网络、微信等新媒体作用，开展形式多样、内容丰富，多层次、全方位的宣传活动，将试点过程中的好做法、好经验和理论研究成果予以及时总结推广，营造有利于试点运作的良好社会氛围。

4. 强化组织领导。各省级教育行政部门要加强对工作试点的组织领导，特别是指导所辖地级市做好市级统筹，健全工作机制，落实责任，完善政策措施。要制定试点工作的扶持政策，加强对招生工作的统筹协调，扩大试点院校的招生自主权；加大投入力度，通过财政资助、政府购买等措施，引导企业和职业院校积极开展现代学徒制试点。试点期间，我部将组织开展现代学徒制政策解读及相关培训，定期组织专家对试点工作进行监督检查，并建立年度报告和周期总结相结合的评价方式。在总结经验基础上，将逐步扩大现代学徒制实施范围和规模，构建中国特色现代学徒制体系，使现代学徒制成为培养技术技能人才的重要途径。

联系人：尹玉杰、白汉刚

联系电话：010-66096809

地址：北京市西城区西单大木仓胡同 37 号

邮政编码：100816

附件：首批现代学徒制试点单位名单

教育部办公厅

2015 年 8 月 5 日

附录四　教育部办公厅关于做好
2017 年度现代学徒制试点工作的通知

教职成厅函〔2017〕17 号

各省、自治区、直辖市教育厅（教委），新疆生产建设兵团教育局，有关单位：

为贯彻《国务院关于加快发展现代职业教育的决定》（国发〔2014〕19号）和《教育部关于开展现代学徒制试点工作的意见》（教职成〔2014〕9号）精神，落实《教育部 2017 年工作要点》（教政法〔2017〕4 号）关于"启动第二批中国特色现代学徒制试点"的要求，现就做好 2017 年度现代学徒试点工作通知如下：

一、遴选试点

按照"自愿申报、省级推荐、部级评议"的程序遴选确定第二批现代学徒制试点单位。

（一）自愿申报

凡具有一定校企合作基础的地级市、规模以上企业、职业院校及行业均可自愿申报。第一批现代学徒制试点单位（含参与单位）原则上不参与本次申报。请申报单位登录教育部官网职业教育与成人教育司主页（http://www.moe.edu.cn/s78/A07/）《高等职业教育创新发展行动计划（2015—2018 年）》专题"现代学徒制试点工作管理平台"（以下简称管理平台），按照第二批现代学徒制试点工作方案（附件 1）要求，提交任务书（格式详见附件 2）和实施方案。实施方案应包括申请单位（含合作单位）基本情况、试点工作基础、试点任务、进度安排、配套政策、保障条件、预期成果及推广价值等。

（二）省级推荐

省级教育行政部门（以下统称各地）须利用管理平台对省内提出申请的地级市、企业、职业院校和行业进行遴选和推荐。每省份原则上推荐不超过15 家。

（三）部级评议

我部将组织专家对各地推荐的申报单位进行评议，公布评议结果、确定试点单位。

二、年度检查

2016 年备案的第一批现代学徒制试点的年检工作，按照"试点自检、省级检查、部级抽检"的程序进行。

（一）试点自检

试点单位对照备案的任务书，检查完成情况，撰写并上传自检报告（含校企合作协议）。自检报告应包括：目标和任务完成情况、主要建设成效、资金到位和执行情况、存在的主要问题及改进措施，以及至下一年试点结束的工作计划等。

（二）省级检查

各地要加强对试点工作的领导，督促参加第一批试点的地级市、企业、职业院校、相关行业做好自检，并通过管理平台审核相关单位的自检报告、提交省级年检报告。省级年检报告应包括：省内试点工作总体进展，省级部门对试点工作提供的组织保障、扶持政策、资金投入，以及典型案例、存在的问题及解决措施，至下一年试点结束的工作计划等。

（三）部级抽检

我部将组织专家随机抽查审核各地和试点单位报送的年检自检报告，视需要组织实地检查，对于工作不力或造成不良影响的，我部将暂停或中止试点。

三、专家推荐

为加强试点工作指导，我部组建现代学徒制工作专家指导委员会和专家库。各地可遴选推荐熟悉职业教育、具有较高专业素质和理论水平、熟悉企业生产管理流程、年龄不超过 65 周岁的行业企业专家和职业教育专家作为专委会委员人选（每省份限 1 人）和入库专家人选（每省份不超过 5 人）。

四、工作要求

（一）账号管理

管理平台登录账号实行分级管理。全国性行业组织和省级教育行政部门管理平台登录账号由我部指定联系人管理，地级市、企业、区域行业组织及职业院校等试点单位管理平台登录账号由省级教育行政部门管理。

（二）网络填报

请各地按照通知要求，于 2017 年 5 月 31 日前登录管理平台完成第二批试点单位推荐工作；于 2017 年 6 月 30 日前登录管理平台完成第一批试点单位年检工作。

（三）材料报送

请有关省级教育行政部门将第二批试点推荐单位的任务书与实施方案（一式两份）和专委会委员人选与入库专家人选推荐表（格式详见附件 3，一式两份），于 2017 年 6 月 16 日前以公函形式报送至我部，推荐表电子版发送至指定邮箱；将第一批现代学徒制试点省级年检报告（含所属试点单位自检报告）于 2017 年 7 月 14 日前以公函形式报送我部。全国性行业组织的年检报告以公函形式直接报送我部（职成司）。

五、联系方式

教育部职成司联系人：张启明、任占营

电话/传真：010-66096232

管理平台技术支持联系人：王辉

电话：15016674601

电子邮箱：sfgz@moe.edu.cn

通信地址：北京市西城区西单大木仓胡同 35 号

（邮编：100816）

附件：1. 第二批现代学徒制试点工作方案

2. 教育部现代学徒制试点工作任务书

3. 现代学徒制工作专家指导委员会成员、入库专家推荐表

教育部办公厅

2017 年 4 月 6 日

附录五 第二批现代学徒制试点工作方案

为贯彻落实全国职业教育工作会议精神和《国务院关于加快发展现代职业教育的决定》，扎实推进《国家教育事业发展"十三五"规划》，持续做好现代学徒制试点工作，根据《教育部关于开展现代学徒制试点工作的意见》（教职成〔2014〕9号）制订本方案。

一、试点目标

探索建立校企联合招生、联合培养、一体化育人的长效机制，完善学徒培养的教学文件、管理制度、相关标准，推进专兼结合、校企互聘互用的双师结构师资队伍建设，建立健全现代学徒制的支持政策，形成和推广政府引导、行业参与、社会支持，企业和职业院校双主体育人的中国特色现代学徒制。

二、试点内容

（一）探索校企协同育人机制

完善学徒培养管理机制，明确校企双方的职责与分工，推进校企紧密合作、协同育人。完善校企联合招生、共同培养、多方参与评价的双主体育人机制。探索人才培养成本分担机制，统筹利用好校内实训场所、公共实训中心和企业实习岗位等教学资源，形成企业与职业院校联合开展现代学徒制的长效机制。

（二）推进招生招工一体化

完善职业院校招生录取与企业用工一体化的招生招工制度，推进校企共同制订和实施招生招工方案。规范职业院校招生录取和企业用工程序，签订学生与企业、学校与企业两份合同（或学徒、学校和企业之间的三方协议），明确学徒的企业员工和职业院校学生双重身份（对于年满16周岁未达到18周岁的学徒，须由学徒、监护人、学校和企业四方签订协议），明确各方权益及学徒在岗培养的具体岗位、教学内容、权益保障等。

（三）完善人才培养制度和标准

按照"合作共赢、职责共担"原则，校企共同设计人才培养方案，共同制订专业教学标准、课程标准、岗位技术标准、师傅标准、质量监控标准及相应实施方案。校企共同建设基于工作内容的专业课程和基于典型工作过程的专业课程体系，开发基于岗位工作内容、融入国家职业资格标准的专业教学内容和教材。

（四）建设校企互聘共用的师资队伍

完善双导师制，建立健全双导师的选拔、培养、考核、激励制度，形成校企互聘共用的管理机制。明确导师的职责和待遇，合作企业要选拔优秀高技能人才担任师傅，明确师傅的责任和待遇。院校要将指导教师的企业实践和技术服务纳入教师考核并作为晋升专业技术职务的重要依据。建立灵活的人才流动机制，校企双方共同制定双向挂职锻炼、联合技术研发、专业建设的激励制度和考核奖惩政策。

（五）建立体现现代学徒制特点的管理制度

建立健全与现代学徒制相适应的教学管理制度，制定学分制管理办法和弹性学制管理办法。创新考核评价与督查制度，基于工作岗位制定以育人为目标的学徒考核评价标准，建立多方参与的考核评价机制。建立定期检查、反馈等形式的教学质量监控机制。制定学徒管理办法，保障学徒权益，根据教学需要，科学安排学徒岗位、分配工作任务，保证学徒合理报酬。落实学徒的责任保险、工伤保险，确保人身安全。

三、试点形式

现代学徒制试点自愿申报。申报试点的单位应是具有一定工作基础、愿意先行先试的地级市、行业、企业及职业院校。

（一）地级市牵头开展试点

以地级市为试点单位，统筹辖区内职业院校和企业，立足辖区内职业院校资源和企业资源确定试点专业和学生规模，重点探索地方实施现代学徒制的支持政策和保障措施。

（二）行业牵头开展试点

以行业为试点单位，统筹行业内职业院校和企业，选择行业职业教育重点专业开展现代学徒制试点工作，侧重开发规范和保证现代学徒制实施的各类标准。

（三）职业院校牵头开展试点

以职业院校为试点单位，选择学校主干专业，联合有条件、有意愿的企业共同开展试点工作，重点探索现代学徒制的人才培养模式和管理制度。

（四）企业牵头开展试点

以具有校企一体化育人经验的规模企业为试点单位，联合职业院校共同开展试点工作，重点探索企业参与现代学徒制的有效途径、运作方式和激励机制。

四、工作安排

第二批现代学徒制试点工作按照自愿申报、省级推荐、部级评议、组织实施、验收推广等程序进行，试点工作在省级教育行政部门的统筹协调下开展。

（一）自愿申报

申报单位须提交试点实施方案，根据实施方案编制并提交任务书。地级市、职业院校、企业及区域行业组织的申报材料由所在省级教育行政部门统一组织报送（企业申报材料由合作院校所在省教育行政部门报送），全国性行业组织申报材料直接报送教育部（职成司）。

（二）省级推荐

省级教育行政部门对照教育部要求，结合区域发展和产业布局，统筹考虑省内职业院校、企业、区域行业组织，推荐试点单位。

（三）部级评议

教育部组织专家对申报材料进行评审、遴选，优先支持高附加值产业相关专业及新一代信息技术、高档数控机床和机器人、航空航天装备、海洋工程装备及高技术船舶、先进轨道交通装备、节能与新能源汽车、电力装备、新材料、生物医药及高性能医疗器械、农业机械装备等与"中国制造2025"联系密切的十大领域相关专业开展试点；优先支持目标明确、方案完善、支持力度大、示范性强的申报试点。

（四）组织实施

省级教育行政部门负责区域内试点工作的统筹协调，年度检查；教育部组建"现代学徒制工作专家指导委员会"对试点工作进行指导、监督和检查，组织推动各地和试点单位之间经验交流，及时固化和完善成功经验。

（五）验收推广

试点工作自批准起为期二年。试点期满，试点单位须对照任务书进行总结，撰写总结报告；省级教育行政部门应对所属试点单位进行全面检查，组织省级验收，并将验收结论函报教育部；教育部将组织专家审核省级验收结论，视审核情况组织抽查，公布最终验收结果。省级教育行政部门及各试点单位应在成功试点的基础上，有序推广实施现代学徒制，使现代学徒制成为校企合作培养技术技能人才的重要途径。

五、保障措施

（一）加强试点指导

各地要加强对试点工作的指导，落实责任制，建立跨部门的试点工作领导小组，定期会商和解决有关试点工作重大问题；专人负责，及时协调有关部门支持试点工作；制定试点工作扶持政策，加强对招生工作的统筹协调；加大投入，通过财政资助、政府购买等措施引导企业和职业院校实施现代学徒制培养。

（二）科学组织实施

各试点单位要深入调研，科学制订实施方案，明确试点任务和目标；精心组织实施，坚持问题导向，针对现代学徒制试点过程中的实际问题，着力创新体制机制，完善制度体系，优化政策环境，确保试点工作取得实效。

（三）注重实务研究

试点单位要坚持边试点边研究，及时总结提炼，注重把试点工作中的好做法和好经验上升为理论和措施，促进理论与实践同步发展。

附录六　关于开展企业新型学徒制试点工作的通知

人社厅发〔2015〕127号

各有关省、自治区、直辖市人力资源社会保障厅（局）、财政厅（局）：

加强企业技能人才队伍建设，是增强企业核心竞争力、推动产业转型升级的必然要求，是稳定就业、化解就业结构性矛盾的重要措施，也是深入实施人才强国战略和创新驱动发展战略的重要内容。为贯彻落实《国务院关于进一步做好新形势下就业创业工作的意见》（国发〔2015〕23号）、《国务院办公厅转发人力资源社会保障部财政部国资委关于加强企业技能人才队伍建设意见的通知》（国办发〔2012〕34号）等文件精神，进一步推进企业职工培训工作，创新技能人才培养模式，人力资源社会保障部、财政部拟在部分省（区、市）开展企业新型学徒制试点工作。现将有关事项通知如下：

一、在北京市、天津市、内蒙古自治区、辽宁省、上海市、江苏省、山东省、河南省、广东省、重庆市、四川省、甘肃省等省（区、市）开展企业新型学徒制试点工作，每个省（区、市）选择3~5家大中型企业作为试点单位，每家企业选拔100人左右参加学徒制培训。基本条件为：企业重视技能人才队伍建设；建立较完善的企业职工培训制度；建立待遇与技能挂钩的激励机制；技能劳动者占企业职工比例达60%以上。

二、各试点省（区、市）人力资源社会保障部门、财政部门要参照《企业新型学徒制试点工作方案》，结合本地区实际情况，制定试点工作办法，落实好企业新型学徒制补贴政策，建立与试点企业的联系制度，积极推动技工院校（培训机构）与企业对接，有序推进试点工作。

三、各试点省（区、市）人力资源社会保障部门、财政部门要加强协调配合，共同研究解决试点工作中出现的难点问题，并根据实际情况，及时合理调整试点工作内容。试点工作办法与《企业新型学徒制试点工作方案》差异较大的，要报人力资源社会保障部、财政部备案批准。试点工作结束后，要及时向人力资源社会保障部、财政部报送试点工作总结和政策建议。

联系人：人力资源社会保障部职业能力建设司　项声闻

电话及传真：010-84207469

联系人：财政部社会保障司　侯丹

电 话：010-68551213

附件：企业新型学徒制试点工作方案

人力资源社会保障部办公厅

财政部办公厅

2015 年 7 月 24 日

附录七　企业新型学徒制试点工作方案

为贯彻落实党的十八届三中全会精神，改革创新企业职工培训制度，加快企业技能人才培养，根据《国务院关于进一步做好新形势下就业创业工作的意见》（国发〔2015〕23 号）、《国务院办公厅转发人力资源社会保障部财政部国资委关于加强企业技能人才队伍建设意见的通知》（国办发〔2012〕34 号）要求，决定在部分地区开展企业新型学徒制试点工作，并制订如下工作方案：

一、指导思想和目标任务

（一）指导思想

贯彻落实党的十八大和十八届三中全会精神，以服务就业和经济社会发展为宗旨，适应现代企业发展和产业转型升级要求，创新企业技能人才培养模式，改革传统的学徒培养方式，探索开展企业新型学徒制试点，健全完善企业技能人才工作新机制，为提高劳动者职业能力和职业素养，促进企业发展和经济发展方式转变提供支撑。

（二）目标任务

在企业推行以"招工即招生、入企即入校、企校双师联合培养"为主要内容的企业新型学徒制，进一步发挥企业的培训主体作用，通过企校合作等方式，组织有培训需求的企业技能岗位新招用人员和新转岗人员参加新型学徒培训，探索企业职工培训新模式，完善政策措施和培训服务体系，加快企业后备技能人才的培养。

二、企业新型学徒制的主要内容

（一）培养对象和培养模式

企业新型学徒制以与企业签订 6 个月以上劳动合同的技能岗位新招用人员和新转岗人员为培养对象。企业可结合生产实际自主确定培养对象，按照政府引导、企业为主、院校参与的原则，采取"企校双制、工学一体"的培养模式，即由企业与技工院校、职业培训机构、企业培训中心等教育培训机构（以下简称"培训机构"）采取企校双师带徒、工学交替培养、脱产或半脱产培训等模式共同培养新型学徒。

（二）培养主体职责

学徒培养的主要职责由企业承担。企业应与学徒签订培养协议，明确培养目标、培训内容与期限、考核办法等内容。企业委托培训机构承担学徒的具体培训任务，应签订合作协议，明确培训的方式、内容、期限、费用、双方责任等具体内容，保证学徒在企业工作的同时，能够到培训机构参加系统的专业知识学习和技能训练。承担企业学徒培养任务的院校，与企业签订合作协议后，对企业学徒进行非全日制学制教育学籍注册，加强在校学习管理。

（三）培养目标和主要方式

学徒的培养由企业结合岗位需求确定，培养目标以中、高级技术工人为主，培养期限为1~2年。培养内容主要包括专业知识、操作技能、安全生产规范、职业素养等。要以企业为主导确定具体培养任务，由企业和培训机构分别承担。在企业培养主要是通过企业导师带徒方式，在培训机构培养主要是采取工学一体化教学方式。学徒培训期满，经鉴定考核合格，可按规定取得相应职业资格证书或培训合格证书。

三、建立和完善相关政策体系

（一）建立企校双师联合培养制度

企业选拔优秀高技能人才担任学徒的企业导师。企业导师要指导学徒进行岗位技能操作训练，帮助学徒逐步掌握并不断提升技能水平和职业素养，使之能够达到职业技能标准和岗位要求，具备从事相应技能岗位工作的基本能力。培训机构为学徒指派指导教师，负责承担学徒的学校教学任务。指导教师应具备相应的专业知识和操作技能。

（二）推行技工院校弹性学制和学分制

技工院校应积极承担学徒的教学培训任务，要结合企业生产管理和学徒工作生活的实际情况，采取弹性学制，实行学分制管理。鼓励和支持学徒利用业余时间分阶段完成学业。要建立和完善适合弹性学制和学分制的教学质量评价体系和考核制度，学徒累计学分达到规定要求的，可获得技工院校毕业证书。

（三）健全企业新型学徒制培训投入机制

学徒在学习培训期间，按照劳动合同约定，由企业根据学徒实际工作贡献支付不低于当地最低工资标准的学徒基本工资。企业按照合作协议约定，向培训机构支付学徒培训费用，从企业职工教育经费中列支；符合有关政策规定的，由政府提供职业培训和职业技能鉴定补贴。承担带徒任务的企业导师享受导师带徒津贴，津贴标准由企业确定，津贴由企业承担。企业对学徒开展在岗培训、业务研修等企业内部发生费用，符合有关政策规定的，可从企业职工教育经费中列支。

（四）完善企业新型学徒制补贴政策

人力资源社会保障部门会同财政部门对开展学徒制培训的企业按规定给予职业培训补贴，补贴资金从就业专项资金列支。

补贴数额一般可按企业支付给培训机构培训费用（以培训费发票为准）的60%确定，每人每年的补贴标准原则上应控制在4 000～6 000元的合理区间，补贴期限不超过2年。培训后未能取得中级以上职业资格证书的，按补贴标准的50%给予补贴；培训合格并通过职业技能鉴定取得中级以上职业资格证书（未颁布国家职业技能标准的职业应取得培训合格证书）的，按补贴标准的100%给予补贴。

企业新型学徒制职业培训补贴实行先支后补、按年度事后结算的办法。企业在开展学徒培训前将有关备案材料报当地人力资源社会保障部门备案，年度培训任务完成后由企业向当地人力资源社会保障部门申请职业培训补贴，经人力资源社会保障部门审核后，财政部门按规定将补贴资金支付到企业在银行开立的基本账户。

备案材料包括：学徒培养计划、企业与学徒签订的培养协议、企业与培训机构签订的合作协议、学徒花名册及身份证复印件、劳动合同复印件等材料。企业申请职业培训补贴材料包括：除前述备案材料外，还应附职业资格证书或培训合格证书、培训机构出具的行政事业性收费票据（或税务发票）、企业在银行开立的基本账户等凭证材料。

四、实施步骤

试点为期两年，实施工作分三个阶段进行：第一阶段（2015年7～8月）：启动阶段。印发试点工作通知，确定试点省份及试点企业，启动试点工作。第二阶段（2015年9月至2017年5月）：实施阶段。各省指导试点企业制定试点工作实施细则，完善相关政策制度，有序开展试点工作。第三阶段（2017年6～7月）：总结阶段。对各省试点工作进行总结，修改完善企业新型学徒制政策。

五、认真做好组织实施工作

各地区、各有关部门要进一步提高认识，增强责任感和紧迫感，把推行企业新型学徒制作为加强技能人才队伍建设和职业培训的重要工作内容，认真组织实施。要建立人力资源社会保障、财政部门牵头，相关部门和人民团体密切配合、协同推进的工作机制。人力资源社会保障部门要会同财政部门落实企业新型学徒制补贴政策，制定企业新型学徒制试点补贴办法。人力资源社会保障部门要建立与试点企业的联系制度，加强工作指导，统筹推进试点工作。

附录八　教育部办公厅关于公布第二批现代学徒制试点和第一批试点年度检查结果的通知

教职成厅函〔2017〕35 号

各省、自治区、直辖市教育厅（教委），新疆生产建设兵团教育局，有关单位：

根据《教育部关于开展现代学徒制试点工作的意见》（教职成〔2014〕9 号，简称《意见》）和《教育部办公厅关于做好 2017 年度现代学徒制试点工作的通知》（教职成厅函〔2017〕17 号，简称《通知》），我部组织开展了第二批现代学徒制试点遴选和第一批试点年度检查工作。现将结果予以公布，有关事项通知如下：

一、新增试点

按照"自愿申报、省级推荐、部级评议"的工作程序，现确定第二批 203 个现代学徒制试点，详见附件。

各试点单位须按照我部审定公布的任务书扎实推进工作，按照要求接受年度检查和验收；把试点工作中的好做法好经验及时总结提炼上升为理论，促进理论与实践同步发展。任务书在我部官网职成司主页《高等职业教育创新发展行动计划（2015—2018 年）》专栏"现代学徒制试点工作管理平台"（http：//www. moe. edu. cn/s78/A07/zcs_ ztzl/ztzl_ zcs1518/）公布。

各地要加强省级统筹，保证对试点工作的领导，争取协调部门支持；保证对试点工作的政策、资金支持，以财政资助、政府购买等方式引导企业和职业院校积极实行现代学徒制；落实年度检查和验收相关工作。

我部委托全国现代学徒制工作专家指导委员会对试点工作进行业务指导、组织开展现代学徒制相关培训与交流活动、按照我部要求开展年度检查和验收。各地和各试点单位应主动支持、积极配合委员会工作。对于试点期间工作不力或造成不良影响的，我部将中止其试点资格。

二、年度检查

按照"单位自检、省级检查、部级抽检"的程序，我部组织专家对第一批试点提交的自检报告进行了核查。

专家组根据《通知》要求、对照备案的任务书和自检报告，核查了试点工作进展情况，形成了年度检查意见（登录"现代学徒制试点工作管理平台"查看）。任务书、备案说明材料和年度检查意见将作为 2018 年验收工作的主要依据。请各试点单位按照《意见》和《通知》要求、对照任务书和年度检查意见，拾遗补缺纠偏，扎实推进试点工作，按时保质完成试点任务。

同意中国建筑材料联合会、辽宁职业技术学院中止试点的申请。

附件：第二批现代学徒制试点单位名单

教育部办公厅

2017 年 8 月 23 日

附录九 第二批现代学徒制试点单位名单

一、试点行业组织（4 家）

中国电子信息行业联合会、中国检验检疫学会、江西省船舶工业行业协会、广东省物联网协会。

二、试点地区（2 个）

湖北省宜昌市、湖南省岳阳市。

三、试点企业（5 家）

天津圣纳科技有限公司、吉林大药房药业股份有限公司、吉林省汽车工业贸易集团有限公司、九江明阳电路科技有限公司、长沙五十七度湘餐饮管理有限公司。

四、试点高职院校（154 所）

北京工业职业技术学院、北京劳动保障职业学院、北京农业职业学院、北京信息职业技术学院、天津城市建设管理职业技术学院、天津城市职业学院、天津交通职业学院、天津青年职业学院、天津轻工职业技术学院、天津商务职业学院、天津冶金职业技术学院、天津医学高等专科学校、邯郸职业技术学院、河北工业职业技术学院、河北软件职业技术学院、秦皇岛职业技术学院、石家庄财经职业学院、石家庄科技工程职业学院、石家庄职业技术学院、山西华澳商贸职业学院、山西机电职业技术学院、运城职业技术学院、鄂尔多斯职业学院、包头职业技术学院、包头轻工职业技术学院、辽宁医药职业学院、辽宁冶金职业技术学院、辽宁水利职业学院、辽宁石化职业技术学院、辽宁省交通高等专科学校、辽宁农业职业技术学院、辽宁金融职业学院、辽宁建筑职业学院、辽宁城市建设职业技术学院、长春金融高等专科学校、吉林交通职业技术学院、大庆医学高等专科学校、黑龙江建筑职业技术学院、黑龙江林业职业技术学院、黑龙江农业经济职业学院、黑龙江生物科技职业学院、黑龙江职业学院、佳木斯职业学院、上海邦德职业技术学院、上海城建职业学院、上海东海职业技术学院、常州信息职业技术学院、江苏建筑职业技术学院、江苏农牧科技职业学院、州工业园区职业技术学院、杭州职业技术学院、嘉兴职业技术学院、浙江工贸职业技术学院、浙江工业职业技术学院、浙江旅游职业学院、安徽工商职业学院、安徽国际商务职业学院、安徽交通职业技术学院、安徽商贸职业技术学院、安庆职业技术学院、淮南职业技术学院、徽商职业学院、福建船政交通职业学院、湄洲湾职业技术学院、泉州工艺美术职业学院、江西工业工程职业技术学院、江西工业贸易职业技术学院、江西建设职业技术学院、江西泰豪动漫职业学院、江西冶金职业技术学院、九江职业技术学院、山东城市建设职业学院、山东畜牧兽医职业学院、山东工业职业学院、山东理工职业学院、威海职业学院、烟台职业学院、淄博职业学院、黄河水利职业技术学院、济源职业技术学院、长江职业学院、湖北交通职业技术学院、湖北生物科技职业学院、湖北职业技术学院、武汉城市职业学院、仙桃职业学院、襄阳职业技术学院常德职业技术学院、湖南汽车工程职业学院、湖南铁道职业技术学院、湖南现代物流职业技术学院、永州职业技术学院、广东环境保护工程职业学院、广东建设职业技术学院、广东理工职业学院、广东食品药品职业学院、广州城建职业学院、广州工程技术职业学院、中山火炬职业技术学院、中山职业技术学院、珠海城市职业技术学院、广西电力职业技术学院、广西工商职业技术学院、广西工业职业技术学院、广西经贸职业技术学院、南宁职业技术学院、海南经贸职业技术学院、海南软件职业技术学院、三亚航空旅游职业学院、三亚理工职业学院、重庆城市管理职业学院、重庆电力高等专科学校、重庆工商职业学院、重庆三峡医药高等专科学校、重庆医药高等专科学校、成都纺织高等专科学校、成都工业职业技术学院、成都航空职业技术学院、成都职业技术学院、广安职业技术学院、四川航天职业技术学院、宜宾职业技术学院、毕节医学高等专科学校、贵州交通职业技术学院、黔东南民族职业技术学院、铜仁职业技术学院、曲靖医学高等专科学校、云南机电职业技术学院、云南能源职业技术学院、云南锡业职业技术学院、陕西国防工业职业技术学院、陕西能源职业技术学院、陕西铁路工程职业技术学院、陕西邮电职业技术学院、渭南职业技术学院、西安航空职业技术学院、西安铁路职业技术学院、西安职业技术学院、咸阳职业技术学院、杨凌职业技术学院、甘肃工业职业技术学院、甘肃交通职业技术学院、青海柴达木职业技术学院、宁夏财经职业技术学院、宁夏工商职业技术学院、宁夏建设职业技术学院、宁夏民族职业技术学院、巴音郭楞职业技术学院、昌吉职业技术学院、克拉玛依职业技术学院、乌鲁木齐职业大学、新疆交通职业技术学院、新疆农业职业技术学院、伊犁职业技术学院。

五、试点中职学校（38 所）

北京市电气工程学校、河北省科技工程学校、衡水市职业技术教育中心、石家庄工程技术学校、唐山市第一职业中等专业学校、山西省忻州市原平农业学校、大连市轻工业学校、哈尔滨轻工业学校、上海海事大学附属职业技术学校、上海市杨浦职业技术学校、上海信息技术学校、常州刘国钧高等职业技术学校、江苏省常熟中等专业学校、江苏省太仓中等专业学校、南京金陵中等专业学校、盐城机电高等职业技术学校、绍兴市柯桥区职业教育中心、安徽金寨职业学校、河南信息工程学校、湖北十堰职业技术（集团）学校、醴陵市陶瓷烟花职业技术学校、佛山市顺德区陈村职业技术学校、广东省食品药品职业技术学校、重庆市江南职业学校、重庆市农业学校、重庆市渝北职业教育中心、攀枝花市华森职业学校、首钢水城钢铁（集团）责任有限公司中等专业学校、凤冈县中等职业学校、鹤庆县职业高级中学、拉萨市第二中等职业技术学校、陕西省电子信息学校、天水市职业技术学校、西宁市第一职业技术学校、阜康市职业中等专业学校、奇台中等职业技术学校、新疆安装工程学校、新疆生产建设兵团第三师图木舒克职业技术学校。

附录十　教育部办公厅关于做好
2018年度现代学徒制试点工作的通知

教职成厅函〔2018〕10号

各省、自治区、直辖市教育厅（教委），新疆生产建设兵团教育局，有关单位：

为贯彻党的十九大精神，落实《国务院关于加快发展现代职业教育的决定》（国发〔2014〕19号）和《国务院办公厅关于深化产教融合的若干意见》（国办发〔2017〕95号），以及《教育部关于开展现代学徒制试点工作的意见》（教职成〔2014〕9号）和《教育部2018年工作要点》（教政法〔2018〕1号），现就做好2018年度现代学徒制试点相关工作通知如下：

一、新增第三批试点

2018年，我部拟遴选新增现代学徒制试点140个左右。地方政府、规模以上企业、职业院校及行业组织均可自愿申报。

1. 网上填报。申报单位须于2018年4月20日至28日登录教育部官网职业教育与成人教育司主页（http：//www.moe.edu.cn/s78/A07/）《高等职业教育创新发展行动计划（2015—2018年）》专题"现代学徒制试点工作管理平台"（以下简称管理平台），按照第三批现代学徒制试点工作方案（附件1），向省级教育行政部门提交任务书（附件2）和实施方案。实施方案应包括申请单位（含合作单位）基本情况、工作基础、目标任务、进度安排、政策及条件保障、预期成果、推广价值及有关佐证材料。

2. 省级推荐。省级教育行政部门对省内申请单位进行遴选（原则上每省份不超过15家），于2018年5月4日至11日登录管理平台完成推荐工作，并于2018年5月17日前将申请材料和省级推荐表（各1份）函报我部职成司。

全国性行业组织按上述要求向我部职成司提交申请材料。

3. 专家遴选。我部委托全国现代学徒制工作专家指导委员会（以下简称专委会）遴选确定试点单位，原则上第一、二批现代学徒制试点单位（含参与单位）不牵头参与本次申报。

二、第二批试点年检

1. 试点自检。第二批试点单位须对照备案的任务书，总结试点经验、撰写自检报告。自检报告应包括：试点任务完成情况、工作成效及创新点、资金到位和执行情况、存在问题及改进措施、下一阶段工作计划等。自检报告及相关佐证材料电子版须于 2018 年 4 月 20 日至 28 日登录管理平台提交。任务书内容如有变更，牵头单位须于 2018 年 4 月 18 日前报我部职成司备案。

2. 省级检查。省级教育行政部门要加强对试点工作的支持和指导，于 2018 年 5 月 4 日至 11 日登录管理平台审查各试点自检报告，结合其他形式的检查结果提出审查意见，形成省级年检报告，督促试点单位完善工作。省级年检报告应包括：省内试点工作总体进展、工作成效及创新点、组织保障、扶持政策、经费投入、存在问题及解决措施、下一阶段工作计划等。省级年检报告电子版须于 2018 年 5 月 25 日前上传管理平台，纸质版（1 份，附省级年检结果汇总表）须于 2018 年 6 月 1 日前函报我部职成司。

全国性行业组织按上述要求向我部职成司提交年检材料。

3. 复核检查。我部委托专委会对各地和试点单位报送的年检材料进行复核，根据实际需要开展实地检查并反馈改进意见。对于工作不力或造成不良影响的，暂停或终止试点。

三、第一批试点验收

1. 试点总结。第一批试点单位须对照备案的任务书及 2017 年度检查意见表，全面总结试点工作、撰写总结报告。总结报告应包括：目标任务完成情况、工作成效及创新点、资金到位和执行情况、存在问题、对策建议等。总结报告及相关佐证材料电子版须于 2018 年 4 月 20 日至 28 日登录管理平台提交。不能按期完成试点任务的，试点牵头单位须于 2018 年 4 月 18 日前将延期验收申请报我部职成司备案。

2. 省级验收。省级教育行政部门须通过查资料、看现场等方式对试点单位进行省级验收，形成省级验收报告。验收报告应全面总结省内第一批试点工作并明确每个试点的省级验收结论。省级验收报告电子版须于 2018 年 5 月 25 日前上传管理平台，纸质版（1 份，附省级验收结论汇总表）须于 2018 年 6 月 1 日前函报我部职成司。

全国性行业组织按上述要求向我部职成司提交总结报告。

3. 结果复核。我部委托专委会对各地和试点单位报送的验收材料进行复核，并根据实际需要组织实地验收，适时公布验收结果。

四、其他工作

1. 账号管理。管理平台登录账号实行分级管理。全国性行业组织和省级教育行政部门管理平台登录账号由我部指定联系人管理，地方政府、企业、区域行业组织及职业院校等试点（申报）单位的登录账号由省级教育行政部门管理。

2. 案例宣传。2018 年我部将委托专委会向全国推出一批现代学徒制试点工作典型案例。请各省级教育行政部门结合本地试点工作实际，从政策支持、组织保障、显著成效等方面推荐 3 个省级层面的工作案例；从人才培养、招生招工、师资队伍建设、实习实训基地建设、管理创新等方面遴选推荐 10 个试点单位层面的典型案例，于 2018 年 5 月 25 日前上传管理平台。案例内容应思路清晰、图文并茂、数据详实，具有示范作用和推广价值，字数控制在 1500 字以内。

全国性行业组织可根据工作实际提交 3 个案例。

五、联系方式

通信地址：北京市西单大木仓胡同 37 号教育部职业教育与成人教育司高职发展处（邮编：100816）

教育部职成司联系人：石范锋 任占营

电话/传真：010-66096232

管理平台技术支持联系人：王辉

电话：15016674601

电子邮箱：sfgz@ moe. edu. cn

附件：1. 教育部第三批现代学徒制试点工作方案

2. 教育部第三批现代学徒制试点工作任务书（样表）

教育部办公厅

2018 年 3 月 6 日

附录十一　教育部第三批现代学徒制试点工作方案

现代学徒制试点是深化产教融合、完善职业教育和培训体系，推动职业教育高质量发展的重要实现形式。为扎实做好现代学徒制试点工作，根据《国务院办公厅关于深化产教融合的若干意见》（国办发〔2017〕95号）和《教育部关于开展现代学徒制试点工作的意见》（教职成〔2014〕9号）制订本方案。

一、试点目标

探索建立校企联合招生、联合培养、双主体育人的长效机制，完善学徒培养的教学文件、管理制度、培养标准，推进专兼结合、校企互聘互用的双师结构教师队伍建设，建立健全现代学徒制的支持政策，形成和推广政府引导、行业参与、社会支持，企业和职业院校双主体育人的中国特色现代学徒制。

二、试点内容

（一）探索校企"双主体"育人机制。完善学徒培养管理机制，明确校企双方的职责与分工，推进校企紧密合作、协同育人。完善校企联合招生、共同培养、多方评价的双主体育人机制。探索人才培养成本分担机制，统筹利用好校内实训场所、公共实训中心和企业实习岗位等教学资源，形成企业与职业院校联合开展现代学徒制人才培养的长效机制。

（二）推进招生招工一体化。完善职业院校招生录取与企业用工一体化的招生招工制度，推进校企共同制订和实施招生招工方案。规范职业院校招生录取和企业用工程序，签订学生与企业、学校与企业两份合同（或学徒、学校和企业之间的三方协议），明确学徒的"企业员工"和"职业院校学生"的"双重身份"（对于年满16周岁未达到18周岁的学徒，须由学徒、监护人、学校和企业四方签订协议），明确各方权益及学徒在岗培养的具体岗位、教学内容、权益保障等。

（三）完善人才培养制度和标准。按照"合作共赢、职责共担"原则，校企共同设计人才培养方案，共同制订专业教学标准、课程标准、师傅标准、质量监控标准及相应实施方案。校企共同建设基于工作内容的专业课程和基于典型工作过程的专业课程体系，开发基于岗位工作内容、融入国家职业标准的专业教学内容和教材。

（四）建设校企互聘共用的教师队伍。完善双导师制，建立健全双导师的选拔、培养、考核、激励制度，形成校企互聘共用的管理机制。明确导师的职责和待遇，合作企业要选拔优秀高技能人才担任师傅，明确师傅的责任和待遇。院校要将指导教师的企业实践和技术服务纳入教师考核并作为晋升专业技术职务的重要依据。建立灵活的人才流动机制，校企双方共同制定双向挂职锻炼、联合技术研发、专业建设的激励制度和考核奖惩政策。

（五）建立体现现代学徒制特点的管理制度。建立健全与现代学徒制相适应的教学管理制度，制定学分制管理办法和弹性学制管理办法。创新考核评价与督查制度，基于工作岗位制定以育人为目的的学徒考核评价标准，建立多方参与的考核评价机制。建立定期检查、反馈等形式的教学质量监控机制。制定学徒管理办法保障学徒权益，根据教学需要科学安排学徒岗位、分配工作任务，保证学徒合理报酬。落实学徒的责任保险、工伤保险，确保人身安全。

三、试点形式

申报试点的单位应是具有一定工作基础、愿意先行先试的地方政府、行业、企业及职业院校。

（一）地方政府牵头的试点。以地方政府作为试点单位，统筹行政区域内职业院校和企业，立足行政区域内职业院校资源和企业资源确定试点专业和试点规模，重点探索地方实施现代学徒制的支持政策和保障措施。

（二）行业牵头的试点。以行业作为试点单位，统筹行业内职业院校和重点企业，选择行业重点专业开展现代学徒制试点工作，侧重开发规范和保证现代学徒制实施的各类标准。

（三）职业院校牵头的试点。以职业院校作为试点单位，选择学校主干专业，联合有条件、有意愿、有影响的企业共同开展试点工作，重点探索现代学徒制的人才培养模式和管理制度。

（四）企业牵头的试点。以具有校企双主体育人经验的规模企业作为试点单位，联合职业院校共同开展试点工作，重点探索企业参与现代学徒制的有效途径、运作方式和激励机制。

四、组织实施

现代学徒制试点工作按照自愿申报、省级推荐、部级遴选、组织实施、验收推广等程序进行，试点工作在省级教育行政部门的统筹协调下开展。

（一）自愿申报。申报单位须提交试点实施方案，根据实施方案编制并提交任务书。地方政府、职业院校、区域行业组织的申报材料由所在省级教育行政部门统一组织报送，企业申报材料由合作院校所在省级教育行政部门报送。全国性行业组织申报材料直接报送教育部（职成司）。

（二）省级推荐。省级教育行政部门对照教育部要求，结合区域发展和产业布局，统筹考虑省内职业院校、企业、区域行业组织，推荐试点单位。

（三）部级遴选。教育部在省级推荐的基础上遴选确定试点项目，优先支持服务"一带一路"建设、京津冀协同发展、长江经济带等国家战略的试点项目；优先支持高附加值产业相关专业及新一代信息技术、高档数控机床和机器人、航空航天装备、海洋工程装备及高技术船舶、先进轨道交通装备、节能与新能源汽车、电力装备、新材料、生物医药及高性能医疗器械、农业机械装备等与"中国制造2025"联系密切的10大领域相关专业开展试点；优先支持目标明确、方案完善、支持力度大、示范性强的试点项目。

（四）组织实施。省级教育行政部门负责区域内试点工作的统筹协调和年度检查；教育部委托全国现代学徒制工作专家指导委员会对试点工作进行指导、监督和检查，组织推动各地和试点单位之间经验交流，及时固化和完善成功经验。

（五）验收推广。试点工作自批准起为期二年。试点期满，试点单位须对照任务书进行总结、撰写总结报告；省级教育行政部门应对所属试点单位进行全面检查、组织省级验收；教育部将组织专家复核省级验收结论和进行抽查，公布最终验收结果。省级教育行政部门及有关单位应在总结试点经验的基础上，有序推广实施现代学徒制，使现代学徒制成为校企合作培养技术技能人才的重要途径。

五、保障措施

（一）加强指导。各地要加强对试点工作的指导，落实责任制，建立跨部门的试点工作领导小组，定期会商和解决有关试点工作重大问题；专人负责，及时协调有关部门支持试点工作；制定试点工作扶持政策，加强对招生工作的统筹协调；加大投入，通过财政资助、政府购买等措施引导企业和职业院校实施现代学徒制培养。

（二）科学实施。各试点单位要深入调研，科学制订实施方案，明确试点任务和目标；精心组织实施，坚持问题导向，针对现代学徒制试点过程中的实际问题，着力创新体制机制，完善制度体系，优化政策环境，确保试点工作取得实效。

（三）注重实效。试点单位要坚持边试点边研究，及时总结提炼，注重把试点工作中的好做法和好经验上升成为理论和措施，促进理论与实践同步发展。

附录十二 教育部第三批现代学徒制试点工作方案

现代学徒制试点是深化产教融合、完善职业教育和培训体系，推动职业教育高质量发展的重要实现形式。为扎实做好现代学徒制试点工作，根据《国务院办公厅关于深化产教融合的若干意见》（国办发〔2017〕95号）和《教育部关于开展现代学徒制试点工作的意见》（教职成〔2014〕9号）制订本方案。

一、试点目标

探索建立校企联合招生、联合培养、双主体育人的长效机制，完善学徒培养的教学文件、管理制度、培养标准，推进专兼结合、校企互聘互用的双师结构教师队伍建设，建立健全现代学徒制的支持政策，形成和推广政府引导、行业参与、社会支持、企业和职业院校双主体育人的中国特色现代学徒制。

二、试点内容

（一）探索校企"双主体"育人机制。完善学徒培养管理机制，明确校企双方的职责与分工，推进校企紧密合作、协同育人。完善校企联合招生、共同培养、多方评价的双主体育人机制。探索人才培养成本分担机制，统筹利用好校内实训场所、公共实训中心和企业实习岗位等教学资源，形成企业与职业院校联合开展现代学徒制人才培养的长效机制。

（二）推进招生招工一体化。完善职业院校招生录取与企业用工一体化的招生招工制度，推进校企共同制订和实施招生招工方案。规范职业院校招生录取和企业用工程序，签订学生与企业、学校与企业两份合同（或学徒、学校和企业之间的三方协议），明确学徒的"企业员工"和"职业院校学生"的"双重身份"（对于年满16周岁未达到18周岁的学徒，须由学徒、监护人、学校和企业四方签订协议），明确各方权益及学徒在岗培养的具体岗位、教学内容、权益保障等。

（三）完善人才培养制度和标准。按照"合作共赢、职责共担"原则，校企共同设计人才培养方案，共同制定专业教学标准、课程标准、师傅标准、质量监控标准及相应实施方案。校企共同建设基于工作内容的专业课程和基于典型工作过程的专业课程体系，开发基于岗位工作内容、融入国家职业标准的专业教学内容和教材。

（四）建设校企互聘共用的教师队伍。完善双导师制，建立健全双导师的选拔、培养、考核、激励制度，形成校企互聘共用的管理机制。明确导师的职责和待遇，合作企业要选拔优秀高技能人才担任师傅，明确师傅的责任和待遇。院校要将指导教师的企业实践和技术服务纳入教师考核并作为晋升专业技术职务的重要依据。建立灵活的人才流动机制，校企双方共同制定双向挂职锻炼、联合技术研发、专业建设的激励制度和考核奖惩政策。

（五）建立体现现代学徒制特点的管理制度。建立健全与现代学徒制相适应的教学管理制度，制定学分制管理办法和弹性学制管理办法。创新考核评价与督查制度，基于工作岗位制定以育人为目的的学徒考核评价标准，建立多方参与的考核评价机制。建立定期检查、反馈等形式的教学质量监控机制。制定学徒管理办法保障学徒权益，根据教学需要科学安排学徒岗位、分配工作任务，保证学徒合理报酬。落实学徒的责任保险、工伤保险，确保人身安全。

三、试点形式

申报试点的单位应是具有一定工作基础、愿意先行先试的地方政府、行业、企业及职业院校。

（一）地方政府牵头的试点。以地方政府作为试点单位，统筹行政区域内职业院校和企业，立足行政区域内职业院校资源和企业资源确定试点专业和试点规模，重点探索地方实施现代学徒制的支持政策和保障措施。

（二）行业牵头的试点。以行业作为试点单位，统筹行业内职业院校和重点企业，选择行业重点专业开展现代学徒制试点工作，侧重开发规范和保证现代学徒制实施的各类标准。

（三）职业院校牵头的试点。以职业院校作为试点单位，选择学校主干专业，联合有条件、有意愿、有影响的企业共同开展试点工作，重点探索现代学徒制的人才培养模式和管理制度。

（四）企业牵头的试点。以具有校企双主体育人经验的规模企业作为试点单位，联合职业院校共同开展试点工作，重点探索企业参与现代学徒制的有效途径、运作方式和激励机制。

四、组织实施

现代学徒制试点工作按照自愿申报、省级推荐、部级遴选、组织实施、验收推广等程序进行，试点工作在省级教育行政部门的统筹协调下开展。

（一）自愿申报。申报单位须提交试点实施方案，根据实施方案编制并提交任务书。地方政府、职业院校、区域行业组织的申报材料由所在省级教育行政部门统一组织报送，企业申报材料由合作院校所在省级教育行政部门报送。全国性行业组织申报材料直接报送教育部（职成司）。

（二）省级推荐。省级教育行政部门对照教育部要求，结合区域发展和产业布局，统筹考虑省内职业院校、企业、区域行业组织，推荐试点单位。

（三）部级遴选。教育部在省级推荐的基础上遴选确定试点项目，优先支持服务"一带一路"建设、京津冀协同发展、长江经济带等国家战略的试点项目；优先支持高附加值产业相关专业及新一代信息技术、高档数控机床和机器人、航空航天装备、海洋工程装备及高技术船舶、先进轨道交通装备、节能与新能源汽车、电力装备、新材料、生物医药及高性能医疗器械、农业机械装备等与"中国制造2025"联系密切的10大领域相关专业开展试点；优先支持目标明确、方案完善、支持力度大、示范性强的试点项目。

（四）组织实施。省级教育行政部门负责区域内试点工作的统筹协调和年度检查；教育部委托全国现代学徒制工作专家指导委员会对试点工作进行指导、监督和检查，组织推动各地和试点单位之间进行经验交流，及时固化和完善成功经验。

（五）验收推广。试点工作自批准起为期二年。试点期满，试点单位须对照任务书进行总结、撰写总结报告；省级教育行政部门应对所属试点单位进行全面检查、组织省级验收；教育部将组织专家复核省级验收结论和进行抽查，公布最终验收结果。省级教育行政部门及有关单位应在总结试点经验的基础上，有序推广实施现代学徒制，使现代学徒制成为校企合作培养技术技能人才的重要途径。

五、保障措施

（一）加强指导。各地要加强对试点工作的指导，落实责任制，建立跨部门的试点工作领导小组，定期会商和解决有关试点工作重大问题；专人负责，及时协调有关部门支持试点工作；制定试点工作扶持政策，加强对招生工作的统筹协调；加大投入，通过财政资助、政府购买等措施引导企业和职业院校实施现代学徒制培养工作。

（二）科学实施。各试点单位要深入调研，科学制订实施方案，明确试点任务和目标；精心组织实施，坚持问题导向，针对现代学徒制试点过程中的实际问题，着力创新体制机制，完善制度体系，优化政策环境，确保试点工作取得实效。

（三）注重实效。试点单位要坚持边试点边研究，及时总结提炼，注重把试点工作中的好做法和好经验上升成为理论和措施，促进理论与实践同步发展。

附录十三　重庆城市管理职业学院连锁经营与管理专业现代学徒制试点实施方案

一、申请单位情况

（一）重庆城市管理职业学院简介

重庆城市管理职业学院是由重庆市政府举办、国家民政部与重庆市政府共建的公办全日制普通高等学校，是国家示范性骨干高职院校、全国职业教育先进单位、全国普通高校毕业生就业工作先进集体、国家技能人才培育突出贡献单位、重庆市首批市级示范性高职院校。学校积极开展人才培养模式改革和教学质量工程，深化政校企合作，成立学校合作发展理事会，与315家政府机构、行业协会、企事业单位建立深度合作关系，建有企业学院5个。学校大力推进工学结合、订单培养，积极开展项目导向、任务驱动教学改革，形成以能力本位、素质教育、可持续发展为理念，以工学结合为途径的第一课堂学习与第二课堂实践结合、学校文化与企业文化结合、学业成长与职业成长结合的"三个结合"人才培养模式。学校大力推进素质教育和创新创业教育，着力培养学生良好的职业道德、熟练的职业技能和科学的创新精神。学校的人才培养质量显著提高，毕业生深受用人单位的好评。

（二）申报试点专业——连锁经营与管理专业介绍

重庆城市管理职业学院连锁经营与管理专业2005年申报成功，2006年开始招生，已有七届毕业生，社会声誉好，社会认同度高，报到率高。近三年来，该专业新生报到率超过90%。该专业学生被永辉超市、华润万家、麦当劳等"双百强"（世界500强、中国连锁100强）零售连锁企业录用的人数占总学生人数的80%以上，对口实习就业率保持在80%以上，毕业生一次就业率维持在98%以上。该专业自成立以来，已经为国家培养和输送了约450名优秀的连锁经营管理人才，为企业的发展提供了强大的人才支撑，已成为包括永辉超市、华润万家等在内的重点商贸流通企业的人才培养和输出基地。

（三）连锁经营与管理专业建设基础

在我校"培养现代服务业和社会公共服务需要的高素质技术技能人才"的总体目标指导下，连锁经营与管理专业面向现代商贸流通业，服务沃尔玛、华润万家、麦当劳、永辉超市、罗森便利、人人乐、娇兰佳人等世界零售连锁企业，强抓内涵建设、发展迅速，建设水平、人才培养质量和社会口碑不断提升，在我国西部地区处于领先水平。

第一，我校连锁经营与管理专业是我国西部地区最早开设该专业的院校。伴随着连锁经营等新型商贸流通业态不断涌现，2005年，我校在重庆市率先申报连锁经营与管理专业，着力培养门店营运管理及门店店长等，是重庆市最早、西部首批开设此专业的高职院校。我校连锁经营与管理专业具有开办早、底蕴厚、积累多、后劲足等特点。

第二，我校连锁经营与管理专业是全市唯一经过市级示范、国家骨干项目建设的专业，是新一批重庆市骨干专业建设专业。我校连锁经营与管理专业在2009年成为重庆市质量工程特色专业建设专业，在2009—2011年成为市级示范院校重点专业群专业，在2011—2014年又成为国家骨干院校重点专业群专业。据建设计划和任务书的安排，我校连锁经营与管理专业完成了各项建设任务，在人才培养模式改革、教育教学、校企合作、实习实训等方面取得长足进步。2016年8月，我校连锁经营与管理专业被批准为重庆市首批骨干建设专业。

第三，我校连锁经营与管理专业的行业、企业影响力在我国西部领先。我校是中国连锁经营协会校企合作工作小组发起单位之一（全国共8所），是中国连锁经营协会校企合作委员会委员单位（重庆唯一）、西部区区长单位。借助中国连锁经营协会校企合作委员会平台，我校积极参与全国连锁经营与管理专业的专业建设、校企合作、人才培养工作，先后承办重庆地区校企合作座谈会、西部地区连锁经营与管理专业建设暨校企合作研讨会、第二届和第三届中国零售新星技能大赛（西部区）初赛，获得中国连锁经营协会、市内外高校和知名企业的一致好评和赞誉。

第四，我校是国家级"十二五"职业教育规划教材、连锁经营与管理专业国家级教学资源库、连锁经营与管理专业国家教学标准建设任务承担者。2012年，我校依托中国连锁经营协会校企合作工作小组，联合高等教育出版社和数十家优秀企业、院校共同编写了7本连锁经营与管理专业核心课程配套教材，且这7本教材均被评为"十二五"职业教育国家规划教材。2014年，我校连锁经营与管理专业核心课程系列教材被确定为连锁经营与管理专业国家级教学资源库建设的主要依托教材。我校邱云、张宝伟老师承担了《连锁门店营运管理》的编写任务，赵虹玉老师承担了国家级教学资源库配套教材——《连锁经营管理原理》（该书由连锁经营与管理专业国家级教学资源库主持单位江苏经贸职业技术学院牵头编写）的编写任务。2017年，根据《教育部办公厅关于做好<高等职业院校专业教学标准>修（制）订工作的通知》要求，我校被全国商业职业教育教学指导委员会确立为连锁经营与管理专业标准制（修）定的主要参与院校。

第五，我校连锁经营与管理专业在专业技能大赛、专业建设上获奖等级和次数西部领先。由中国连锁经营协会主办的连锁经营与管理专业学生职业技能大赛成功举办过两届，我校连锁经营与管理专业学生在两届技能大赛中获得2个三等奖、1个西部区一等奖、1个全国二等奖。2015年，我校连锁经营与管理专业校企合作案例——"携手连锁百强企业，校企双主体一体化培养连锁精英人才"获得"CCFA校企合作优秀案例"一等奖。2016年，我校连锁经营与管理专业社团获得中国连锁经营协会颁发的全国"十佳"优秀社团并获得恒欣连锁教育基金提供的5 000元建设支助。

第六，我校的校企合作模式的成效显著。与我校连锁经营与管理专业开展深度合作的企业有5家世界500强企业、8家中国连锁百强企业。十年来，我国连锁经营与管理专业与人人乐、永辉、中百、娇兰佳人等企业合作推进工学结合、订单培养，先后组建校企合作订单班15个，校企联合育人成效显著；2015年与华润万家、麦当劳、永辉试点现代学徒制人才培养模式，组建现代学徒制储干班4个，联合培养学徒60余名，人才培养质量和针对性显著提高，学生就业质量和可持续发展能力显著提升。我校已成为"百强"零售企业重要的人才储备和输出基地，校企联合育人成效获得行业、企业的广泛认可，校企合作模式成为全国同类院校学习的标杆。

（四）试点合作单位情况

我校坚持"高大上"原则选择优质的学徒制试点合作企业。所谓"高大上"原则是指合作企业品牌具备"高知名度"、企业规模具备"大型化"、企业发展处于"上升期"。我校构建了基于"企业实力""发展速度""人才培养体系""校企合作经验""训练基地距离"五因素的合作企业选拔机制，择优选择学徒试点企业。我们从已有合作企业中精挑细选三家企业——麦当劳餐厅食品有限公司、华润万家生活超市有限公司，永辉超市股份有限公司作为我校连锁经营与管理专业现代学徒制试点的合作企业，合作伙伴简介如下：

永辉超市股份有限公司是中国500强企业之一，是国家级"流通"及"农业产业化"双龙头企业，获得全国就业先进企业"中国驰名商标""全国五一劳动奖状"等荣誉称号。永辉超市已发展成以零售业为龙头，以现代物流为支撑，以现代农业和食品工业为两翼，以实业开发为基础的大型集团企业，位居2016年中国连锁百强企业前十强、中国快速消费品连锁百强前六强。永辉超市十分重视校企合作工作，是中国连锁经营协会校企合作专业委员会主任委员单位，与国内数十家本、专科院校建立了校企合作关系，并成立了"大学生培养中心"，实施"1933零售精英"大学生培养工程，每年吸收和培养大批学生实习与就业。我校与永辉超市于2011年开始合作，采用订单式人才培养模式合作育人，共同组建"永辉零售精英订单班"六届，积累了丰富的校企一体化合作育人经验。我校与永辉超市共同制订专业人才培养方案；联合开发基于门店营运管理类岗位能力胜任标准的课程体系，共建永辉超市大学城店，为实岗育人提供生产性实习基地；形成了"两双一站"（双讲师、双导师、教师企业工作站）的"双师队伍"建设制度，构建了基于能力逐级递增的校企双主体订单式人才培养育人机制，保障合作育人成果，提高人才培养质量。

华润万家是中央直属的国有控股企业、世界500强企业。华润集团旗下的优秀零售连锁企业集团是中国最大的零售连锁企业集团之一。其旗下拥有华润万家、苏果、欢乐颂等多个著名品牌，位居2013年中国连锁百强企业第三位、中国快速消费品连锁百强第一位。华润万家十分重视校企合作工作，是中国连锁经营协会校企合作委员会主任委员单位，先后与数十家本、专科院校建立了校企合作关系，依托其成熟的人才储备、招募和培养体系，每年从各地高校吸收合适的应届毕业生，并通过专门的"管理培训生成长计划"帮助管理培训生快速适应新环境、掌握工作技能，逐步成长为华润万家中高层储备管理人员。我校与华润万家生活超市有限公司于2014年开始合作，达成基于华润万家超市业态中层营运管理类人才培养的代学徒制试点合作协议，共同制订了"华润万家现代学徒制试点班"人才培养和实施方案。根据协议，校企双方构建了基于企业全程参与人才培养、突出人才培养双主体作用的合作育人制度，以保障人才培养的质量和针对性。

麦当劳是世界零售食品服务业的领先者，在全球100多个国家和地区拥有超过36 000家餐厅，每天为6 900万名顾客提供优质食品，务求成为顾客最喜爱的用餐场所及用餐方式。从1990年深圳第一家麦当劳餐厅开业起，麦当劳至今在我国开店总数已超过2 200家，拥有员工约120 000名。中国将会成为麦当劳全球的第三大市场。麦当劳已经获得了不同评选机构的16个最佳雇主的荣誉称号：怡安翰威特最佳雇主、中国杰出雇主、中华英才网最佳雇主、CCTV最佳雇主、中国连锁经营协会最佳雇主等。2015年11月，重庆海印餐饮管理有限公司与麦当劳中国有限公司合作，正式成为麦当劳在重庆市场的特许经营加盟商，全面负责麦当劳在重庆市现有餐厅及甜品店的经营和管理以及开设新的麦当劳餐厅等业务。

二、试点工作基础

（一）试点合作伙伴优质

在与我校连锁经营与管理专业具有深度合作关系的企业中，世界 500 强企业有 5 家，中国连锁 100 强企业有 7 家。我们从这些优质企业中精挑细选 3 家——麦当劳餐厅食品有限公司、华润万家生活超市有限公司，永辉超市股份有限公司作为我校连锁经营与管理专业现代学徒制试点的合作企业。合作伙伴有如下几个优质特征：

（1）合作伙伴实力强、影响大。麦当劳和华润万家分别是世界 500 强企业、最佳雇主企业，永辉超市是中国连锁 10 强企业，三家企业都是上市企业并在行业中处于领导地位。

（2）合作伙伴发展迅速，对管理类人才需求量大。三家企业都处于中高速发展期，对人才，特别是中层管理人才的需求旺盛。每年三家企业需要 1 500 多个管理类岗位。

（3）合作伙伴人才培养体系完善，学生晋升快、发展前景好。三家合作企业都有完善的人才培养、培训和考核晋升机制，企业带训教练组制度和相应的一对一带训教练考核与晋升制度，形成了重视校企联合培养、重视人才的共识与氛围。

（4）有丰富的校企合作经验。连锁经营与管理专业在示范骨干院校期间，进行订单式人才培养模式改革，与三家公司合作过程中积累了丰富的"师徒制"经验，与现代学徒制要求高度吻合。

（5）这些企业的门店分布在学校及主城区附近。良好的门店区位为开展全过程一体化合作育人的现代学徒制提供最真实的训练和培养场所，保障现代学徒制"工学交替、实岗育人"落地。

重庆城市管理职业学院连锁经营与管理专业现代学徒制试点合作企业概况

企业名称	企业实力	未来发展目标与发展阶段	职位需求（管理层）	企业人才培养与培训项目支持	"师傅"岗位制度
永辉超市	中国企业 500 强、连锁百强第 10 位、超市业态第 5 位、上市公司	每年新增 18~25 家门店，高速发展期	720 ~ 1 000 个管理层职位	"1933 大学生零售精英"工程	教练师傅制

企业名称	企业实力	未来发展目标与发展阶段	职位需求（管理层）	企业人才培养与培训项目支持	"师傅"岗位制度
华润万家	世界500强、连锁百强第3位、超市业态第1位、中国最佳雇主、上市公司	每年8家购物中心，高速发展期	300～400个管理层职位	管理培训生制度	教练制
麦当劳	世界500强、全球十大最有价值品牌、世界及亚太地区最佳雇主、上市公司	每年15～20家餐厅，高速发展期	200个见习经理职位	"麦苗"培养计划、大学生"快速发展计划"	专职训练员和专属教练团队

　　永辉超市职业晋升通道：储干（学徒）→副课长（小店合伙人）→课长（小店店长）→经理合伙人→店长合伙人。华润万家职业晋升通道：储干（学徒）→职代经理→储备经理→部门经理→副总。
　　麦当劳职业晋升通道：学徒麦苗→训练员→员工组长（见习经理）→学生值班经理（生产营运经理）→品牌服务经理→人力资源经理→餐厅总经理。

（二）实践基础扎实

　　我校连锁经营与管理专业在2015年分别与麦当劳、华润万家、永辉等三家优质企业达成了现代学徒制人才培养协议，确立了"学校专业+百强企业"的现代学徒制人才培养思路，明确为"百强企业"培养"肯付出"且"美誉度高"的"百付美"经理人目标，实施"先招生、后招工"，组建了两期麦当劳现代学徒制麦苗班、两期华润万家现代学徒制储干班、两期永辉现代学徒制课长班，修订完成了基于现代学徒制人才培养的专业人才培养方案和现代学徒制实施方案，构建了工学交替、实岗育人课程体系，实施了基于工学交替、实岗育人的"3+2"教学组织模式，制定了详细的学徒实岗训练手册，初步建立了现代学徒制标准体系和"学生与学徒双身份、教师与师傅双指导、学校与企业双阵地、工作与学习双结合、技能与素养双提升、就业与发展双丰收"的"六双共育"人才培养模式。在此过程中，校企双主体一体化育人效果初显，学徒成长晋升喜人，校企合作案例被中国连锁经营协会评为一等奖，合作成果被《重庆日报》《重庆商报》等媒体多次报道。我校初步形成了现代学徒制人才培养系统，为连锁经营与管理专业正式试点现代学徒制人才培养模式奠定了坚实的实践基础。

（三）理论课题研究同步

近年来，我校连锁经营与管理专业团队围绕现代学徒制人才培养模式，共立项市级课题 6 项、院级课题 2 项。我校的课研成果《连锁经营与管理专业人才培养模式研究与实践》《高职院校订单班运行机制研究与实践》和《高职院校校企合作长效运行机制研究》解决了校企协同育人、订单式人才培养中的问题，确定了校企协同育人方向，构建了订单企业选择机制、订单学生选拔与淘汰机制、顶岗实习过程管理机制、订单班系统性运行机制四大校企协同育人机制。我校的课研成果《现代学徒制理论与实践研究》和《高职院校推进现代学徒制的现实困境及对策研究》深入剖析了现代学徒制试点中的问题、现代学徒制内涵特征、先进职教国家现代学徒制的经验与启示、现代学徒制的动力机制等，解决了校企双主体协调育人中企业积极性不高、学生参与性不强、合作育人效果不佳、可持续不足等问题，提出了现代学徒制内涵与动力机制、实施现代学徒制的对策、校企共同实施"先招生、后招工""六双共育"人才培养模式等，确定了"百付美"人才培养目标和"双感"（行业认同感和企业归属感）以及"双能"（就业能力和可持续发展能力）努力方向。

三、试点任务

（一）探索校企协同育人机制

依托学校合作发展理事会和中国连锁经营协会校企合作委员会的优质资源，学校进一步加强与永辉超市、麦当劳、华润万家等"双百强"企业的深度合作，稳固和优化专业已有现代学徒制试点阶段成果，进一步明确"学校专业+百强企业"的现代学徒制人才培养思路，确立为"百强企业"培养"肯付出""美誉度高"的"百付美"经理人目标，优化"学生与学徒双身份、教师与师傅双指导、学校与企业双阵地、工作与学习双结合、技能与素养双提升、就业与发展双丰收"的"六双共育"人才培养模式，健全"3+2"教学组织与运行，制定完善的学徒培养制度和标准。学校不断加强企业在人才培养过程中的"主体"作用，实现校企双主体联合育人，形成人才共育、过程共管、成果共享、责任共担的合作办学体制机制，不断提高人才培养的质量和针对性，形成企业与职业院校联合开展现代学徒制的长效机制。

（二）推进招生、招工一体化

在学校单独招生政策基础上，进一步优化完善校企联合招生、招工制度，结合实际试点的"先招生、后招工""招生与招工同步"模式，在 2017 级专业招生中新设"现代学徒制零售精英班"方向，计划校企联合招生 40~50 人，并与企业共同确定招生录取标准，明确毕业生就业与发展岗位；与现代学徒制试点合作企业签订联合培养协议，与企业、学生、家长签订补充协议，明确各方权利义务，保障各方利益，实现学生与学徒的双身份。在培养过程中，企业和学徒要确保"学徒"准员工的身份实现，保障"学徒"利益。其具体方式包括：为"学徒"训练和培养指定专门的师傅、记录和考核"学徒"学习成长情况、保障"学徒"享有相应的员工福利、为学徒在企业学习训练期间购买意外保险并支付相应的"学徒"补贴、学徒在培养期内有晋升权等。

（三）完善人才培养制度和标准

按照"合作共赢、职责共担"原则，以麦当劳"麦苗计划"、华润万家"管理培训生制度"、永辉"1933 零售精英工程"为平台，校企共同组建连锁经营与管理专业现代学徒制项目小组，构建"八共同"一体化协同育人制度，即共同制订学徒制人才培养方案、共同研发课程模块及教学内容、共同培养教师队伍、共同承担培养任务、共同建设学徒培养基地、共同进行学徒出师鉴定考核、共同提高学生职业素养和企业认同感、共同做好学生就业和职业生涯规划，构建了"专业教学过程、学生管理过程、校企文化融合过程"合一的"学徒—员工—经理人"渐进式成长的协同育人路径。学校与企业还要共同建立连锁经营与管理专业的现代学徒制标准体系，做到标准先行，保障人才培养质量。该标准体系包括专业教学标准、合作企业准入标准、专业课程标准、企业导师（师傅）选拔与培养标准、学徒岗位及岗位训练标准、学徒评价及考核出师标准等。

学校利用校内连锁经营综合实训室、合作企业的大学城及主城门店以及企业管理干部培训中心，构建"3+2"教学模式和课程体系。学校让学生在一年级接受专业认知教育、入职行为训练等，以逐步了解零企业营运规范；在二年级开展基层岗位、管理助理岗位顶岗实习，为走上中层管理岗位做好各方面准备；在三年级开展课长、经理岗位顶岗实习，全程跟进企业化的岗位专业技能课程与专业素养、领导力课程。通过三年学徒制的人才培养，学生在校期间即能胜任企业门店中层管理岗位的能力要求，在毕业时实现经理人（小店店长、大店部门经理），甚至更高职级的岗位就业和发展。

（四）建设校企互聘共用的师资队伍

建立健全双导师的选拔、培养、考核、激励制度，形成校企互聘共用的师资队伍。我校连锁经营与管理专业在订单式人才培养模式改革中形成了较为成熟的"双导师"制，通过校企师资互聘、企业兼职老师教学能力培训、学校专业老师到企业教师工作站实践锻炼、共同承担科研教改任务等形式，加强

"双师"队伍建设。在现代学徒制试点改革中，建立企业资深主管、部门经理、专业教练组成的"师傅"队伍，实施"业界导师制""岗位（教练）师傅制"和学徒制班的"班主任制"，以实现学徒培养双指导。同时，企业针对师傅培养学徒的效果实施正负激励，确保师傅职责落实。

（五）建立体现现代学徒制特点的管理制度

建立健全与现代学徒制相适应的教学管理制度，制定学分制管理办法和弹性学制管理办法。创新考核评价与督查制度，基于工作岗位制定以育人为目标的学徒考核评价标准，建立多方参与的考核评价机制。建立定期检查、反馈等形式的教学质量监控机制。制订学徒管理办法，保障学徒权益，根据教学需要，科学安排学徒岗位、分配工作任务，保证学徒得到合理的报酬。落实学徒的责任保险、工伤保险，以确保人身安全。

四、进度安排

2017 年 7 月至 2017 年 9 月，完成校企联合招生培养调研工作，制订现代学徒制人才培养模式的开展预备方案，成立校企联合招生、招工领导小组。依托校企联合招生、招工领导小组，制订实施方案和工作时间表，完成新生录取工作，修订完善基于现代学徒制的工学交替、实岗育人的专业人才培养方案和课程体系。结合企业真实工作场景和岗位能力培养原则，校企共同制订学徒培养执行方案和教学组织方案。

2017 年 9 月至 2018 年 8 月（针对一年级学生），第一学期依托校内实训室和三家现代学徒制合作企业门店开设专业认知教育、职业体验和企业文化专题讲座；第二学期在麦当劳主城区各餐厅、永辉超市大学城 U 城店、华润万家沙坪坝店主要部门以轮岗走科的形式，开设入职行为训练和企业培训科目；完成永辉超市大学城 U 城店"现代学徒孵化中心"方案调研和生产性实训基地建设方案论证。

2018 年 9 月至 2019 年 8 月（针对二年级学生），在合作企业门店，实施基于工学交替、实岗育人的"3+2"学徒培养教学模式。第一学期开展基层岗位顶岗实习；第二学期开展"训练员""课长助理"岗位顶岗实习，期末完成训练员、课长助理岗位晋升评定，让学生走上管理岗位。在实践中，制定和完善现代学徒制日常教学管理制度、学徒岗位训练与考核标准、师傅导师考核制度、实岗训练学分互认标准等，形成明确各方权、责、利的学徒管理办法，并形成《高职连锁经营管理专业现代学徒制试点实践报告》；建设完成永辉超市大学城 U 城店"现代学徒孵化中心"生产性实训基地，并开始招收 2017 级现代学徒制实验班。

2019年9月至2010年6月（针对三年级学生），第一学期在合作企业各主城门店开展见习经理、副课长等岗位顶岗实习，期末完成课长岗位晋升评定；第二学期在合作企业各主城门店开展经理、课长岗位顶岗实习，期末完成毕业岗位能力鉴定及毕业综合考评。在试点实践中，进一步完善现代学徒制相关体制机制建设，进一步优化现代学徒制人才培养方案、课程体系和实施细则，将工学交替、实岗育人"3+2"教学模式变为"2+3"模式（2天在校集中学习，3天在企业实岗训练），进一步突显企业在联合育人过程中的主体作用；优化永辉超市U城店"现代学徒孵化中心"生产性实训基地建设，并将其打造成"学徒实训、员工培训、双师培养"的综合性训练基地，逐步探索建立职业教育生产性公共实训基地和跨企业培训中心。

五、配套政策

我校连锁经营与管理专业市级骨干专业建设专项经费40万元，行业、企业、学校三方配套专项试点经费200万元，共计240万元。这些经费都用于专业现代学徒制试点建设。

六、保障条件

（1）组织与政策保障。学校成立了以校长为组长的现代学徒制工作小组，为项目的有效、顺利实施提供组织保障，方便调动、协调全校资源。学校与企业签订联合招工、招生协议，学校、企业、学生签订三方培养协议，明确各方权、责、利。校企共同组建现代学徒制项目小组，以充分保障项目的有效推进和落实。

（2）资金保障。除了政府投入的财政资金，学校将给予充足的资金支持。

（3）师资队伍保障。我校建立了"连锁经营管理现代学徒制"发展学院、校企融合的师资团队，并形成了相应的管理考核机制。

（4）实训基地保障。我校已形成"校内模拟实训室、校内全真经营超市、合作企业顶岗实习门店"的三级全覆盖实训体系。此外，我校与合作企业的学徒实岗训练门店共45家，可保证所有学徒实岗训练、顶岗实习、就业发展的有效开展。

七、预期成果及推广价值

（1）成果形式：连锁经营与管理专业现代学徒制人才培养模式试点改革

报告，工学交替、实岗育人人才培养方案和教学计划，优质校企合作企业，校企共育教学过程与学徒培养考核晋升过程材料，学徒岗位及岗位训练标准，现代学徒制相关制度，现代学徒制系列标准。

（2）通过实施现代学徒制，培养和培训一批双师型教师队伍、教练型师傅，构建企业师傅选拔培养标准。

（3）校企合作内涵、水平显著提升，与 2~3 家行业龙头企业合作建立现代学徒制人才培养基地，构建成熟的现代学徒制合作企业准入标准。

（4）建设完成 1 个"现代学徒孵化中心"生产性实训基地，构建"学徒培养基地"标准。

（5）在学生毕业时，应有超过 80% 的学生晋升到门店基层管理类岗位，完成学徒考核出师标准制定。

（6）完成 2~3 项与现代学徒制相关的理论、实践课题研究。

（7）成果预期推广、应用范围：通过中国连锁经营协会校企合作委员会，将实践成果推广到约 100 家委员会企业；通过中国连锁经营协会校企合作委员会西部区平台，示范引领西部地区 20 余所开设连锁经营与管理专业的高职院校；通过与中职学校合作，推动现代学徒制的中高职系统培养的实施。

（8）依托合作企业在大学城的门店，校企共建生产性实训基地，并将这些生产性实训基地打造成"学徒实训、员工培训、双师培养"的训练基地，并逐步探索建立职业教育生产性公共实训基地和跨企业培训中心，以服务重庆市其他兄弟院校和中小型零售企业。

附录十四　华润万家与重庆城市管理职业学院的首届现代学徒制储干班培养方案

一、原则

（1）共同培养原则：用人部门、人力资源部共同推进培养过程并承担培养结果。

（2）标准科学原则：各项政策标准须符合业务实际需求和专业操作要求。

（3）统一管控原则：各项政策标准执行须通过人力资源部统一审核。

二、培养职责及分工

角色	职责
人力资源经理	①提供储备干部培养政策、标准、流程和专业支持，推动各部门跟进落实储备干部培养计划； ②阶段性检核各部门储备干部培养计划落实情况； ③统筹、协调各方资源，组织、实施培训、考核、轮岗等相关工作； ④定期对本业务单元储备干部培养落实情况检核并及时反馈给用人部门及业务单元总经理
用人部门&营运培训	①制订和落实符合储备干部定位的专业提升计划； ②为储备干部培养计划落地实施提供充足的符合要求的教练和导师人选、良好的培养环境、专业课程，并匹配储备干部发展的晋升职位； ③确保储备干部培养达到公司目标
教练	①按照培训计划要求，安排、指导储备干部的日常工作； ②定期向储备干部分享、传输职业技能、专业技能和管理技能； ③依据储备干部的实际工作表现予以阶段性反馈和评价

三、储备干部培养方案

培养阶段	培养周期		培养目标	培训课程	职责人
实习认知期	2015年6月29日	1天	对公司及各岗位有初步了解	"欢迎加入华润万家"以及安全防损知识讲解	先锐
	2015年6月30日—7月2日	3天		岗位实习考评	许娜
	2015年7月23日	1天		入职手续办理	许娜、谭丽
军训期	2015年7月24日—7月26日	3天	转换角色，人际关系初步建立	防损教官带队在南坪店集中军训3天 储干班军训安排.docx	向天应、教官（吕波）
	7月25日	1天		建立储干班微信群，进行微信群通知及日常管理	许娜
	7月27日	1天		发布储干班教练任命邮件，上午开展储干班培训制度宣导会，并公布班主任、教练及对应学员，最后公布教练激励机制	魏婕妤、刘沙沙、先锐
定岗学习期	2015年7月28日—2016年1月31日	6个月	确定发展岗位，深入学习岗位的实际工作要求	①由营运编制《储备干部学习手册》，实践教练按照学员手册分阶段进行学习安排。此外，在9月30日、12月31日安排两次考核，分别为理论考试和实操考评。两次考核的分数各占总成绩30%；储干班定岗学习及考核安排.xls ②每月召开一次储干班座谈会；③定岗学习期开展三次团建活动 团建活动安排.xls	各店教练、刘沙沙、许娜

培养阶段	培养周期		培养目标	培训课程	职责人
经理晋阶班学习期	2015年8月1日—9月30日	2个月	领导力和通用力学习	参与领导力和通用力的学习 储干班通用力课程表.xls	先锐、刘沙沙
结业考核	2016年2月1日	1天	能力考核	集中考核后，公布学员成绩、合格名单、教练排名。结业考核成绩占总成绩60%	魏婕妤

四、配套机制

1. 班主任、培训店及教练选拔机制

（1）建立储备干部班班主任制度，由营运指定1名资深培训经理。该经理全程跟进储备干部学习和班级管理。

（2）依据综合条件，指定重庆南坪店、小龙坎店为储备干部培养店，每店培养12~13名储备管理干部。

（3）各店每个品类推荐1~2名优秀管理人员担任教练，每个店优选6名教练，其余每名教练带2~3名学员。在学习期间，教练按照《储备干部学习手册》对学员开展指导和培养。

2. 教练激励机制

依据统一激励原则，按学员综合成绩拉通排名。学员综合成绩＝定岗考核成绩（50%）＋经理晋阶班考核成绩（50%）。

类别	综合成绩排名	激励方式
正激励	所带学员综合成绩在班级中排前5名	根据排名顺序设立一、二、三等奖，且对应500元（1名）、300元（2名）、200元（2名）奖金，对教练进行表彰，并颁发"优秀教练"奖章；优秀教练报考副总晋阶班，选拔环节总分加5分；评选学员平均分最高的门店，颁发"优秀培训店"奖章
负激励	所带学员综合成绩在班级排后3名且综合成绩低于80分	给予教练"书面劝导"处理

华润万家西南地区人力资源部

2015年7月16日

附录十五　重庆城市管理职业学院与麦当劳的现代学徒制试岗训练手册

一、重庆城市管理职业学院与麦当劳的校企合作项目介绍

为促进高等职业技术教育及应用型专科教育的发展，推动校企合作，实现以需促学、学以致用的目的，培养全面发展、综合素质高、应用能力强、为企业所用的实用型人才，经甲、乙两方协商一致，达成如下协议：

（一）校企双方简介

麦当劳是世界零售食品服务业的领先者，在全球100多个国家和地区拥有超过32 000家餐厅，每天为6 000万名顾客提供优质食品，务求成为顾客最喜爱的用餐场所及用餐方式。从1990年深圳第一家麦当劳餐厅开业起，麦当劳至今在中国开店总数已超过1 300家，拥有员工70 000多名。麦当劳的餐厅分布在全国26个省、市、自治区，餐厅数量以平均每年17%的数量增长。麦当劳已经获得了不同评选机构评选出的最佳雇主的荣誉称号：怡安翰威特最佳雇主、中国杰出雇主、中华英才网最佳雇主、CCTV最佳雇主、连锁经营协议最佳雇主等。

重庆城市管理职业学院是由重庆市人民政府主办、国家民政部与重庆市人民政府共建的公办全日制普通高等学校，是国家示范性骨干高职院校、全国职业教育先进单位、全国普通高校毕业生就业工作先进集体、重庆市首批示范性高职院校。

（二）合作模式

双方本着"合作共赢、职责共担"的原则，充分发挥各自优势和潜能，积极开展现代学徒制试点工作，形成"校企分工合作、协同育人、共同发展"的长效机制，不断提高人才培养的质量和针对性。

本次合作从工学结合人才培养模式改革和教学运行管理两方面进行试点探索。其具体内容包括：共同确定人才培养目标、质量标准、培养方案，共同确定学徒制实岗训练课程体系，共同组织课堂教学与实岗训练，共同做好师资队伍的建设与管理，共同组织人才评价和能力鉴定等。

（三）学徒筛选

2015年，麦当劳餐厅食品有限公司从重庆城市管理职业学院连锁经营与管理专业2014级学生中选拔学徒，并组建现代学徒制储干班，简称麦苗班。该选拔标准符合麦当劳用人标准。麦当劳为学徒提供了基于餐厅岗位实践的培训和上岗训练。学徒筛选流程如下所示：

（1）校企双方共同制订现代学徒制麦苗班实岗训练计划。

（2）收集学生意愿，匹配公司岗位。提供 OJE 岗前实习，供学生了解麦当劳。

（3）麦当劳提供 360 度全景招募体验活动，让家长、学生、老师参观餐厅内部。

（4）建立专属员工档案，跟踪管理。

▶校企双方分别确定一名领导负责校企间的合作，并明确专门机构负责经常性的工作联系。

▶校企双方确认班主任（班导师）一名，负责日常工作对接、管理。

▶每位麦苗班学徒在餐厅都有由训练员、餐厅经理组成的指导师傅。这些指导师傅负责学徒各岗位的训练、指导和考核。

▶双方定期和不定期进行文化发展及人才需求的信息沟通交流。定期交流由专门机构牵头，每两个月一次。除定期沟通交流，还视实际需要，双方可不定期进行合作信息对接与交流。

▶根据双方主要领导意愿，每年可安排互访，共商校企合作相关事项。

（四）实岗训练内容和形式

1. 个性化培训计划

（1）提供学徒岗位学习和训练以及实习培训工时计划。

培训总工时＝（训练工时+岗位实践工时）×40 个工作站。工作站是指在餐厅需要学习的岗位数。学生在大一、大二期间每月应完成不低于 60 个小时的工作与训练，在大三进入企业顶岗实习之前，应完成总计 960 个小时的岗位训练。学生经过岗位考核后，方可进入下一个工作站进行培训实习，若考核不通过，则需再次进行本岗位的实践。

（2）管理岗位实习及训练。

学生在大一、大二实习期间，应完成 960 个小时的学习和考核。学生通过岗位训练和考核后，可担任麦当劳的部门经理（学生），履行餐厅管理义务。

学校对在校三年期间各科成绩（含在甲方实习阶段）均合格，取得毕业资格、月度提供实践工时达标的"麦苗计划"的毕业生，毕业前安排统一面试答辩（愿意服从公司工作地点安排的学生优先），经双方沟通达成一致的，可录取为麦当劳的 MT/SMT（见习经理）。

2. 有关领导力的培训工作

企业不仅向学徒提供实岗训练，还向学徒提供有关有效沟通、专业形象、时间管理、职业规划等内容的麦当劳领导力课程的培训。

3. 学徒训练时间要求

学徒进入麦当劳实习，且在麦当劳每月出勤时间不低于 60 个小时（大一、大二期间），顶岗实习（大三期间）不低于 150 个小时。麦当劳需按照培训计划，在餐厅对学徒进行实践教学。RGM（餐厅总经理）可根据餐厅和学生实际情况调整岗位训练的先后顺序，与学生沟通实习的具体时间。

每学期的训练计划和训练要求在学期开始前由校企双方协商确定。

（五）员工保留

1. 领导力训练保留

麦当劳通过专业课程或"麦当劳我最好的职业第一棒"讲坛的形式来教会学生有关有效沟通、专业形象、时间管理、职业规划等方面的内容。讲师及课程由麦当劳提供。

2. 考核、晋升与发展保留

麦当劳既定的员工考核与晋升适用于麦苗班学员。麦苗班学员只要达到公司要求，通过考核，即可晋升。

3. 薪酬

实岗训练期间的相关补贴情况：8.9 元/小时（万州为 8.7 元/小时），月度工时超过 45 个小时，每小时增加 1 元（教学实习阶段和顶岗实习阶段工资水平保持一致，如获得晋升，则薪酬按相关职级支付）；在学生实习当月 30 日前，由甲方通过银行转账的形式将补贴支付到学生的银行卡中。

4. 其他

学生可享受与全职员工同等的麦当劳的"全明星大赛""麦之声大赛"参与权，且根据其在餐厅的不同岗位，参与麦当劳针对不同群体的年会活动。

对达到 960 个小时的学生，发放麦当劳员工岗位实习证书；对达到餐厅部门经理的职位的学生，发放麦当劳餐厅部门经理实习证书。

二、现代学徒制实岗训练 I 和现代学徒制实岗训练 II 的课程实训方案

（一）实训的性质、地位和课时

重庆城市管理职业学院与麦当劳达成并启动了现代学徒制人才培养协议，在 2014 级连锁经营与管理专业中选拔了 26 名"麦苗"学员。"工学结合、实岗育人"是实施现代学徒制人才培养模式的核心，也是校企一体化育人模式的实现形式。为探索实践这一模式，经我校二级院系申请，教务处和分管教学副校长同意，在 2014 级连锁经营与管理专业人才培养方案中增设了两门企业实岗训练课程——现代学徒制实岗训练 I 和现代学徒制实岗训练 II，并在教学组织和实施方面对 2014 级连锁经营与管理专业的校内授课进行集中排课，实施"3+2"学徒培养教学模式。训练内容由校企双方共同沟通确定，每位学徒的训练岗位由餐厅轮岗训练标准来定。

该课程属于人才培养方案中的学分制课程，也是连锁经营与管理专业现代学徒制实岗训练课程。两门课程课时与学分如下所示：

①现代学徒制实岗训练 I 的总课时为 51 个学时，学分为 2 分；

②现代学徒制实岗训练 II 的总课时为 68 个学时，学分为 3 分。

（二）实训课程目的

①实现校企联合一体化育人。

②走进企业、认识企业、熟悉企业，培养学生对企业的认同感和归属感。

③培养学生具备相应岗位技能。

④培养学生具备工作能力和职业素养。

⑤职业生涯准备与成长晋升。

（三）实岗训练地点

实岗训练地点为重庆麦当劳餐厅食品有限公司在重庆主城区的餐厅。

（四）实岗训练具体安排

学徒需要在规定的时间，每周至少在麦当劳餐厅进行 2 天（或每月至少60 小时）实岗学习和训练，训练计划按周制订，且需由学员与餐厅经理沟通确定。训练计划制订后，需完成实岗训练手册的填写。具体时间为教学周每周二、周四、周六、周日，详见本年度校历。

（五）实习考核

所有学员必须完成规定的工时以及指定的训练任务、填写训练手册内容并经过餐厅和学校共同考核鉴定合格之后方能取得两门课程的学分。实习成绩按考核结果分为优秀、良好、及格和不及格四类。

重庆城市管理职业学院与麦当劳的
现代学徒制麦苗班学徒信息卡

学徒姓名		餐厅名称及编号	
班级		工号	
学号		入职时间	
指导师傅 （教练、训练员）		学校指导老师	
餐厅经理			

麦苗班学员实岗训练计划

训练时间阶段	年　月　日—　年　月　日（教学周第＿＿＿＿＿周）
训练岗位	

　　请提前与餐厅经理和指导师傅沟通确定本周训练计划，并将计划列出打印之后张贴到下方空白处。

计划张贴处

企业指导师傅签字		学校指导老师签字	
餐厅经理签字			

麦苗班学员月度工作训练自我总结

月度考核时间段		年　月　日—　年　月　日	
本月工时数		本月训练 是否完成	是（　　） 否（　　）

　　学员自身根据训练计划完成情况和实岗训练情况对本月的工作训练进行总结，总结内容包括实岗训练完成内容、实岗训练心得体会和待改进项。（可手写也可打印粘贴）

年　月　日

麦苗班学员月度工作训练考核评估表

月度考核时间段	年 月 日— 年 月 日		
本月工时数		本月训练是否完成	是（ ） 否（ ）

　　餐厅依据该学员本月的工作和训练情况对其进行评估。在评估完成后，学员将评估结果打印并粘贴在下方。

请将评估表关键要素评估与实岗训练结果粘贴

餐厅经理评语：

学校指导老师评语：

麦苗班学员本学期工作训练自我总结

本学期工时总数		本学期训练 是否完成	是（　　　） 否（　　　）
学员自身根据对本学期训练计划完成情况和实岗训练情况进行总结回顾，总结内容包括实岗训练完成内容、实岗训练心得体会和待改进项。（可手写也可打印粘贴）			

麦苗班学员本学期工作训练考核评估表

考核时间段	年 月 日— 年 月 日
学员成长情况 （职位晋升）	是否已经晋升岗位：训练员（ ） 员工组长（ ） 考核晋升时间： 年 月 日

餐厅依据该学员本学期的工作和训练情况对其进行评估。在评估完成后，学员将评估结果打印并粘贴在下方。

餐厅经理评语：

学校指导老师评语：

评价结果	杰出（ ） 优秀（ ） 良好（ ） 有待发展（ ）

企业指导师傅签字： 餐厅经理签字：

餐厅盖章：

学校指导老师签字： 二级院系领导签字：

附录十六　重庆城市管理职业学院 2017 级连锁经营与管理专业人才培养方案

一、培养目标及人才规格

（一）人才培养目标

本专业坚持"面向现代服务业需要，培养高素质技术技能人才"的人才培养目标，坚持"重基础、强能力、高素质"的育人思想，坚持"校企双主体联合育人"的人才培养特色，面向现代商贸零售业，依托永辉超市、华润万家、麦当劳众多世界 500 强、中国连锁百强零售连锁企业，培养拥护中国共产党领导和党的路线方针政策，适应社会主义市场经济需要，具有良好职业素养和创新精神、强烈行业认同感和企业归属感，掌握连锁门店经营管理先进技术，具备基础管理能力，能在各类零售连锁企业从事连锁经营与管理的高素质技术技能人才。

（二）招生对象与学制

本专业招收高中毕业生及同等学力者，基本学制为 3 年；实行学分制，弹性学制为 2~5 年。

（三）毕业生的质量标准

①思想政治素质。

拥护中国共产党的领导，拥护社会主义制度，坚定中国特色社会主义理想信念；树立正确的世界观、人生观、价值观、道德观和法治观；实现德智体美全面发展，成为中国特色社会主义的合格建设者和可靠接班人。

②学业成绩。

修完专业人才培养方案规定的各门课程，并达到合格标准，取得规定的最低毕业总学分——135 学分（包括公选课的 8 学分）。

③创新创业意识。

参与各类创新创业活动，获得创新创业教育必修课的 2 学分。

④素质拓展。

获得重庆城市管理职业学院大学生素质拓展证书，并修满 6 学分；至少获得社会实践活动的 6 学分。

⑤职业技能。

鼓励学生获得行业企业认可度高的职业资格证书或职业技能证书，如 ERP 供应链管理师（中级）、CCFA 品类管理师（助理级）等职业资格证书。

⑥职业态度。

具有团队合作意识、服务意识、执行能力以及诚信、吃苦耐劳、工作踏实、敬业等精神。

⑦人文素养。

拥有积极心态、热爱生活、主动性强，善沟通、具备交流技巧、表达技巧和独立性。

⑧身心素质。

具有健康的体魄、完整的人格、乐观的心态、坚强的意志、良好的社会适应能力。

⑨其他证书。

获得全国高等学校非计算机专业计算机等级考试一级及以上证书（重庆考区），国家高等学校英语应用能力考试 B 级及以上证书，普通话二级乙等及以上证书。

（四）人才培养模式——现代学徒制人才培养模式

本专业根据学校"三个结合"的人才培养模式，探索现代学徒制人才培养模式改革。本专业依托永辉超市、华润万家、麦当劳等优质企业，根据企业发展对营运经理人的需求，确立"学校专业+百强企业"的现代学徒制人才培养思路，充分发挥校企育人主体作用，探索招生、招工一体化，构建"学生与学徒双身份、教师与师傅双指导、学校与企业双阵地、工作与学习双结合、技能与素养双提升、就业与发展双丰收"的"六双共育"人才培养模式，健全"3+2"教学组织与运行设计，实施"业界导师""校企双导师"共同育人，加强现代学徒制系列标准和制度建设，实现校企双主体联合培养，着力提升人才培养的质量和针对性。

（五）教学模式

本专业结合学校"六个合一"的教学模式，探索现代学徒制人才培养模式下如何实行学校教师与企业师傅联合培养的教学模式。依据核心岗位能力素质模型，按企业岗位胜任力与工作标准将教学内容、教学模式与工作现场相融合、课程体系与工作过程相融合、理论教学与实践教学相融合，健全"3+2"教学组织与运行设计，实施"业界导师""校企双导师"共同育人，让学生（学徒）在做中学、学中做，实现"工学交替、实岗育人"。

（六）毕业生就业岗位

本专业毕业生主要面向"双百强"企业、各连锁业态（高端卖场、购物中心、专业店、专卖店、便利店）中的龙头企业，从事门店营运与管理、总部职能管理的经理人（储备店长、经理、合伙人）岗位。本专业毕业生的职业发展目标为连锁企业门店店长、区域店长岗位等。

二、毕业生素质、能力、知识要求

（一）毕业生素质要求

素质类别	内涵要求	支撑课程或活动
思想道德素质	掌握马克思主义的科学世界观和方法论，运用马克思主义的立场、观点、方法分析和认识现实问题，逐步树立正确的世界观、人生观、价值观、道德观和法治观	思想政治理论课、素质教育课及活动、综合教育活动
	学习中国特色社会主义理论，了解中国的历史和国情，继承和发扬中华民族优秀文化传统和中国共产党的优良革命传统，爱祖国、爱人民、拥护党的基本路线和方针政策，坚定社会主义理想信念，为实现"两个一百年"奋斗目标、实现中华民族伟大复兴的中国梦而奋斗	
	培育和践行社会主义核心价值观，学会做人、学会做事、学会与人共处，提高思想道德修养，具备良好的职业素质和较强的职业能力，实现德、智、体、美全面发展	
文化素质	应用语言文字清晰地进行信息、思想、感情的传递、表达和交流，具有文学艺术和美学修养，能够正确认识和分析当今时代的有关问题	理论和实践课中融入人文知识、人文思维、人文精神，素质教育课及活动
	学习中国优秀传统文化，提高学生对优秀传统文化的自主学习和探究能力，培养学生的文化创新意识，增强学生传承、弘扬中国优秀传统文化的责任感和使命感	中国文化概论
业务素质	有职业道德感、理智感、美感，具备良好的外向型性格特征，具备企业、用户、产品、市场、营销、策划、法律等方面的知识，具备服务、互惠、沟通、创新、形象等营销意识，遵守"守法、诚信、公平、敬业、服务"的商业职业道德准则，具有对商业连锁业新知识、新技能和新方式的学习能力和创新精神，具有较强的团队建设能力和团队协作精神，具有较强的现代服务意识	专业发展指导课、相关理论课、专业技术基础课、专业综合技术课及综合技能实训等
身心素质	身心健康、人格健全，具有较强的社会适应能力，交际交往符合礼仪规范；树立自觉锻炼、终身锻炼的意识，拥有健康的体魄，体能达到规定标准	体育训练课、综合教育活动、实用礼仪课、素质教育课及活动

素质类别	内涵要求	支撑课程或活动
创新创业素质	能够独立思考,主动接受新事物、了解新趋势;培养创业意愿,了解创业的环境和学习创业的流程和技能	创新创业教育课程、基础管理素质课程、素质拓展活动

（二）毕业生能力要求

能力类别		能力要素	课程设置	考核标准
通用能力	英语应用能力	具备实用英语听说能力、实用英语阅读翻译能力、实用英语写作和自主学习能力	大学英语Ⅰ、大学英语Ⅱ、零售业英语	高等学校英语应用能力考试达到 B 级及其以上
	计算机应用能力	具备熟练应用计算机操作系统的能力,加强计算机应用能力的训练,要求能够熟练使用计算机进行学习和工作;具有利用计算机网络收集信息、处理信息的能力	计算机应用基础	计算机应用能力达到高校非计算机专业应用能力等级考试一级
	语文应用能力	具备较强的口语交际能力、阅读能力、书面语言表达能力、视像能力和发布能力,掌握应用文写作方法	大学语文、应用文写作	考试成绩达到合格及以上标准,普通话二级乙等及以上证书
	创新创业能力	具备创造性思维、创造性想象、独立性思维和捕捉灵感的能力;具备创新实践的能力,即在创新活动中完成创新任务的具体工作的能力;具备决策能力,经营管理能力,专业技术能力与组织、计划、协调、控制等能力	基础管理素质训练,创新创业教育、实训、讲座等	完成实践训练并通过能力鉴定

能力类别		能力要素	课程设置	考核标准
专业基本能力	经济分析能力	具备较强的经济思维能力、社会经济现象分析能力，掌握一般的经济法则和经济学原理，能理解当代世界经济和中国经济现状与发展趋势，能看懂基本宏观经济数据并理解国家宏观经济政策	经济学（基础）	考试能达到合格及以上标准
	基础管理能力	理解管理的本质，知晓基础管理的范畴，认识一般的管理现象，归纳和具备一般基层管理者能力与素质，掌握基本管理方法与技巧，具备现代管理思维	基础管理素质训练、综合实训	完成模块课程学习并通过能力鉴定
	市场营销策划能力	了解行业市场营销的特点和市场营销的要素，具备市场营销相关基础知识，具有收集、整理、分析市场数据并预测市场的能力，根据营销要素进行市场策划的能力	连锁企业市场营销、连锁门店促销与策划	考试能达到合格及以上标准并通过模块能力鉴定
	商品管理能力	具有对商品进行分类管理的能力，具有能够知晓一般商品的属性、特征的能力，能根据商品的属性特征进行归类、陈列，具有对品类进行定义和根据品类进行角色划分、品类评估的能力，具有制定品类策略和实施品类战术的能力	连锁企业品类管理、连锁企业门店营运管理	考试能达到合格以及上标准或取得"品类管理师（助理级）"职业资格认证

能力类别		能力要素	课程设置	考核标准
专业综合能力	总部经营管理能力	掌握连锁经营管理的基本理论	零售与连锁经营管理	考试能达合格及以上标准
		掌握商品采购业务流程	连锁企业采购管理	考试能达到合格及以上标准
		掌握门店开发与设计的方法和技术	连锁门店开发与设计	考核能达到合格及以上标准
	门店营运管理能力	掌握门店各岗位操作规范、作业技能	连锁门店营运管理、品类管理理论与实务、零售业数据挖掘与应用	考核能达到合格及以上标准
	门店销售技巧与促销设计能力	掌握一般商品的推销法则与技巧，能根据营销事件、节假日等设计促销方案与营销策划	视觉营销、连锁门店促销与策划	考核能达到合格及以上标准并通过模块能力鉴定
	现代服务技巧与能力	了解服务的本质与服务的重要性，掌握现代服务理念与服务技巧，懂得客户维护技巧	零售业顾客服务训练	考核能达到合格及以上标准并通过模块能力鉴定

（三）毕业生知识要求

知识类别		知识内涵	支撑课程
通识教育知识	体育知识	使学生掌握体育的基本理论知识，建立正确的体育观念，掌握科学锻炼身体的方法，培养学生终身体育锻炼的意识和良好习惯；培养学生集体主义精神，建立正确的体育观	体育训练Ⅰ、体育训练Ⅱ、体育训练Ⅲ
	英语知识	培养学生英语实际运用与实际交际的能力，掌握常用的句型、单词，培养其英语语感素养，前两学期突出英语综合能力的训练，以提高学生人际沟通能力	实用英语Ⅰ、实用英语Ⅱ
	计算机操作与应用知识	使学生掌握信息的获取和处理、传递及应用的基本技能，适应现代生活的需要以及未来职业的需要	计算机应用基础

知识类别		知识内涵	支撑课程
通识教育知识	思想政治理论知识	通过对思想道德修养与法律基础知识的学习，学生应提高思想道德素质、职业素质与法律素质，树立崇高的职业理想，具备良好的职业道德和较强的法律意识，遵纪守法、品行端正，讲道德、守纪律，吃苦耐劳，乐于奉献。 通过对毛泽东思想和中国特色社会主义理论的学习，学生应认识中国基本国情，了解中国革命、建设和改革开放的历史，增强实现改革开放和社会主义现代化建设宏伟目标的信心和社会责任感，具备良好的思想素质和政治素质。 通过对形势与政策知识的学习，学生应了解治国理政的新理念新思想新战略，了解国内外大事、要事，进一步增强执行党的路线、方针、政策的自觉性，增强对社会发展趋势预测的能力，适应社会、实现自我	思想道德修养与法律基础、毛泽东思想和中国特色社会主义理论体系概论、形势与政策、思想政治理论课实践教学
	中文知识	培养学生口语交际能力、阅读能力、书面语言表达能力、视像能力和发布能力等语文应用能力	大学语文
	中国优秀传统文化知识	提高学生对中国优秀传统文化的自主学习和探究能力，培养学生的文化创新意识，增强学生传承弘扬中国优秀传统文化的自豪感、责任感和使命感	中国文化概论
	应用文写作知识	培养学生应用文写作的能力	应用文写作
	职业规划与就业观知识	帮助学生树立正确的就业观念，使学生具备一定的应变能力	专业发展指导、职业生涯规划、就业指导
	创新创业知识	使学生掌握开展创业活动所需要的基本知识，具备必要的创业能力；帮助学生树立科学的创业观	创新创业教育
	健康教育知识	使学生掌握科学锻炼身体的基本方法，具有良好的身体素质和基本运动技能，并达到国家体能标准；具备良好的形体、仪态协调能力，具有健康的心理素质	大学生安全教育、体育训练

知识类别		知识内涵	支撑课程
专业技术基础知识	经济与管理知识	使学生掌握市场经济基本原理，了解市场法则，从消费者、厂商角度分析市场行为，掌握宏观经济知识、管理的本质、管理的职能、基础管理的思维与技巧	经济学基础、基础管理素质训练、管理能力提升训练
	商品管理知识	使学生掌握品类定义、商品分类、品类管理与实施以及品类战术	品类管理理论与实务、连锁企业门店营运管理、连锁企业商品采购管理
	法律知识	使学生掌握合同法、公司法、产品责任法、代理法、网上合同、网上行为规范、知识产权保护、隐私权保护等相关知识	经济法基础
	营销知识	使学生掌握营销原理、营销环境分析、市场细分、目标市场、市场定位、营销策略、营销组织与控制等相关知识	连锁企业市场营销、零售业消费者行为分析
综合专业知识	零售与连锁经营知识	使学生了解零售行业发展的历史、现状和趋势；了解连锁业的特征、业态的分类、商圈的分析	零售与连锁经营管理、魅力零售专题、商圈调研
	连锁企业总部管理知识	使学生具备连锁店选址、开发、设计的知识，具备采购、谈判技巧方面的知识，具备仓储与配送方面的知识以及人员招聘、选拔、培训、提升、淘汰方面的知识	连锁门店开发与设计、连锁企业采购管理、连锁门店营运与管理
	连锁门店营运方面的知识	使学生具备连锁门店各岗位需求的基本能力和素质，掌握各岗位的操作流程与关键点控制知识	连锁门店营运与管理、连锁企业品类管理实务、零售业数据挖掘与应用
	顾客服务知识	使学生掌握现代服务理念与服务技巧，掌握客户维护技巧、服务的本质与服务的重要性	零售业顾客服务训练、零售业消费者行为分析
	门店终端销售与服务技巧方面的知识	使学生掌握推销技巧、推销方法的相关知识，掌握促销与策划的相关知识，掌握顾客服务技巧与方法的相关知识	连锁门店促销与策划、零售业顾客服务训练、视觉营销

三、主要课程的相关信息

（一）通识课程名称、学时数及课程简介

1. 思想道德修养与法律基础

学时：60　学分：3

通过学习本课程，学生应具有强烈的社会责任感、明确的职业理想、良好的职业道德和较强的法律观念，遵纪守法、品行端正，讲公德、守纪律，吃苦耐劳，乐于奉献。

2. 毛泽东思想和中国特色社会主义理论体系概论

学时：56　学分：3

通过学习本课程，学生应具有坚定的政治方向，拥护中国共产党的领导，热爱祖国，具备良好的思想政治素质。

3. 形势与政策

学时：64　学分：1

通过学习本课程，学生应了解国内外大事、要事，增强对社会发展趋势预测的能力，以更好地适应社会的发展和要求。

4. 体育训练

学时：100　学分：5

增强学生体质，全面提高学生的体能和对环境的适应能力，促进学生身心的全面发展。使学生掌握体育的基本理论知识、建立正确的体育观念，掌握科学锻炼身体的方法，培养学生终身体育锻炼的意识和良好习惯。培养学生集体主义精神，帮助学生树立正确的体育观。

5. 实用英语

学时：116　学分：6

培养学生的听、说、读、写的能力，使其能以英语为工具，获取专业所需信息，具备一定的翻译能力。

6. 计算机应用基础

学时：56　学分：3

该课程是一门培养大学生计算机应用能力与信息素养的课程，通过该课程的学习，要求学生了解计算机应用的基础知识，掌握主流操作系统的应用，熟练使用 Office 办公软件，熟悉基本的互联网应用，并具备信息安全、数据库和多媒体技术等信息素养知识与能力。

7. 大学语文

学时：60　学分：3

本课程以文学理论为先导和基础，以分析和指导学习阅读文学作品为重点，弘扬民族文化，培养学生高尚的情操，增长学生的文史知识，提高学生鉴赏和写作能力。培养学生口语交际能力、阅读能力、书面语言表达能力、视像能力和发布能力等语文应用能力。

8. 中国文化概论

学时：28　学分：1.5

提高学生对中国优秀传统文化的自主学习和探究能力，培养学生的文化创新意识，增强学生传承、弘扬中国优秀传统文化的责任感和使命感。

9. 应用文写作

学时：28　学分：1.5

通过本课程的学习，学生掌握常用应用文的写作方法、写作格式规范。

10. 职业生涯规划

学时：15　学分：1

职业生涯规划课程主要引导学生进行职业认知和自我认知，并在此基础上，结合自身实际，明确职业目标，制定职业生涯规划，并细化执行步骤，确保目标的顺利实现。

11. 就业指导

学时：14　学分：1

本课程引导学生进一步明确自身核心职业竞争力，把握就业关键环节，指导学生做好充分的就业准备，帮助学生树立科学就业观，完成由"学生"向"职业人"的身份和角色的转变。

12. 大学生安全教育（含职场安全与健康）

学时：15　学分：1

本课程帮助学习者建立职场健康和安全意识，了解国家有关职场健康和安全的政策法规，让学习者掌握职场的基本安全知识和技能，并能够应用于今后的工作实践。

13. 大学生心理健康教育

学时：28　学分：1.5

本课程使学生了解心理健康的标准及意义，增强自我心理保健意识和心理危机预防意识，掌握并应用心理健康知识，培养自我认知能力、人际沟通能力、自我调节能力，切实提高心理素质。

14. 创新创业教育实训（集中实训）

学时：16　学分：1

本课程将创新教育、创业教育及专利知识融入职业教育的教育活动过程中，以提高学生的创新能力，培养学生的创新精神，增强学生自主就业及创业能力，提高学生的就业质量和创业竞争力。

15. 职业素养与创新创业讲座（实训）

学时：16 学分：1

职业素养与创新创业讲座让学生通过团队分享、成果展示、学习心得分享等途径提升团队协作、分析演绎、表达技巧等方面的能力，形成良好的职业素质、职业习惯和创新创业意识。

16. 专业发展指导

学时：16 学分：1

专业发展指导课程通过企业文化介绍、专业社团沙龙、企业经理人及高管讲座、优秀学长回校分享会等形式，让学生了解行业企业发展状况，树立目标，提高行业认同感和企业归属感。

（二）专业核心课程名称、学时数及课程简介

1. 零售与连锁经营管理

学时：76（包括零售与连锁经营管理认知实习） 学分：4（其中校外实习1学分）

本课程属于技能型、理实一体化课程。本课程主要让学生了解零售业的发展、连锁经营概况、连锁经营的类型、业态分类、连锁业的特征以及零售连锁业的基本术语等，通过校外实习加深对零售连锁行业、连锁企业的熟悉和认知，培育学生的行业归属感。

2. 品类管理理论与实务

学时：56 学分：3

本课程属于技能型、理实一体化课程。本课程让学生理解品类管理内涵并形成品类管理理念；能依据不同的标准对商品进行科学分类和角色定位；依据卖场经营的KPI指标规划品类目标并通过品类策略和战术实施实现品类目标；能够理解零售商店的品类实施，具备数据分析能力、归纳演绎能力和展示表达技巧。

3. 连锁企业门店营运与管理

学时：60 学分：3

本课程属于技能型、理实一体化课程。本课程使学生掌握连锁企业营运各分区、各部门、各岗位的基本流程，了解企业营运的内容，能够应用现代经营管理技术、商品陈列技术、现代防损与防盗技术、信息与数据分析技术等对连锁门店进行管理与协调。

4. 零售业顾客服务训练

学时：56 学分：3

本课程属于技能型、理实一体化课程。本课程使学生掌握商场与零售业卖场的基本服务理念，掌握服务类岗位的服务技能和礼仪。

5. 连锁门店促销与策划

学时：42 学分：2.5

本课程属于技能型、理实一体化课程。本课程使学生掌握商场"开业、店庆、节假日"三大常规促销活动的组织与实施技巧，掌握常用的商品促销手段和方式、创新商品促销方式。

（三）职业技能课程（集中实践课程）名称、教学目标及周（时）数

1. 军训（2周）

本课程属于技能型、实践课程。教学目标：了解基本军事理论，增强国防观念和国家安全意识，掌握军姿、队列变换、行进间转法、军营内务整理等知识，了解兵器常识，增强组织纪律观念和团队意识。

2. 企业文化认知学习（1周）

本课程属于技能型、理实一体化课程。教学目标：通过引入优质连锁企业到校园宣讲企业文化，让学生对校企合作企业形成基本认知、对整个行业发展有进一步认识，培养学生对行业、企业的认同感和归属感。

3. 零售与连锁经营管理综合认知实习（1周）

本课程属于技能型、实践课程。教学目标：该认知实习是在学生开始学习专业理论课程之前进行的一个重要实践教学环节，以让学生深入连锁企业，了解连锁企业经营活动的全过程；培养学生对专业的认知和兴趣；培养学生理论联系实际的能力，增强学生分析问题和解决问题的能力；让学生了解未来工作的真实职场环境、熟悉工作岗位及岗位能力要求。

4. 企业沙龙与领导力课程（1周）

本课程属于技能型、理实一体化课程。教学目标：通过引入企业文化专题和企业领导力课程专题，采用沙龙座谈、交流、讲座形式，培养学生对行业企业的认同感和归属感，提高职业素养和领导力。

5. 职业素养与创新创业讲座（1周）

本课程属于技能型、理实一体化课程。教学目标：学生通过学习和聆听管理类讲座，通过团队分享、成果展示、学习心得分享等途径提升学生团队协作、分析演绎、表达技巧等方面的能力，通过心得分享，养成良好的职业素质和职业习惯，养成创新思维和创业思维。

6. 职业素养讲座（1周）

本课程属于技能型、理实一体化课程。教学目标：学生通过团队分享、成果展示、学习心得分享等途径提升团队协作、分析演绎、表达技巧等方面的能

力，养成良好的职业素质和职业习惯。

7. 职业资格证书培训与认证（1 周）

本课程属于技术型、实践课程。教学目标：通过 ERP 基本理论教学与实践操作，让学生熟悉基本的软件操作，具备 ERP 供应链管理师等模块的资格并参与行业认证。

8. 连锁企业设施设备训练（1 周）

本课程属于技能型、实践课程。教学目标：让学生掌握并能使用连锁企业常见的设施设备，主要包括货架、收银机、叉车等，提高学生设施设备的操作技能。

9. 现代办公技巧训练（1 周）

本课程属于技术型、实践课程。教学目标：有效提升学生基本办公技能，帮助学生形成高效率的工作习惯。

10. 连锁专项技能训练（1 周）

本课程属于技能型、实践课程。教学目标：通过 DM 制作、POP 海报制作、促销策划方案制作等专项训练，提升学生的专业技能。

11. 专业招聘与岗前培训（1 周）

本课程属于技能型、实践课程。教学目标：本课程让学生在进入企业顶岗实习之前，熟悉企业制度、岗位操作，形成良好工作心态和习惯，为零距离上岗做好准备。

12. 创新创业教育实训（1 周）

本课程属于技能型、实践课程。教学目标：本课程通过创业之星软件训练的方法，让学生体验企业经营管理的全过程，形成经营管理的系统思维，熟悉各个经营管理环节，培养学生动手操作、主动思考、团队协作、口头表达能力和决策、风险承担、数据分析的能力。

13. 门店营运实训（1 周）

本课程属于技能型、实践课程。教学目标：本课程通过仿真实训软件，让学生在仿真情境中熟悉连锁企业门店营运基本流程、岗位设置、岗位操作规范和标准等，为学生在真实情景下的实岗训练打下基础。

14. 职业能力综合展示（2 周）

本课程属于技能型、实践课程。教学目标：本课程在学生进入企业实习和工作之前，通过专项综合实训，提升学生处理问题、收集信息、团队组建与维护、项目策划与展现、办公技巧、工作方法等职业综合能力。

15. 顶岗实习（19 周）

本课程属于技能型、实践课程。教学目标：学生在具体的连锁岗位实习，前半期通过轮岗进行核心能力模块实习，包括连锁企业门店营运管理实习、连锁企业商品促销与实施实习、顾客服务实习、商品陈列方法与技巧提升实习等，以全面了解连锁经营与管理的流程和操作方法，具备相关岗位独立操作能力；后半期则进行独立岗位顶岗实习，并开始职业发展能力提升；最后学生须撰写实习报告，总结实习过程并提出改进意见。

（四）建议获得的专业职业资格证书的名称及要求

①CCFA品类管理师（助理级）：了解品类管理的背景知识及基础知识，了解企业实施品类管理的基本步骤和内容，熟悉品类管理基本战术，熟练掌握品类管理的步骤和品类管理战术设计和策略。

②ERP供应链管理师（中级）：掌握ERP的基本知识，熟悉ERP操作流程，掌握与专业相关的ERP模块操作标准并能结合自身工作提出流程改善计划。

ERP供应链管理师（中级）属于学生必考职业资格证书；CCFA品类管理师（助理级）属于课程融通类资格证书，属于选考职业资格证书。

建议学生取得以上职业资格证书中的一项或其他行业、企业认可度高的职业资格证书（不作为毕业必要条件），获得证书并通过申请，可置换全院选修课学分1分或素质拓展学分2分。

四、教学进程表

（一）教育教学活动时间分配表（见附表1）
（二）通识课程、专业课程模块教学进程表（见附表2）
（三）实践模块教学进程表（见附表3）
（四）专业课时、学分统计表（见附表4）

五、说明

1. 参与人才培养方案设计的行业/企业代表

序号	行业/企业名称	专家姓名及职位	提供的相关信息
1	重庆永辉超市有限公司	杨李，第一集群业务人力资源核心合伙人	专业发展规划、人才需求与能力素质要求、现代学徒制人才培养、人才培养模式、课程设置
2	华润万家生活超市有限公司	魏婕妤，HR经理；吴天泉，门店总经理	人才需求与能力素质要求、人才培养模式改革建议、课题体系设计、岗位能力标准、学徒制人才培养设计

序号	行业/企业名称	专家姓名及职位	提供的相关信息
3	新玖商业发展有限公司	蒋佳，HR 部长	人才需求与能力素质要求、人才培养模式改革建议、课题体系设计、岗位能力标准、学徒制人才培养设计
4	重庆海印餐饮管理有限公司	吕美玲，HR 经理	人才需求与能力素质要求、连锁企业岗位设置、课程体系建设、实习实训项目开展等
5	中国连锁经营协会	郭玉金，副秘书长	连锁企业人力资源需求调研、行业发展趋势

2. 专业相关的职业资格证书与专业课程的对应关系

	ERP 供应链管理师（中级）	CCFA 品类管理师（助理级）
资格考试内容	金蝶 ERPK3 认证培训教材	品类管理理论与实务
专业课程名称	连锁企业商品采购管理、连锁企业门店营运管理	零售与连锁经营管理、连锁企业营运管理、连锁企业品类管理

3. 教师团队概况描述

重庆城市管理职业学院连锁经营与管理专业现有校内专兼任教师 11 人，其中副教授 3 人、讲师 7 人；配有校内专业带头人 1 人，校外兼职教授 1 人（永辉超市股份有限公司副总经理杨李）；聘请 5 位行业企业高管、门店店长担任"业界导师"；聘请约 20 位部门经理、合伙小店长担任学徒制指导"师傅"或"教练"；现有骨干教师 7 人，"双师"素质教师 11 人，职称结构、年龄结构等师资结构合理，长期聘请行业企业中层及以上管理干部担任专业兼职教师，承担专业课、实习实训课等教学任务，课时数约 100 学时/年。

4. 校内实践教学场地与功能介绍

实训室名称	主要实践教学内容	备注
物流实训中心	连锁沙盘演练实训、收银系统设施与设备的认识、标准收银流程实训、电子价签的制作、商品货物的陈列、排面的整理、仓储管理、配送管理模拟实训、供应链一体化模拟实训、RF 与条码实训、商场设施设备操作实训	

表（续）

实训室名称	主要实践教学内容	备注
模拟卖场	堆头陈列实训、排面整理实训、卖场设计实训、标准收银实训、商品陈列实训、盘点操作实训、促进销售实训、商品导购实训	
商业手工沙盘实训室	商业实战、进销存模拟、创业模拟、营运规范	
进销存软件实训室	进销存与供应链操作、商品分类、票据填写规范	
3D 仿真连锁企业王牌店长实务实训室	店长岗位设置与工作流程、超级巡店、门店进销存数据管理、门店销售与后台数据管理、店长及门店经营 KPI 指标	
3D 仿真连锁门店商品陈列与空间设计实训竞赛	门店外观设计、提高到店率或进店率、门店卖场布局规划、仿真商品陈列实训	

5. 校外实践教学基地介绍

校外实训基地	完成的实践教学内容	备注
重庆永辉超市有限公司	认知实习、课程实习、专项实训、顶岗实习、现代学徒制人才培养	核心合作伙伴
华润万家生活超市有限公司	认知实习、课程实习、专项实训、顶岗实习、现代学徒制人才培养	核心合作伙伴
新玖商业发展有限公司	认知实习、课程实习、专项实训、顶岗实习、现代学徒制人才培养	核心合作伙伴
重庆海印餐饮管理有限公司	认知实习、课程实习、顶岗实习、现代学徒制人才培养	核心合作伙伴
重庆太古食品新沁园有限公司	认知实习、课程实习、顶岗实习、现代学徒制人才培养	核心合作伙伴
重庆人人乐商贸有限公司	认知实习、参观实习、顶岗实习	
重庆罗森便利店有限公司	认知实习、课程实习、顶岗实习	
重庆娇兰佳人科技有限公司	认知实习、课程实习、顶岗实习	

6. 课外职业素质培养讲座的内容与时间安排

序号	讲座内容	时间安排	备注
1	零售连锁业发展现状与趋势	第一学期	
2	合作企业的企业文化	第一、第二学期	
3	零售业能力素质模型	第二学期	
4	"店长之路"专题讲座	第三学期	
5	职业生涯发展规划	第三学期	
6	"连锁卖场岗位"专题讲座	第三、第四学期	
7	"优秀校友成长交流"沙龙讲座	第二、第三、第四、第五学期	
8	零售精英系列沙龙活动	不定期	

7. 鉴定学习者能力的方法介绍

课程名称	鉴定程序	备注
基础管理素质训练	课程过程鉴定、课程单元模块鉴定、课堂学习与课外实践结合、过程鉴定与期末鉴定结合	
连锁企业市场营销	理论测试与实践案例结合、学校评价与企业评价结合、课堂学习与课外实践结合、过程鉴定与期末考试结合	
连锁门店促销与策划	课堂学习与课外实践结合、实际操作与作品展出结合、小组项目成果与个人贡献结合	
零售业顾客服务训练	理论测试与实践案例结合、学校评价与企业评价结合、课堂学习与课外实践结合、过程鉴定与期末鉴定结合	
零售业消费者行为分析	课堂学习与课外实践结合、书面报告与实际操作结合、小组项目成果与个人贡献结合、过程鉴定	
零售与连锁经营管理	理论测试与实践案例结合、课堂学习与课外实践结合、阶段鉴定与期末鉴定结合	
连锁企业商品采购管理	课堂学习与课外实践结合、书面报告与实际操作结合、小组项目成果与个人贡献结合	
连锁企业门店营运与管理	理论测试与实践案例结合、课堂学习与课外实践结合、过程鉴定与期末鉴定结合	
品类管理理论与实务	理论测试与实践案例结合、课程作品评价、课堂学习与课外实践结合、过程鉴定与期末鉴定结合	
视觉营销	理论测试与实践案例结合、学校评价与企业评价结合、课堂学习与课外实践结合、过程鉴定与期末鉴定结合	

8. 课程评估的方法介绍

①利用课程能力单元的学生学习反馈信息表对课程教学进行评估。

②多渠道、不定期与学生进行交流沟通，以了解学生课程学习情况。

③在期中和期末召开学生座谈会，以了解学生学习情况。

④鼓励学生采用多种形式（如线上问卷等）对课程提出建议。

⑤制作课程评估问卷调查表，搜集学生的课程学习的书面反馈意见。

9. 三学期教学安排说明

为更好地推行工学结合人才培养模式，本专业采用三学期制进行教学，在每学年的第三学期的教学主要安排集中实习实践类课程、订单企业课程、现代学徒制实岗训练课程及需要集中授课的理论课程。具体安排如下：

学期	课程名称（内容）	备注
第一学年第三学期	基础管理素质训练、职业素养讲座、创新创业教育实训、职业资格证书培训与认证、专业发展指导	
第二学年第三学期（第六学期）	现代办公技能训练、连锁专项技能训练、专业招聘与岗前培训、职场健康与安全、专业职业规划等	
第三学年第三学期（第九学期）	顶岗实习	

10. 教学质量监控与保障

建立健全专业 360 度教学质量监控与保障机制，以第三方（麦可思）质量调查报告和重庆市教育评估院的就业质量评估报告为主要依据，充分利用校企合作发展理事会和专业建设委员会平台，不断调整和优化人才培养模式和课程体系，构建教学督导、同行、教师本人、学生、行业企业专家共同参与的教学质量评价和反馈体系；建立健全校内专任教师、兼课教师和企业兼职教师的能力发展平台，优化师资队伍，不断提升教师教学能力，为提升专业人才培养质量保驾护航；通过教学研究和教学改革项目帮助教师把握高等职业教育发展的动向和趋势，探索和改革专业建设、人才培养和教学过程中的实际问题，以推动专业内涵建设、提升人才培养质量。

11. 其他

本专业将根据教育部及重庆市教育主管部门关于试点现代学徒制人才培养的相关文件要求，探索试点现代学徒制人才培养，在充分调研基础上，组建现代学徒制"职业店长"实验班，并在已有人才培养方案基础上与企业共同制订现代学徒制人才培养方案，实施校企联合育人。

如没有正式立项，本专业也将继续探索试点现代学徒制人才培养。关于现代学徒制课程设置与教学过程实施的设计说明如下所示：

本专业结合专业实际，与麦当劳、华润万家、永辉超市等企业达成现代学徒制人才培养协议。"工学结合、实岗育人"的课程体系是实施现代学徒制人才培养的重要标志。本专业在充分论证和研讨基础上，在第一至第六学期设置了21门现代学徒制课程（课程后备注为"学徒"）；在第七学期设置3门学徒制方向课程和4门学徒制顶岗实习和职代实习课程。这些课程在学徒制企业"有计划、有指导、有记录、有考核"的原则下进行，可置换相应学分。为保障"工学结合、实岗育人"校企一体化育人模式实现，本专业结合实际情况，在教学组织和实施方面，将试点"3+2"工学结合教学模式，即学生每周3天在学校正常课，每周2天在企业接受"学徒制课程"。学徒制课程内容包括企业培训和实岗训练两种模式，通过校企"双讲师""双导师"给学生授课并指导学生实岗训练，所以在每学期排课时，需要对连锁经营与管理专业进行集中式排课。

附表1　　　　教育教学活动时间分配表（以周为单位）

学年	学期	课堂教学	军训	集中实践教学		考试	入学教育	毕业教育	机动	合计
				毕业实习（包含撰写顶岗实习报告）	其他集中实践					
一	一	15	2		1	1	1		1	21
	二	14			1				1	16
	三	0			4					4
二	四	15			3	1			1	20
	五	14			1				1	16
	六	0			3			1		4
三	七	15			3	1			1	20
	八	0		15					1	16
	九	0			4					4

附表 2 通识课程、专业课程模块教学进程表

平台及模块		课程代码	课程名称	考试	学分	教学时数			按学期分配的周数		
						总计学时	讲授学时	实践学时	第一学年	第二学年	第三学年
人文通识教育平台	公共类	06030024	体育训练Ⅰ		1.5	30		30	2		
		06030025	体育训练Ⅱ		1.5	28		28	2		
		06030027	体育训练Ⅲ		1.5	30		30	2		
		06040041	实用英语Ⅰ	√	3	60	46	14	4		
		06040042	实用英语Ⅱ	√	3	56	42	14	4		
		04020017	计算机应用基础		3	56	28	28	4		
		06020001	大学语文	√	3	60	60		4		
		06020014	中国文化概论	√	1.5	28	28		2		
		06020004	应用文写作	√	1.5	28	28		2		
			小计		19.5	376	232	144	10 14	2	
	思想政治理论类	06010016	思想道德修养与法律基础		3	60	60		4		
		06010026	毛泽东思想和中国特色社会主义理论体系概论		3	56	56		4		
		06010004	形势与政策Ⅰ		0.5	第一、第二学期讲座					
		10020001	形势与政策Ⅱ		0.5	第三、第四学期讲座，第五、第六学期自学，16学时/学期					
		06010029	思想政治理论课实践教学		2	第一、第二学期，18学时/学期					
		08010001	军事理论	√	1	1学期讲座，共18学时					
			小计		10	116	116		4 4		
	职业类	01030104	大学生心理健康教育		1.5	28	28		2		
		W0001	大学生安全教育		1	15	15		1		
		09010001	职业生涯规划		1	15	15		1		
		03060052	专业发展指导		1	第一、第二学期讲座（含职场安全与健康讲座），16学时/学期					
		11010041	实用礼仪		1	15	5	10	1		
		09010002	就业指导		1	14	14				
			小计		6.5	87	77	10	3 2		
			合计		36	579	425	154	17 20	2	

附表2（续）

平台及模块	课程代码	课程名称	考试	学分	总计学时	讲授学时	实践学时	第一学年		第二学年		第三学年	
专业模块 专业核心课程	03050085	基础管理素质训练		2	45	25	20	3					
	03030105	连锁企业市场营销	√	2.5	56	36	20		4				
	03060009	零售业消费者行为分析	√	3	60	40	20			4			
		小计		7.5	161	101	60	3	4	4	0		
	03030108	零售与连锁经营管理	√	3	60	32	28	4					
	03060013	品类管理理论与实务	√	3	56	32	24				4		
	03050006	连锁企业门店营运与管理	√	3	60	36	24			4			
	03060031	零售业顾客服务训练	√	3	56	36	20				4		
	03030111	连锁门店促销与策划	√	2.5	42	22	20				3		
		小计		14.5	274	158	116	4		4	11		
方向模块 学徒制方向模块	03060058	学徒制企业门店营运		3	60	60						4	
	03060059	学徒岗位标准与角色融入		3	60		60					4	
	03060060	学徒制企业岗位跟岗训练		3	60		60					4	
非学徒制方向模块	03060061	中外零售企业案例专题		3	60	35	25					4	
	03060063	王牌店长实务实训		3	60	20	40					4	
	03060064	零售企业视觉营销		3	60	35	25					4	
		小计		9	180	90	90				0	12	
		合计		31	615	349	266	7	4	8	11	12	

附表2（续）

平台及模块	课程代码	课程名称	考试	学分	总计学时	讲授学时	实践学时	第一学年	第二学年	第三学年
选修模块	03030112	服装连锁企业管理	√	2	45	30	15		3	
四选二	03060053	零售业实用英语	√	2	45	30	15		3	
	03060054	零售业数据挖掘与应用		2	45	30	15		3	
	03060040	现代学徒制实岗训练课程Ⅰ（学徒）		2	45	30	15		3	
四选二	03060003	连锁企业商品采购管理	√	2.5	60	40	20		4	
	03050007	人力资源管理	√	2.5	60	40	20		4	
	04021006	电子商务	√	2.5	60	40	20		4	
	03060041	现代学徒制实岗训练课程Ⅱ（学徒）		2.5	60	40	20		4	
五选二	03060046	魅力零售专题		2	42	32	10			3
	03060011	现代企业管理	√	2	42	32	10			3
	03060043	现代学徒制实岗训练课程Ⅲ（学徒）		2	42	32	10			3
	03060047	职业核心能力养成训练（连锁）		2	42	32	10			3
	03060044	现代学徒制实岗训练课程Ⅳ（学徒）		2	42	32	10			3
五选二	03060032	便利店经营管理	√	2	42	32	10			3
	03010098	经济学（基础）	√	2	42	32	10			3
	03050087	推销技巧与谈判		2	42	32	10			3
	03060055	现代学徒制实岗训练课程Ⅴ（学徒）		2	42	32	10			3
	03060056	现代学徒制实岗训练课程Ⅵ（学徒）		2	42	32	10			3

平台及模块		课程代码	课程名称	考试	学分	教学时数			按学期分配的周数				
						总计学时	讲授学时	实践学时	第一学年		第二学年		第三学年	
选修模块	四选二	03060065	商圈调研实务		2	45	25	20					3	
		03030106	创业与特许加盟实务	√	2	45	25	20					3	
		03060066	学徒制企业顶岗实习Ⅰ		2	45	25	20					3	
		03060067	学徒岗位职代实习Ⅰ		2	45	25	20					3	
	四选二	03060068	魅力零售专题二		2	45	25	20					3	
		01050042	经济法基础	√	2	45	25	20					3	
		03060069	学徒制企业顶岗实习Ⅱ		2	45	25	20					3	
		03060070	学徒岗位职代实习Ⅱ		2	45	25	20					3	
小计					25	558	368	190			14	12	12	
公共选修模块（公选课）			见教务系统公共选修课程模块		8	144	144							
合计					33	702	512	190						
总计					100	1 896	周数		24	24	24	23	24	
							课程门数		9	8	7	7	7	

附表3　　　　　　实践模块教学进程表

类别	课程代码	学习领域	考试	学分	教学周数及学时数				按学期分配的周学时								
					总计		讲授学时	实践学时	第一学年			第二学年			第三学年		
					学时	周数	学时	学时	一	二	三	四	五	六	七	八	九
基本素质学习领域	06010020	军训		2	36	2		36	18								
	00000002	入学教育	√	1	14	1	14		14								
	03060006	毕业教育		1	14	1	10	4						14			

类别	课程代码	学习领域	考试	学分	教学周数及学时数				按学期分配的周学时								
					总计		讲授学时	实践学时	第一学年			第二学年			第三学年		
					学时	周数	学时	学时	一	二	三	四	五	六	七	八	九
基本技能学习领域	03060071	连锁企业文化认知（学徒）	1	16	1	16		16								
	03060015	零售与连锁经营管理综合认知实习（学徒）	1	16	1		16		16							
	03060072	企业沙龙与领导力课程	1	16	1		16			16						
	03060057	职业素养与创新创业讲座	1	16	1		16			16						
	03060042	创新创业教育实训	1	16	1		16			16						
	03060037	职业资格证书培训与认证	1	16	1		16			16						
	03060049	连锁企业设施设备训练（学徒）	1	16	1		16				16					
	03060073	连锁专项素养实训	1	16	1		16				16					
	03060074	门店营运实训	1	16	1		16				16					
	03060018	服务与礼仪训练	1	16	1		16					16				
	03060019	现代办公技巧训练	1	16	1		16						16			
	03060050	连锁专项技能训练（学徒）	1	16	1		16						16			
	03060034	专业招聘与岗前培训（学徒）	1	16	1		16						16			
	03060075	职业能力综合展示I（学徒）	1	16	1		16							16		
	03060076	职业能力综合展示II（学徒）	1	16	1		16							16		
	03060077	职业素养讲座与养成训练	1	16	1		16							16		
综合学习领域	03030114	顶岗实习（包含顶岗实习报告）	15	456	19		456							360	96	
合计			35	776	39	周数			4	1	4	3	1	4	3	15	4
						课程门数			3	1	4	3	1	4	3	1	1

附表 4 　　　　　　　　专业课时、学分统计表

项目		课程类别	课时	占总课时比例（%）	学分	占总学分比例（%）
理论课	必修课	公共课	425	15.9	26	19
		专业理论课	349	13	18	13.3
		其他课程或活动	40	1.5	2	1.5
	选修课	公共课	144	5.4	8	5
		专业理论课	368	13.7	16	13
		其他课程或活动				
	理论教学合计		1 326	49.5	70	51.8
实践课	必修课	课内实验实训课	420	15.8	23	17
		专业集中实践课	736	27.5	33	24.5
		其他课程或活动				
	选修课	课内实验实训课	190	7.2	9	6.7
		专业集中实践课				
		其他课程或活动				
	实践教学合计		1 346	50.5	65	48.2
总计			2 672	100	135	100

说明：在本专业课程设置中，必修课为 1 970 课时（102 学分），占总课时的 76%（占总学分的 79%）；选修课为 702 课时（33 学分），占总课时的 26%（占总学分的 24%）。

本专业人才培养方案

编制者：邱 云　孟子媛　查克玲　张宝伟　郑家佳　唐鸿铃　肖丽　赵虹玉　尹妍妍

行业企业参与编制者：

杨李（永辉超市业态副总经理）

吴天泉（重庆华润万家小龙坎店总经理）

蒋佳（新玖商业发展有限公司 HR 部长）

魏婕妤（四川华润万家生活超市有限公司 HR 经理）

吕美玲（重庆海印餐饮管理有限公司 HR 经理）

刘奚言（重庆太古食品新沁园食品有限公司人力资源总监）
二级院系领导（审核）：柏文涌
教务处领导（审定）：但军　伏斐
主管院长（批准执行）：曹毅
编制时间：2017 年 6 月 1 日

附录十七　访谈提纲

一、针对学校管理者的"高职院校推进现代学徒制的现实困境和对策研究"的访谈提纲

尊敬的领导：

您好，为了深入了解现代学徒制的参与主体与试行现状，需要您结合贵单位现代学徒制的实际运行状况，为我们提供相应的信息，感谢您的合作。

1. 您所在的职业院校的现代学徒制试点专业有哪些？占专业总数的比例是多少？

2. 您所在的职业院校的现代学徒制的试点专业是如何招收学徒的？

3. 企业是如何参与您所在的试点专业的现代学徒制育人过程的？

4. 对现代学徒制试点的学生，您所在的职业院校是如何管理的？

5. 您所在的试点院校是否针对现代学徒制开发新的课程、编写新的教材？

6. 不同类别的课程都安排在哪些学习场所进行？有哪些参与方参与课程场所的安排过程？

7. 不同类别的课程分别采用何种教学形式？采用这种教学形式的教学效果如何？

8. 您所在的试点专业是如何对教学效果进行考核评价的？是否建立了指标评价体系？

9. 您所在的试点院校是否针对现代学徒制的师资队伍制定了相应的管理办法？

10. 您所在的试点院校的现代学徒制试点的制度建设进行到哪一步了？已经成型的制度有哪一些？（诸如招生制度、教育教学管理制度、师资管理制度）

二、针对教师的"高职院校推进现代学徒制的现实困境和对策研究"的访谈提纲

尊敬的老师：

您好，很感谢您能抽出宝贵的时间。本次访谈的主要目的是想了解您对本校开展现代学徒制实践的看法。您提供的资料仅限于学术研究使用，我们会对

您的信息严格保密。您回答得越具体详细，对课题研究的帮助越大，如有不足之处，希望您能批评指正。

1. 您能简要叙述一下本校开展现代学徒制的过程吗？

2. 在现代学徒制开展过程中，请问老师您的主要工作是什么？

3. 在现代学徒制项目中，企业师傅承担的主要工作是什么？您和企业师傅是如何共同培养学徒的？

4. 贵校对学徒的培养主要通过哪些途径实现？您对学徒培养质量如何评价？它和传统人才培养模式的区别在哪里？

5. 在学徒制实施过程中，您是否要接受考核工作，主要是对哪些方面以何种方式进行考核？学校方是否有鼓励或激励政策？

6. 您认为在学徒制开展中存在哪些问题？

7. 您认为本校的实践经验是否可以推行？

再次感谢您为我们的研究提供宝贵建议！

附录十八 调查问卷

高职院校推进现代学徒制的现实困境和对策研究调查问卷

亲爱的同学：

你好！本次调查是想了解现代学徒制的认知度和满意度，从而了解现代学徒制在贵校开展的实践情况。本调查采取匿名方式，答案没有对错之分，只需如实反映你的真实想法。本次调查所得信息仅为科研所用，并将严格执行保密原则，请你放心。如无特别注明，题型均为选择题，请在符合情况的序号上打"√"，谢谢你的配合！

一、基本信息

1. 你的性别？

A. 男 B. 女

2. 你的年级？

A. 一年级 B. 二年级 C. 三年级

二、调研信息

1. 你是否参与了"现代学徒制"班？（选择"A"请作答4，选择"B"请作答5）

A. 是 B. 否

2. 你愿意参加"现代学徒制"班的原因是？

A. 方便就业

B. 能获得实习津贴

C. 能得到师傅一对一的指导，学到更实用的知识

D. 认为这种学习方式更有效

E. 觉得很有意思

F. 身边的同学都报名了

G. 其他（请注明）_____

3. 你不愿意参加"现代学徒制"班的原因是？

A. 想专心升学 B. 认为在企业会很辛苦

C. 认为有没有师傅指导无所谓 D. 担心在企业会受罚挨骂

E. 害怕在企业处理人际关系 F. 其他（请注明）_____

4. 你是否了解现代学徒制？

A. 非常了解　B. 比较了解　C. 知道一点　D. 完全不了解

5. 你是否了解本专业在现代学徒制中需达到的标准要求？

A. 基本了解　B. 比较了解　C. 不太了解　D. 完全不了解

6. 你认为师徒关系对你的专业学习影响大吗？

A. 非常大　B. 比较大　C. 影响一般　D. 无所谓

7. 在学习过程中，你认为谁对你的帮助最大？

A. 学校指导老师　B. 企业指导师傅　C. 企业同事　D. 本专业同学

E. 其他

8. 身为学徒，企业师傅是如何帮助你学习的？

A. 师傅操作为主，自己旁观学习

B. 自己操作为主，师傅在一旁指导

C. 除非自己主动提问，师傅不会主动指导

D. 其他（请注明）_____

9. 师傅多久对你进行一次指导？

A. 工作期间经常前来指导　B. 新知识学会后偶尔来指导

C. 只有教新知识时会来指导一次　D. 其他（请注明）_____

10. 你认为学校指导老师对你帮助最大的是什么？

A. 教授理论知识　B. 能与指导师傅共同对你进行指导

C. 对学习成果进行评估　D. 在学习生活中不断给予激励

E. 关心生活需求　F. 其他（请注明）_____

11. 通过参加"现代学徒制"班，你认为收获最大的是什么？

A. 获得了就业渠道　B. 增强了实践技能

C. 培养了责任感　D. 取得了职业资格证书

E. 其他（请注明）_____

12. 你认为现代学徒制与传统教学相比，有什么创新之处？

A. 评估方式更关注过程而非结果　B. 评估主体由学校为主转为企业为主

C. 能更贴近行业企业的真实环境　D. 评估手段更加多元化

E. 其他（请注明）_____

13. 你认为"现代学徒班"中存在哪些问题？

A. 工作内容简单机械，不能提升综合能力

B. 企业安排的工作太多，工作强度太大

C. 工作岗位不能自由选择，对工作内容不感兴趣

D. 和企业指导师傅沟通不够

E. 和学校指导老师沟通不够

F. 其他（请注明）_____

再次感谢您的配合，谢谢！